聖地鉄道めぐり

Seichi Tetsudo Meguri

神社・お寺と鉄路の物語

申博
iro Shibuya

鉄道にゆられて神社・お寺の歴史にふれる巡拝の旅

GB

はじめに

文明開化の時期が過ぎ、鉄道が投資の対象となってくると、
多くの参詣者で賑わう寺社が注目を集めるようになった。
そこに鉄道を引けば、かならず乗客を獲得できる、そう思われたからだ。
かくして各地の名刹・古社・霊場へ鉄路が向かうことになった。

こうした路線を参詣路線などと呼ぶが、
本書では「聖地鉄道」という呼称を用いている。
鉄道の本来の目的は資源などの輸送であっても、
寺社への参詣者輸送が大きな収入源となっていた路線もあれば、
結果として沿線の寺社の影響を受けた路線もあるからだ。
鉄道の普及は、それまでお参りが難しかった人の参詣も促し、
遠方の寺社へも日帰りでの参詣を可能にした。
苦行であった巡礼も行楽に変貌したのである。
その反面、参詣路の衰退なども起こった。

こうして信仰の世界にも近代を持ち込んだ鉄道であるが、
くわしく見ると、その路線が敷かれた背景に、
地域の歴史や信仰があったことがわかる。
ある鉄道は古代の道をなぞっているし、
また別の路線は都市の結界と重なっていた。
それらを丁寧に読み解いていくことで、
日本の伝統文化もまた違った顔を見せ始める。
本書はそうした旅への誘いである。

さて、そろそろ時間のようです。
お早めにご乗車ください。
途中下車はどこでもご自由に。
再乗車も歓迎です。

渋谷申博

CONTENTS

聖地鉄道めぐり

門前をゆく72路線と神社仏閣200

はじめに …… 2

第1章 都心部とその周辺

京王（京王線・高尾線） …… 10
明治神宮／大國魂神社／布多天神社 …… 11
金剛寺（高幡不動尊）／高尾山薬王院 …… 12
京王（井の頭線） …… 13
大宮八幡宮 …… 13
JR青梅線 …… 14
大日堂／塩船観音寺 …… 15
金剛寺／武蔵御嶽神社 …… 16
奥氷川神社 …… 17
東急（東横線・大井町線・池上線・目黒線・多摩川線） …… 18
祐天寺 …… 18
圓融寺（円融寺）／九品仏浄眞寺 …… 19
池上本門寺／御嶽神社 …… 20
瀧泉寺（目黒不動尊）／新田神社 …… 21
東急（世田谷線） …… 22
世田谷八幡宮 …… 22
松陰神社／（最勝寺）教学院（目青不動尊） …… 23
都電荒川線 …… 24
雑司ヶ谷鬼子母神堂（法明寺）／大鳥神社 …… 25
天祖神社／巣鴨庚申塚 …… 26
王子神社／王子稲荷神社 …… 27
都営地下鉄浅草線 …… 28
浅草寺 …… 28
水天宮／増上寺 …… 29
築地本願寺／泉岳寺 …… 30
京成（金町線） …… 31
題経寺（柴又帝釈天） …… 31

東武（大師線）……32
總持寺（西新井大師）……32
東武（亀戸線）……33
亀戸天神社……33
聖地鉄道余話① 馬車鉄道と人車鉄道……34

第2章 関東圏

江ノ電……36
長谷寺／鎌倉大仏殿高徳院……37
御霊神社（権五郎神社）……38
満福寺／小動神社……39
江島神社……40
龍口寺……41
小田急（小田原線）……42
代々木八幡宮／豪徳寺……43
有鹿神社／比々多神社……44
報徳二宮神社……45
伊豆箱根鉄道（大雄山線・駿豆線）……46
最乗寺……47
三嶋大社／修禅寺……48
京成（京成本線）……49
成田山新勝寺……49
東勝寺（宗吾霊堂）／意富比神社（船橋大神宮）……50
法華経寺／葛飾八幡宮／手児奈霊神堂……51
東武（伊勢崎線・日光線）……52
鑁阿寺／日光東照宮……53
日光二荒山神社／日光山 輪王寺……54
京急（大師線・空港線）……55
平間寺（川崎大師）／穴守稲荷神社……55
秩父鉄道……56
寶登山神社……57
秩父神社／四萬部寺……58
三峯神社……59
JR鹿島線……60
香取神宮……60
諏訪神社……61
鹿島神宮／水雲山 潮音寺……62
上信電鉄……63
一之宮貫前神社……64
少林山達磨寺……65
聖地鉄道余話② 社寺風駅舎をめぐる……66

第3章

関西圏

叡山電車（叡山本線・鞍馬線）……68
下鴨神社（賀茂御祖神社）／知恩寺……69
詩仙堂／貴船神社……70
鞍馬寺……71
京阪（石山坂本線）……72
石山寺……72
建部大社／比叡山延暦寺／日吉大社……73
京阪（京阪本線）……74
伏見稲荷大社／石清水八幡宮／萱島神社……75
近鉄（難波線・奈良線・京都線・橿原線・南大阪線・吉野線）……76
生國魂神社／瓢箪山稲荷神社／枚岡神社……77
石切劔箭神社／生駒聖天寶山寺……78
薬師寺……79
御香宮神社／道明寺／道明寺天満宮……80
葛井寺／當麻寺 奥院……81
岡寺／飛鳥寺……82
金峯山寺（蔵王堂）／吉水神社……83
嵐電（嵐山本線・北野線）……84
木嶋坐天照御魂神社／廣隆寺……85
車折神社／鹿王院……86
天龍寺／野宮神社……87
仁和寺／龍安寺……88
北野天満宮／平野神社……89
JR奈良線……90
東福寺……90
萬福寺／平等院……91
南海（高野線）……92
百舌鳥八幡宮／萩原神社（萩原天神）……93
観心寺……94
慈尊院／丹生官省符神社……95
高野山真言宗 総本山金剛峯寺……96
和歌山電鐵（貴志川線）……97
日前神宮・國懸神宮／竈山神社……98
伊太祁曽神社／大國主神社／たま神社……99
阪急（宝塚本線・箕面線）……100
服部天神宮／東光院 萩の寺……101
大本山 中山寺（中山観音）／賣布神社……102
清荒神清澄寺……103
阪急（千里線）……104
上新田天神社（千里天神）……104
能勢電鉄（妙見線）……105
多田神社／満願寺……106
吉川八幡神社／能勢妙見山……107
阪堺電車（阪堺線・上町線）……108
四天王寺／阿部野神社……109
今宮戎神社／住吉大社……110

水間鉄道（水間線）…… 111
貝塚御坊願泉寺／感田神社 …… 112
森稲荷神社／水間寺（水間観音）…… 113
JR桜井線（万葉まほろば線）…… 114
帯解寺／石上神宮 …… 115
大神神社 …… 117
JR和歌山線 …… 118
粉河寺 …… 119
榮山寺／鴨都波神社 …… 120
専立寺／志都美神社 …… 121
聖地鉄道余話③ 近鉄の歴史 …… 122

第4章 その他の地方

JR仙石線 …… 124
榴岡天満宮／多賀神社 …… 125
志波彦神社・鹽竈神社／瑞巌寺 …… 126
金華山黄金山神社 …… 127
JR弥彦線 …… 128
彌彦神社 …… 128
富山地鉄（立山線）…… 129
雄山神社（峰本社）…… 129
JR身延線 …… 130
甲斐善光寺／酒折宮／武田神社 …… 131
身延山久遠寺／富士山本宮浅間大社 …… 132
富士急行（大月線）…… 133
水上山月江寺／小室浅間神社 …… 134
北口本宮冨士浅間神社 …… 135
名鉄（名古屋本線・豊川線・津島線）…… 136
熱田神宮 …… 136
真清田神社 …… 137
笠覆寺（笠寺観音）／知立神社 …… 138
妙厳寺（豊川稲荷）／津島神社 …… 139
JR参宮線 …… 140
皇大神宮（内宮）…… 140
豊受大神宮（外宮）／二見興玉神社 …… 141
JR吉備線（桃太郎線）…… 142
吉備津神社 …… 142
吉備津彦神社／備中国総社宮 …… 143
一畑電車（北松江線・大社線）…… 144
出雲大社 …… 145
JR土讃線 …… 146
善通寺／土佐神社 …… 147
ことでん（琴電）（琴平線・長尾線・志度線）…… 148
金刀比羅宮 …… 149
滝宮天満宮／法然寺／田村神社／一宮寺 …… 150
長尾寺／屋島寺／志度寺 …… 151

西鉄（天神大牟田線・太宰府線）……152
警固神社／櫛田神社／高宮八幡宮……153
太宰府天満宮／観世音寺／戒壇院……154
新宮神社（下府）／大善寺玉垂宮……155
JR鹿児島本線……156
宗像大社……157
香椎宮／筥崎宮／宇美八幡宮／志賀海神社……158
大興善寺／高良大社／八代宮……159
JR日豊本線……160
宇佐神宮……161
柞原八幡宮／都農神社……162
宮崎神宮／霧島神宮／鹿児島神宮……163
JR日南線……164
青島神社……164
鵜戸神宮／榎原神社……165
聖地鉄道余話④ 廃線となった聖地鉄道……166
地域別 路線・社寺マップ……167
【都心部】……167
【関東圏】……168
【関西圏】……170
【東北】／【甲信越】……172
【東海】／【中国】……173
【四国】／【九州】……174

データ欄とアイコンの見方

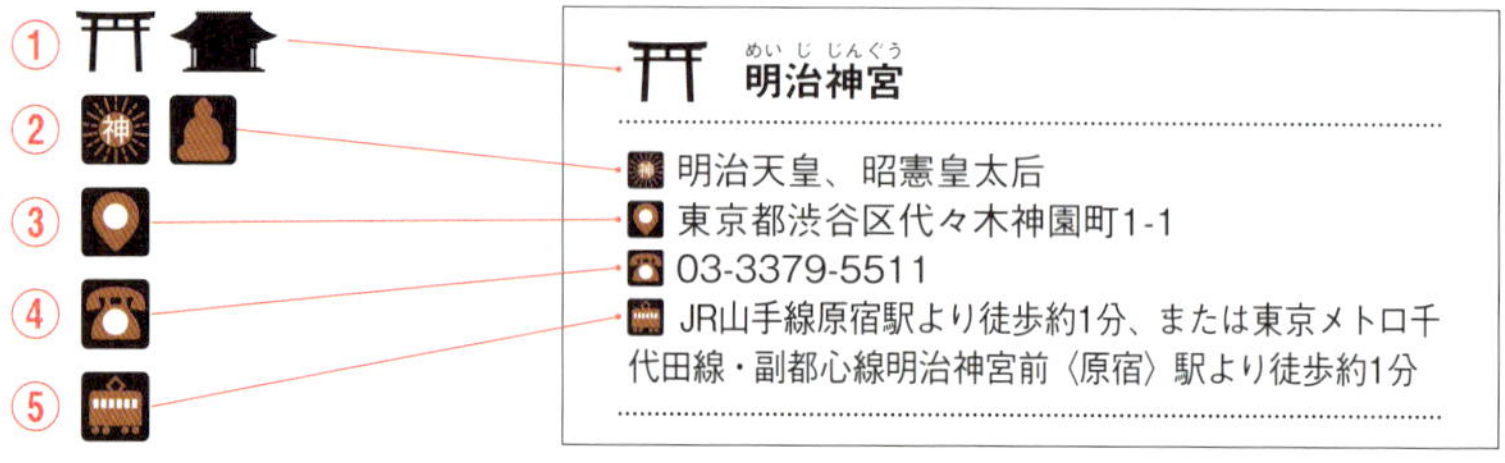

① 神社または お寺の名称
② 御祭神（神社の場合）または 本尊（お寺の場合）
③ 所在地
④ 電話番号
⑤ 交通アクセス

※データ欄の各項目は、紹介内容・スペースなどに応じて一部を省略している場合があります。
※交通アクセスは公共交通機関の最寄り駅（または停留場）から徒歩（またはタクシー）で行く場合の最短、あるいはそれに準じるコースを想定したものです。あくまでもアクセス方法の一部であることをご了承ください。
※寺院名は原則として山号を省略して表記しています。
ただし、山号のほうが一般的に知られている場合は山号と寺院名の両方を表記しています。
※「柴又帝釈天」「川崎大師」など一般によく知られた寺社の通称・別称は、各紹介ページ見出し下の（　）内に表示しています。
※本書の情報は2018年5月現在のものです。

第1章

都心部とその周辺

京王（京王線・高尾線）／京王（井の頭線）／JR青梅線
東急（東横線・大井町線・池上線・目黒線・多摩川線）
東急（世田谷線）／都電荒川線／都営地下鉄浅草線
京成（金町線）／東武（大師線）／東武（亀戸線）

京王

KEIO

京王線／高尾線

東京都

新宿から東へ中央自動車道とほぼ並ぶようにして八王子へと向かう。近年、多摩地域の住宅開発が進んでいる。

忘れられた聖地鉄道と幻の路線・御陵《ごりょう》線

信じられないかもしれないが、京王線は聖地鉄道であった。それは昭和3年（1928）に発行された「京王電車沿線名所図絵」を見るとわかる。この「図絵」は大正広重《ひろしげ》と称される絵師・吉《よし》田《だ》初三郎《はつさぶろう》筆による鳥瞰図であるが、その左端には明治神宮、右側には大正天皇の多摩御陵が縮尺を無視した巨大サイズで描かれている。北野《きたの》～御陵前《ごりょうまえ》の御陵線はこの時はまだ計画線であったが、昭和6年に開通し、京王線は明治神宮と多摩御陵をつなぐ聖地鉄道となった。

御陵線は昭和20年に休止となったが、代わって昭和42年に開業したのが、薬王院《やくおういん》がある高《たか》尾山《おさん》へ向かう高尾線である。

ちなみに高尾山は「絵図」にもちゃんと描かれている。沿線の高幡《たかはた》不動尊はもちろん、沿線というにはちょっと苦しい深大《じんだい》寺《じ》や堀之内《ほりのうち》妙法寺《みょうほうじ》まで描かれていて、参詣者の誘致を強く意識していることがわかる。

京王電鉄（京王線／高尾線）

▶Keio Corporation

大正2年（1913）開業

京王線 新宿▶京王八王子 37.9km（京王線）

高尾線 北野▶高尾山口 8.6km（高尾線）

京王電気軌道として明治43年（1910）設立。大正2年（1913）、笹塚《ささづか》～調布《ちょうふ》間で開業。同5年に新宿～府中《ふちゅう》間が開通、同15年には府中～東八王子《はちおうじ》間で営業していた玉南《ぎょくなん》電気鉄道を合併。昭和6年（1931）、御陵線開業。同20年、御陵線休業。同42年、高尾線開業。

明治神宮《めいじじんぐう》

明治天皇、昭憲皇太后
東京都渋谷区代々木神園町1-1
03-3379-5511
JR山手線原宿駅より徒歩約1分、または東京メトロ千代田線・副都心線明治神宮前〈原宿〉駅より徒歩約1分

明治天皇と皇后の昭憲《しょうけん》皇太后の遺徳を偲べるよう、大正9年（1920）にかつて代々木御料地であった場所に創建された。初詣の参拝者が例年もっとも多い神社としても知られる。

古くからの名所と戦後に加わった聖地

吉田初三郎は昭和5年（1930）頃にも「京王電車沿線名所図絵」を描いている。こちらはよりくわしく沿線の名所が載っている。寺社に限って東から順に見ていくと、明治神宮・十二社《じゅうにそう》・堀之内妙法寺《ほりのうちみょうほうじ》・深大《じんだい》寺《じ》・大國魂《おおくにたま》神社・善明寺《ぜんみょうじ》・高幡《たかはた》不動尊《ふどうそん》・高尾山・多摩御陵となる。東八王子駅（現在の京王八王子駅）の近くには大善寺《だいぜんじ》と多《た》賀《が》神社の名も書かれているが、大善寺は戦後に移転している。

これらの名所は大部分が今も現役だが、戦後に人気が出た聖地もある。新撰組の聖地だ。高幡不動駅周辺には土方歳三《ひじかたとしぞう》の生家や墓所などがあり、調布《ちょうふ》からは近藤勇《こんどういさみ》の生家跡や墓所に行くことができる。

大國魂神社《おおくにたまじんじゃ》

大國魂大神、小野大神、小河大神、氷川大神、秩父大神、金佐奈大神、杉山大神ほか
東京都府中市宮町3-1
042-362-2130
京王線府中駅より徒歩約5分、またはJR南武線・武蔵野線府中本町駅より徒歩約5分

武蔵国《むさしのくに》の総社。景行《けいこう》天皇の御代の創建という。大國魂は大いなる（武蔵国の）土地神の意味。国内の主要な神6柱を合祀しているため、かつては六所宮《ろくしょぐう》とも呼ばれた。

門前沿線探訪

水木《みずき》しげるゆかりの地 ―京王線（調布駅）

『ゲゲゲの鬼太郎』などで知られる漫画家の水木しげるは、昭和34年（1959）に調布に移住し、終生ここに住み続けた。当時のことがドラマ「ゲゲゲの女房」に描かれたこともあって水木マンガの故郷として有名になった。

天神通り商店街（写真右）と布多天《ふだてん》神社（写真左）…垂仁《すいにん》天皇の御代の創建という調布《ちょうふ》の古社・布多天神社は鬼太郎《きたろう》の家があるところともされ、駅から続く参道にあたる商店街には妖怪のモニュメントがある。

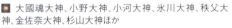

金剛寺《こんごうじ》（高幡不動尊《たかはたふどうそん》）

大日如来、不動明王
東京都日野市高幡733
042-591-0032
京王線・多摩都市モノレール高幡不動駅より徒歩約5分

平安初期に慈覚《じかく》大師円仁《えんにん》が東国教化の旅の途上、当地に堂を建て不動明王像を安置したことに始まるという。その後、大風で建物が倒壊、康永《こうえい》元年（1342）に伽藍《からん》（※）を麓に移して再建された。関東三不動の一つ。

※寺院の建物のこと。

軍事・物流そして信仰の道をたどる路線

京王線が聖地鉄道としての性格を帯びたのは、ある意味必然であった。京王という社名からわかるように、京王線は都心と八王子を結ぶ路線として計画された。絹産業で栄え桑都《そうと》と呼ばれた八王子には輸送の需要があると踏んだのだろう。

その結果、京王線は甲州街道に沿って敷設されることとなった。甲州街道は江戸と甲府を結ぶ軍用道路として幕府によって整備された道だが、諏訪大社《すわたいしゃ》や富士山、高尾山へと向かう参詣者がたどる道でもあった。しかも、沿道には古代より鎮座する大國魂神社や高幡不動尊のような霊地もある。参詣者輸送を営業の柱にするのは時間の問題であったといえよう。

高尾山薬王院《たかおさんやくおういん》

薬師如来、飯縄大権現
東京都八王子市高尾町2177
042-661-1115
京王高尾線高尾山口駅より徒歩約3分、高尾登山電鉄清滝駅（エコーリフトは山麓駅）よりケーブルカーもしくはエコーリフトで高尾山駅（エコーリフトは山上駅）下車、徒歩約20分

真言宗智山派《しんごんしゅうちさんは》の関東三大本山の一つ。天平《てんぴょう》16年（744）に行《ぎょう》基《き》によって創建されたという。南北朝時代に醍醐寺《だいごじ》の僧・俊《しゅん》源《げん》が再興し、本尊を飯縄大権現《いづなだいごんげん》としたとされる。

御陵線と高尾線

多摩御陵は人気の観光地であったが、戦時中の物資不足は御陵線を不要不急線に指定させ、開業14年で事実上の廃線に追い込んだ。

戦後、京王がこの路線の復活にこだわらず高尾に路線変更したことは先見の明があったといえよう。高尾線がなければ高尾山がミシュランの三ツ星をとることもなかったからだ。

武蔵陵墓地《むさしりょうぼち》…大正天皇・同皇后の陵の隣に昭和天皇・同皇后の陵が造られ、武蔵陵墓地と改称された。

東京都八王子市長房町

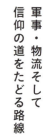

京王

KEIO

井の頭線

東京都

大宮八幡宮《おおみやはちまんぐう》

- 応神天皇、仲哀天皇、神功皇后
- 東京都杉並区大宮2-3-1
- 03-3311-0105
- 京王井の頭線西永福駅より徒歩約7分

源《みなもとの》　頼義《よりよし》公が前九年の役平定後の康平《こうへい》6年(1063)に創建したと伝えられ、武蔵国の八幡宮の一宮とされる。また東京の重心に位置することから東京のへそと親しまれている。

数奇な運命をたどった隠れ聖地鉄道

　あまり知られていないことだが、江戸時代、吉祥寺《きちじょうじ》の井《い》の頭《かしら》池は江戸っ子に親しまれた聖地であった。この池は徳川家康《とくがわいえやす》が自らくんだとも伝えられる名水が湧き、代々の将軍が鷹狩りで訪れた場所で、池に浮かぶ井の頭弁財天の霊験《れいけん》（※）で広く知られていた。歌川広重《うたがわひろしげ》も浮世絵に描いている。

　この聖地・吉祥寺が住宅地化したのは関東大震災（1923年）以降のことで、渋谷が都市化した時期と重なっている。聖地の意味や存在のあり方も大きく変わっていく時代の始まりであった。それに応じるかのように、井の頭線は帝都電鉄・小田急電鉄・東京急行電鉄・京王電鉄と所属会社を点々とした。

※神仏の霊妙不可思議な力の現れ。ご利益。

門前沿線探訪

井《い》の頭《かしら》恩賜《おんし》公園…武蔵野《むさしの》市と三鷹《みたか》市にまたがる都立公園。神田川《かんだがわ》の水源地でもある。

東京都武蔵野市御殿山1-18-31

京王電鉄(井の頭線)

▶Keio Corporation

昭和8年(1933)開業

井の頭線　渋谷▶吉祥寺 12.7km

昭和8年（1933）、帝都電鉄により渋谷～井の頭公園間開業。翌年、吉祥寺まで延伸。同15年、小田原急行鉄道と合併。同17年、東京急行電鉄（大東急）の路線となり、この時、線名が現在の「井の頭線」となった。同23年、京王電鉄の路線として大東急から分離した。

JR青梅線

OME LINE

東京都

石灰石の輸送路線として開業した青梅線だが、現在は石灰石の輸送は行っておらず、通勤通学や観光客を運ぶ路線となっている。

写真提供：JR東日本八王子支社

石灰石と参詣者が行き来した路線

青梅《おうめ》線は青梅（日向和田《ひなたわだ》）の石灰石を京浜《けいひん》地域などへと運ぶことを目的として、青梅鉄道によって建設された。したがって、当初は旅客の運送はあまり重視されていなかった。

もともと青梅街道そのものが石灰を江戸に運ぶために整備された街道で、その石灰は漆喰《しっくい》の材料として江戸城や東照宮などに使われた。だが、青梅街道は信仰の道でもあった。

八王子《はちおうじ》から秩父《ちちぶ》にかけては霊山が多く修験者が活動した地域であるが、青梅の武州《ぶしゅう》御嶽山《みたけさん》（武蔵御嶽神社《むさしみたけじんじゃ》）はその中心の一つで、多くの参詣者を集めてきた。明治時代の記録ではあるが、御嶽山の信仰団体である御嶽講は関東を中心に3千5百ほどもあった。

昭和4年（1929）に青梅線が御嶽駅まで延伸されたのは、鉄道関係者もそのことに気づいたからであろう。同10年には御岳《みたけ》登山鉄道も開通した。

東日本旅客鉄道（青梅線）

▶East Japan Railway Company

明治27年（1894）開業

青梅線 立川▶奥多摩　37.2km

明治27年（1894）、青梅鉄道により立川《たちかわ》～青梅間開業。翌年、日向和田《ひなたわだ》まで延伸。大正9年（1920）、二俣尾《ふたまたお》まで延伸。昭和4年（1929）、御嶽《みたけ》まで延伸。同12年に奥多摩電気鉄道会社が設立、御嶽～氷川《ひかわ》（現・奥多摩）間の建設を始めるが、未完成のまま同19年に青梅電気鉄道（旧・青梅鉄道）とともに国有化され、全線開業。

大日堂《だいにちどう》

- 大日如来
- 東京都昭島市拝島町1-10-14
- 042-541-1009(普明寺)
- JR青梅線拝島駅より徒歩約30分

天暦《てんりゃく》6年（952)に多摩川の中州に流れ着いた大日如来像を安置したことに始まるという。境内の仁王門にある鎌倉時代の金剛力士像や、「拝島の藤」と呼ばれる老木も有名。本尊大日如来坐像と釈迦如来坐像は12世紀のもので都指定有形文化財。11月3日の文化の日に一般公開される。

多摩地域の中心として栄えていた青梅線周辺

都心中心の社会に慣れてしまっている私たちは、多摩地域の開発も下りの中央線・青梅線のように東から西に向かって行われたと思いがちだ。しかし、実際には青梅が早くに開け、ここから東の地域が開発された。

青梅という地名は平将門《たいらのまさかど》が挿した梅の枝が根づき、実をなしたがいつまでも青いままだったという伝説に由来している。将門が当地を実際に訪れたかは不明だが、すでに平安時代には集落が形成され、国府への材木供給の基地となっていた。こうしたことから青梅には中世以前に創建されたとされる寺社が多い。日本武尊《やまとたけるのみこと》伝説をもつ武蔵御嶽《むさしみたけ》神社をはじめ、金剛寺《こんごうじ》、塩船《しおふね》観音寺《かんのんじ》、報恩寺《ほうおんじ》などである。

塩船観音寺《しおふねかんのんじ》

- 十一面千手観世音菩薩
- 東京都青梅市塩船194
- 0428-22-6677
- JR青梅線河辺駅より徒歩約35分

7世紀に若狭《わかさ》の八百比丘尼《やおびくに》が紫金の観音像を安置したことに始まるといい、平安時代には安然《あんねん》が12坊舎を建て隆盛をきわめた。本堂と仁王門《におうもん》と阿弥陀堂《あみだどう》は国指定重要文化財。

門前沿線探訪

青梅・沢井を歩く
ーJR青梅線（青梅駅・沢井駅）

青梅は中世から近代までの繁栄の跡を見ることができる町であるが、近年はレトロな町並みも注目されている。とくに目を引くのが町のあちこちにある映画看板。地元で看板を描き続けた久保昇《くぼのぼる》（板観《ばんかん》）さんの作品だ。また多摩地域は隠れた酒造地帯でもある。

青梅の映画看板（写真上）は旧青梅街道に多い。沢井《さわい》駅徒歩3分の澤乃井きき酒処（写真左）は小澤酒造の直営店（東京都青梅市沢井2-770）。

金剛寺《こんごうじ》

- 白不動明王
- 東京都青梅市天ケ瀬町1032
- 0428-22-2554
- JR青梅線青梅駅より徒歩約15分

平将門が馬の鞭に使っていた梅の枝が願掛け通り根づいたことから寺を建立したという。江戸時代には真言宗の檀林《だんりん》(僧の養成機関)として25カ寺を統べていた。境内に「将門誓いの梅」がある。

渓谷に沿い霊山に囲まれて走る青梅線

青梅駅を過ぎると青梅線は聖地性を強める。武蔵御嶽神社が鎮座する御岳山《みたけさん》をはじめ、金比《こんぴ》羅《ら》山《さん》・大岳山《おおだけさん》・惣岳山《そうがくさん》・高水山《たかみずさん》といった霊山が沿線にそびえ、駅も宮ノ平《みやのひら》・石神前《いしがみまえ》・御嶽・鳩《はと》ノ《の》巣《す》と寺社に関わる名前が多くなる。ちなみに、宮ノ平は和田《わだ》乃《の》神社が鎮座する平地の意、石神前は石神社《いしがみしゃ》(石神神社)前の駅、鳩ノ巣は多摩川の水《すい》神社に鳩が巣をかけたことに由来する地名だ。

春から秋にかけての休日は登山者やハイカーで混み合う青梅線だが、正月は聖地鉄道の顔を取り戻す。武蔵御嶽神社や塩船観音寺へ初詣に行く人たちのために、「武蔵御嶽神社初日の出号」が運行される。

武蔵御嶽神社《むさしみたけじんじゃ》

- 櫛眞智命、大己貴命、少彦名命、廣國押武金日命、日本武尊
- 東京都青梅市御岳山176
- 0428-78-8500
- JR青梅線御嶽駅より西東京バス・多摩バス「ケーブル下行き」約10分終点下車、徒歩約3分、御岳登山鉄道滝本駅よりケーブルカーで御岳山駅下車、徒歩約25分

日本武尊が東国遠征の折に創建したと伝えられる。中世から近世にかけては関東を代表する修験道場とされ、多くの山伏や参詣者が訪れた。お犬様の信仰でも有名。

門前沿線探訪

御岳山麓の美術館 —JR青梅線(御嶽駅)

多摩川上流は川辺を散策するだけで楽しいが、さらに味わい深いものにしてくれるのが2つの美術館だ。玉堂《ぎょくどう》美術館は晩年を御岳で過ごした画家・川合《かわい》玉堂《ぎょくどう》の作品を、せせらぎの里美術館では多摩に関わりのある作品を展示している。

せせらぎの里美術館…奥多摩の民家を移築した美術館。

東京都西多摩郡奥多摩町川井53

玉堂美術館…数寄屋《すきや》造り風の外観が渓谷の緑に映えて美しい。設計は吉田五十八《よしだいそや》。

東京都青梅市御岳1-75

撮影ポイントガイド

二俣尾《ふたまたお》～軍畑《いくさばた》駅間

青梅線の撮影ポイントとして古くから有名な奥沢《おくさわ》橋梁(軍畑鉄橋)。鉄道橋に多いトレッスル橋ということもポイント。

鉄橋と同じ高さから狙った一枚。この構図で撮られることが多いが、橋の下から橋脚の構造も含めて撮るのも迫力があっていい。

奥《おく》氷《ひ》川《かわ》神社《じんじゃ》

- 素戔嗚尊、奇稲田姫命
- 東京都西多摩郡奥多摩町氷川178
- 0428-86-2731(奥多摩水と緑のふれあい館)
- JR青梅線奥多摩駅より徒歩約3分

日本武尊が東征の折に当地に立ち寄り創建したという。さいたま市大宮区の氷川《ひかわ》神社、所沢《ところざわ》市の中氷川神社とともに武蔵三氷川と称される。本殿は町の指定有形文化財。

氷川《ひかわ》駅行きだった開業当初の青梅線

青梅線の御嶽～奥多摩間は奥多摩電気鉄道によって建設が進められたが、完成を待たず昭和19年(1944)7月に国有化され、開業した。

奥多摩電気鉄道の主な目的は日原《にっぱら》にある採掘場から石灰石を輸送することであった。しかし、聖地鉄道の要素がなかったわけではない。それは、開業当時、奥多摩駅が氷川駅と呼ばれていたことからもわかる。

氷川とは駅近くに鎮座する奥《おく》氷《ひ》川《かわ》神社に由来する地名である。奥氷川神社は中世には今の数倍の広さの境内をもち、駅のあたりには神主の屋敷があったという。今も祭礼には多くの参拝者が訪れる。輸送対象として意識されていたに違いない。

門前沿線探訪

奥多摩むかし道
——JR青梅線(奥多摩駅)

奥氷川神社から青梅街道を多摩川上流方面に進むと街道の風情を残す町並みが見えてくる。ここからさらに一本奥に入った道が、近世の青梅街道の跡、奥多摩むかし道だ。

地形に沿って曲がりくねる道の傍らには小祠《しょうし》や石仏が祀られ、旅が危険と隣り合わせであった時代を偲ばせる。

また、この道は廃線ファンにもおすすめ。水根《みずね》貨物線の遺構が見られるのだ。

奥多摩むかし道…水根貨物線は小河内ダムの建設資材を運んだ路線。岩壁の下に鎮座する白鬚《しらひげ》神社など、絶景奇観も多い。

- 西多摩郡奥多磨町氷川210(奥多摩観光案内所)

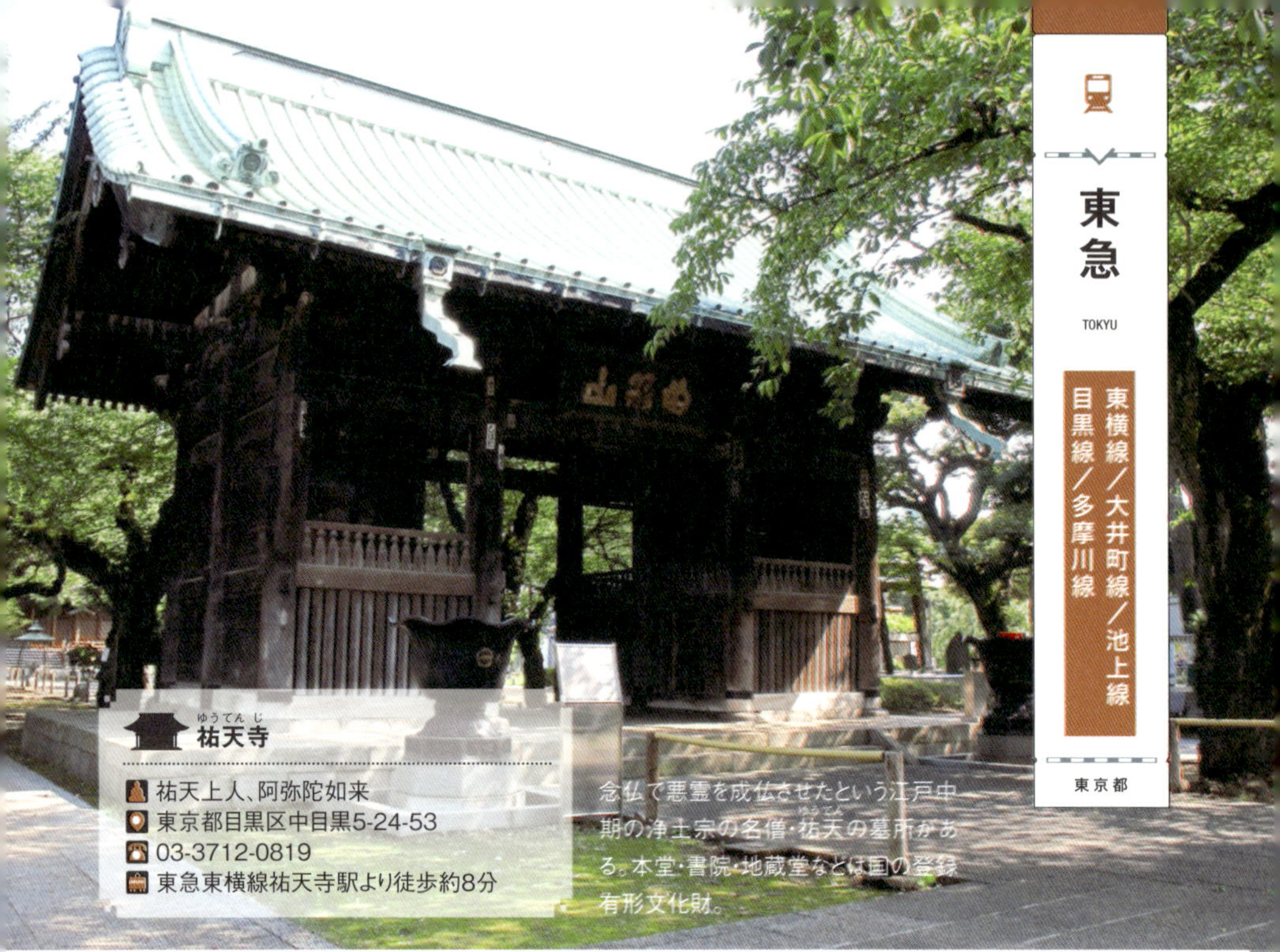

東急

TOKYU

東横線／大井町線／池上線
目黒線／多摩川線

東京都

祐天寺《ゆうてんじ》

祐天上人、阿弥陀如来
東京都目黒区中目黒5-24-53
03-3712-0819
東急東横線祐天寺駅より徒歩約8分

念仏で悪霊を成仏させたという江戸中期の浄土宗の名僧・祐天《ゆうてん》の墓所がある。本堂・書院・地蔵堂などは国の登録有形文化財。

田園都市をつなぐ路線と郊外の有名寺社

東急電鉄の前身・目黒蒲田《めぐろかまた》電鉄は、田園都市の開発を目的に渋沢栄一《しぶさわえいいち》が設立した田園都市株式会社の子会社として、大正11年（1922）に設立された。

こうした事情からわかるように、その目的は田園都市の住人を通勤先である都市部へと運ぶことであった。しかし、そのような目黒蒲田電鉄であっても、寺社への参詣者は無視できない存在であった。それは、昭和11年（1936）の旅行ガイドに掲載された広告からも読み取ることができる。そこには東横百貨店や東横映画劇場とともに池上本門《いけがみほんもん》寺《じ》・身延山《みのぶさん》関東別院・洗足池《せんぞくいけ》が大きく描かれ、それらへの参詣に便利なことを宣伝している。

こうした姿勢は姉妹会社の東京横浜電鉄が大正15年に丸子《まるこ》多摩川（現・多摩川）～神奈川間を開通させた後も変わっていない。当時の沿線案内には總持寺《そうじじ》や熊野《くまの》神社、金蔵寺《きんぞうじ》、妙蓮寺《みょうれんじ》など多くの社寺が描かれている。

東京急行電鉄

▶Tokyu Corporation

大正12年（1923）開業

東横線	渋谷▶横浜 24.2km
目黒線	目黒▶日吉 11.9km
多摩川線	多摩川▶蒲田 5.6km
大井町線	大井町▶溝の口 12.4km
池上線	五反田▶蒲田 10.9km

大正12年（1923）、目黒蒲田電鉄として開業。東横線は東京横浜電鉄が建設、昭和7年（1932）に全通。大井町線は昭和4年に開通。

圓融寺《えんゆうじ》（円融寺《えんゆうじ》）

- 阿弥陀如来、釈迦如来
- 東京都目黒区碑文谷1-22-22
- 03-3712-2098
- 東急東横線学芸大学駅より徒歩約20分、または東急目黒線西小山駅より徒歩約15分

9世紀に円仁《えんにん》が創建したと伝えられる。国指定重要文化財の釈迦堂は室町初期に建てられたもので、東京区部最古の建築物。仁王像も古来有名で、碑文谷《ひもんや》の仁王さんと呼ばれてきた。

寺社に由来する駅名が並ぶ郊外路線

大正15年（1926）、目黒蒲田電鉄の姉妹会社の東京横浜電鉄は丸子多摩川（現・多摩川）～神奈川間を開業。目蒲線との相互乗り入れをしたので、創業時の東横線は目黒～神奈川を結ぶ路線であった。渋谷に延伸されたのは昭和2年（1927）のこと。

いっぽう大井町線は目黒蒲田電鉄が昭和2年に大井町～大岡山間で開業。昭和4年に二子玉川まで延伸された。

これらの路線でも沿線の寺社が強く意識されており、東横線には祐天寺《ゆうてんじ》・元住吉《もとすみよし》・日吉《ひよし》・妙蓮寺前（現・妙蓮寺）、大井町線には旗《はた》の台《だい》・九品仏《くほんぶつ》・等々力《とどろき》といった寺社に由来する名前をもつ駅がある。

九品仏浄眞寺《くほんぶつじょうしんじ》

- 釈迦如来
- 東京都世田谷区奥沢7-41-3
- 03-3701-2029
- 東急大井町線九品仏駅より徒歩約5分

九品往生《くほんおうじょう》（極楽往生に9段階あること）を示す九体《くたい》阿弥陀像を安置することから九品仏と呼ばれる。阿弥陀仏の来迎を表す民俗芸能のお面かぶり（二十五菩薩来迎会）でも有名。

門前沿線探訪

等々力《とどろき》渓谷と等々力不動尊 ―東急大井町線（九品仏）

等々力という地名の由来には諸説あるが、一説によると等々力渓谷に落ちる不動滝の音にあるという。

不動滝は興教《こうぎょう》大師覚鑁《かくばん》が錫杖《しゃくじょう》で岩を打って湧かしたものといわれ、傍らには覚鑁が創建したと伝えられる等々力不動尊がある。

等々力渓谷…等々力駅から徒歩5分のところにある23区内唯一の渓谷。等々力不動尊は満願寺《まんがんじ》の別院。

池上本門寺《いけがみほんもんじ》

- 一尊四士
- 東京都大田区池上1-1-1
- 03-3752-2331
- 東急池上線池上駅より徒歩約10分

日蓮《にちれん》聖人が最期を迎えた池上《いけがみ》家の屋敷裏に創建された日蓮宗の大本山。日蓮聖人の命日（10月13日）のお会式には全国から参詣者が訪れる。

東急のライバルだった聖地鉄道・池上線

先に目黒蒲田電鉄の広告に池上本門寺《いけがみほんもんじ》が描かれていることを述べたが、実は目蒲線より池上線のほうが池上本門寺には近い。それにもかかわらず目黒蒲田電鉄の広告や沿線案内にも、池上線はまったく書かれていない。それもそのはずで池上線は池上電気鉄道によって敷設されたライバル路線であった。目黒蒲田電鉄より1年早い大正11年（1922）に開業している。

池上線の開業効果は絶大だった。それまで江戸から池上本門寺への参詣は泊まりがけの小旅行であったが、池上線により日帰りが可能になったのである。

しかし、目蒲電鉄との競争に敗れ、昭和9年（1934）に目蒲電鉄に吸収合併された。

御嶽神社《おんたけじんじゃ》

- 国常立尊、国狭槌尊、豊斟渟尊
- 東京都大田区北嶺町37-20
- 03-3720-3333
- 東急池上線御嶽山駅より徒歩すぐ

天文《てんぶん》4年（1535）頃の創建と伝わる木曽御嶽山《きそおんたけさん》関東第一分社。もとは祠のような小さな社だったようだが、天保《てんぽう》2年（1831）に現在の社殿を建立し御霊を遷座した。本殿の彫刻は大田区指定の有形文化財。

門前沿線探訪

洗足池《せんぞくいけ》と千束八幡《せんぞくはちまん》神社
―東急池上線（洗足池駅）

池上線は池上本門寺の参詣者の輸送を目的として設立されたが、五反田《ごたんだ》へと延伸され、洗足池・御嶽山《みたけさん》・旗の台（旗岡《はたがおか》八幡神社）といった聖地も結ぶことになった。

なお、洗足池畔の千束八幡《せんぞくはちまん》神社を創建した藤原忠方《ふじわらのただかた》は平将門《たいらのまさかど》討伐の命を受けて下向した人物で、池上本門寺の土地を寄進した池上宗仲《むねなか》の祖先だとされる。

洗足池…周囲約1㎞の湧水池。もともとは千束という地名であったが、日蓮が足を洗ったとの伝説から洗足と書かれるようになった。

瀧泉寺《りゅうせんじ》（目黒不動尊《めぐろふどうそん》）

- 目黒不動明王
- 東京都目黒区下目黒3-20-26
- 03-3712-7549
- 東急目黒線不動前駅より徒歩約12分

大同3年(808)に僧・円仁《えんにん》が創建した関東最古の不動尊霊場として信仰を集めてきた。徳川家光《とくがわいえみつ》も参詣したという。天海《てんかい》僧正が配したとの伝承がある「江戸五色《ごしき》不動」の一つ。

東急創業路線と目黒不動尊《めぐろふどうそん》の微妙な関係

東急電鉄（目黒蒲田電鉄）は目黒〜蒲田間の路線（目蒲線）として創業した。その目蒲線は平成12年（２０００）に目黒線と多摩川線に分割されてしまったが、東急の創業の精神や聖地鉄道性といったものは、この路線にこそよく表れている。

その象徴というべきものが不動前駅だ。不動とは目黒不動尊瀧泉寺《りゅうせんじ》のことで、「前」とつけることで最寄り駅であることを強調している。つまり、参詣者の誘致を狙っているのである。

しかし、そのわりに熱心に宣伝した様子がない。先に紹介した広告にも目黒不動尊の名はない。駅名を開業から半年ほどで目黒不動前から不動前に変えているのも気になるところだ。

新田神社《にったじんじゃ》

- 贈従三位左兵衛佐源朝臣新田義興公
- 東京都大田区矢口1-21-23
- 03-3758-1397
- 東急多摩川線武蔵新田駅より徒歩約3分

新田義貞《にったよしさだ》の次男、義興《よしおき》を祀る。義興は反足利幕府の大将として奮戦していたが多摩川矢口渡《やぐちのわたし》で謀殺された。その後、謀殺の主謀者や協力者に怪異や不幸が続いたため、神社を建てその霊を慰めたという。

世田谷八幡宮《せたがやはちまんぐう》

- 應神天皇、仲哀天皇、神功皇后
- 東京都世田谷区宮坂1-26-3
- 03-3429-1732
- 東急世田谷線宮の坂駅より徒歩約4分

源　義家《みなもとのよしいえ》は後三年の役平定からの帰途、豪雨のため当地に足止めされた。その際に宇佐《うさ》神宮の分霊を祀って創建したと伝えられる。世田谷の総鎮守。

世田谷の聖地を結ぶ東急の路面電車

世田谷線は、さまざまな路線をもつ東急においても異色の存在である。路面電車である点が最大の特徴であるが、ほかにもJRと接続・交差がないこと、始発駅から終着駅まで世田谷区内ということも異質だ。これらのことは世田谷線が玉川電気鉄道の支線として建設されたということに由来している。

一方、あまり注目されていないことだが、世田谷線が世田谷中心部の聖地を丁寧につないでいる点も興味深い。今も松陰《しょういん》神社前といった駅名が残るが、かつては豪徳寺《ごうとくじ》前・六所《ろくしょ》神社前という駅もあった。なお、小田急小田原線にも豪徳寺駅があるが（後述）、寺には世田谷線の宮の坂駅のほうが近い。

世田谷線は参詣路線として建設されたものではないが、わざわざ豪徳寺と世田谷八幡宮の間を通っていることからしても、参詣者の利用を期待していたことが想像される。

東京急行電鉄（世田谷線）
▶Tokyu Corporation

大正14年（1925）開業
世田谷線　三軒茶屋▶下高井戸　5.0㎞

世田谷線は玉川電気鉄道の支線として大正14年（1925）に開業。玉川電気鉄道は、明治40年（1907）に渋谷～玉川（現、二子玉川）間で開業、昭和13年（1938）に東京横浜電鉄（現・東京急行電鉄）と合併した。昭和44年、玉川線の廃止にともなって世田谷線と改称した。

松陰神社《しょういんじんじゃ》

吉田松陰先生（吉田寅次郎藤原矩方命）
東京都世田谷区若林4-35-1
03-3421-4834
東急世田谷線松陰神社前駅より徒歩約3分

幕末の思想家で高杉晋作《たかすぎしんさく》や伊藤博文《いとうひろぶみ》などを育てた教育家としても知られる吉田松陰《よしだしょういん》の墓所に鎮座する神社。松陰は小塚原《こづかっぱら》で処刑埋葬されたが、弟子が世田谷に改葬した。

世田谷線沿線の寺社と遺跡

世田谷線沿線の聖地は時代の幅が広いことが特徴といえる。旧石器時代から近代までそろっているから、日本史を網羅するといってもよいかもしれない。

そのもっとも古いものの例が、宮の坂駅近くにある桜木《さくらぎ》遺跡である。ここは旧石器～平安時代に至る複合遺跡で、３５０件以上の縄文時代の住居跡や祭祀跡などが発見されている。

新しい聖地の代表は松陰《しょういん》神社といえるが、３駅先の宮の坂にある豪徳寺《ごうとくじ》も注目される。豪徳寺は15世紀に創建された寺で、彦根《ひこね》藩井伊《いい》家の菩提寺。井伊直弼《なおすけ》の墓もある。安政《あんせい》の大獄の主導者と犠牲者の墓が同一路線上にあるというのも、歴史の皮肉といえよう。

（最勝寺《さいしょうじ》）教学院《きょうがくいん》（目青不動尊《めあおふどうそん》）

阿弥陀如来
東京都世田谷区太子堂4-15-1
03-3419-0108
東急田園都市線三軒茶屋駅より徒歩約5分

最勝寺（教学院）は応長《おうちょう》元年（1311）に創建された天台宗《てんだいしゅう》の寺院で、明治時代に現在地に移転した。江戸五色不動の目青不動尊を安置することで知られる。

門前沿線探訪

上町《かみまち》駅界隈とボロ市
—東急世田谷線（上町駅）

上町駅から徒歩5分ほどのところにある世田谷代官屋敷は、彦根藩領であったこの地の代官の私邸兼役宅。この屋敷の前の道をボロ市通りといい、毎年1月と12月の15・16日に、７００店以上の露店が並び、約20万人もの人出でにぎわうボロ市が開かれる。

明治時代には古着やボロ布を売る店が多かったためこう呼ばれるが、今は骨董からスイーツまで多彩な店が並ぶ。

ボロ市…かつては年末に歳の市が開かれ正月用品や農具などが売られていた。ボロ市の始まりは、安土桃山時代までさかのぼるという。

写真提供（ボロ市）：世田谷区

都電荒川線

ARAKAWA LINE

東京都

かつては都内を網の目のように走っていた都電だが、現在は荒川線のみ。鳥居越しに都電が見られる大鳥《おおとり》神社は今や貴重な場所だ。

王子《おうじ》から始まった都電荒川線の歴史

中世から近世にかけて、王子は聖地であった。始まりは同地を拠点とした豊島《としま》氏がここに聖地・熊野《くまの》から若一王子《にゃくいちおうじ》を勧請（※）したことで、王子という地名もこれに由来する。時期は定かではないが、平安時代にさかのぼる可能性もある。下って江戸時代、8代将軍となった徳川吉宗《とくがわよしむね》は、王子が紀州ゆかりの地であることを喜び、飛鳥山《あすかやま》を桜の名所として整備させたという。

王子の聖地性はそれだけではない。かつては大晦日の夜に関東中から稲荷社の神使《しんし》（狐）が集まり、王子稲荷神社を詣でると信じられていた。

江戸庶民はこうした王子へ、花見や紅葉狩りなどの行楽を兼ねて参詣した。その様子は十返《じっぺん》舎一九《しゃいっく》の『諸国道中膝栗毛《ひざくりげ》』や浮世絵に描かれ、芝居や落語の題材ともなった。

都電荒川線はこの聖地・王子を起点として出発した。その名も王子電気軌道であった。

都電荒川線

▶Toden Arakawa Line

明治44年(1911)開業
三ノ輪橋▶早稲田 12.2km

明治44年（1911）に王子電気軌道が飛鳥山上《あすかやまうえ》（現・飛鳥山）～大塚間で開業。昭和5年（1930）に全線開通。同17年、東京市に事業譲渡。翌年、都制施行により都電となる。今も残る唯一の都電で、沿線には桜やバラなどの見どころや名所旧跡、昔ながらの商店街などが点在。「東京さくらトラム」の愛称で呼ばれる。

※神仏の分霊をほかの場所に移し祀ること。

雑司《ぞうし》ヶ《が》谷《や》鬼子母神堂《きしもじんどう》（法明寺《ほうみょうじ》）

- 鬼子母神
- 東京都豊島区雑司ヶ谷3-15-20
- 03-3982-8347
- 都電荒川線鬼子母神前より徒歩約2分

法明寺の飛地境内。鬼子母神堂（重文）は寛文《かんぶん》4年（1664）年の建立。社殿の建築様式である権現造《ごんげんづくり》で建てられている。安産・子育ての御利益で信仰を集めてきた。

江戸庶民の行楽地・飛鳥山から鬼子母神《きしもじん》前へ

都電荒川線の前身・王子電気軌道は明治44年（1911）に飛鳥山上（現、飛鳥山）～大塚間で開業した。大正2年（1913）には三ノ輪《みのわ》（現・三ノ輪橋）まで開通。その後は西南へ延伸され、大正14年には大塚～鬼子母神前間が開業。早稲田《わせだ》までの全線が完成したのは昭和5年（1930）のこと。

王子電気軌道は電気事業が主力で鉄道は副業的であったため、延伸工事は断続的に行われた。そんな中にあって鬼子母神前までの延伸を行っているところが注目される。庚申塚《こうしんづか》・宮ノ前・稲荷前（現・町屋《まちや》駅前）・博《はく》善社《ぜんしゃ》前（現・荒川七丁目）といった停留所にも、霊地をつなぐ路線の性格が表れている気がする。

法明寺参道…江戸時代から桜の名所として知られる。法明寺は弘仁《こうにん》元年（810）の創建。14世紀に日蓮宗に改宗、徳川家光など将軍家の崇敬を受けた。

門前沿線探訪

早稲田大学會津八一《あいづやいち》記念博物館…會津八一は美術史家で歌人。大学のコレクションを展示。

- 東京都新宿区西早稲田1-6-1（早稲田キャンパス2号館）

大鳥神社《おおとりじんじゃ》

- 日本武命、倉稲魂命、蛭児大神
- 東京都豊島区雑司が谷3-20-14
- 03-3971-6034
- 都電荒川線鬼子母神前より徒歩約2分

出雲《いずも》藩主の嫡男が疱瘡《ほうそう》にかかった際、鷺《おおとり》大明神の霊験で治癒したことから、正徳《しょうとく》2年（1712）に雑司ヶ谷鬼子母神境内に創建。神仏分離で独立、大鳥神社と改称した。

天祖神社《てんそじんじゃ》

天照大御神
東京都豊島区南大塚3-49-1
03-3983-2322
都電荒川線大塚駅前より徒歩約3分、またはJR山手線大塚駅より徒歩約2分

元亨《げんこう》年間（1321～24）の豊島景村《としまかげむら》の頃に伊勢の皇大神宮を勧請して創建したと伝えられ、旧巣鴨《すがも》村の総鎮守として崇敬されてきた。明治時代に今の社号に改称した。

江戸の境界を走る都電荒川線

都電荒川線の路線図を見ると、江戸の北部を結界しているようにも見える。実際、その路線は江戸の境界を示した江戸朱《しゅ》・墨引《すみびき》図とほぼ一致している。すなわち、都電荒川線は《江戸の境界を走る路線》なのである。

こうした町や村の境界には魔の侵入を防ぐために寺社が建立されることが多い。中世には悪霊調伏の霊験があると信じられていた禅宗の寺院が、鎌倉の境界に建てられたのもそうした例といえる（たとえば建長寺《けんちょうじ》は刑場跡に建てられている）。

源義家《みなもとのよしいえ》が賊の首を埋めたという円通寺《えんつうじ》（三ノ輪橋《みのわばし》駅より徒歩5分）の首塚や巣鴨の庚申塚、雑司が谷の鬼子母神なども境界の守護が期待されたのであろう。

巣鴨庚申塚

猿田彦大神
東京都豊島区巣鴨4-35-1
03-3918-2101（巣鴨地蔵通り商店街振興組合）
都電荒川線庚申塚駅より徒歩約2分

庚申塚は庚申《かのえさる》の日に夜通しの祭祀を行って健康や長寿を願う庚申講の記念に建てるもの。巣鴨の庚申塚は文亀《ぶんき》2年（1502）に最初の石塔が建てられたとされる。現在では開運導きの神様として庚申の日に祭礼が行われ、大勢の信者がお詣りに訪れる。

門前沿線探訪

巣鴨地蔵通り商店街
―都電荒川線（庚申塚停留所）

巣鴨の商店街といえば、とげぬき地蔵（高岩寺《こうがんじ》）が思い浮かぶが、もともと中山道《なかせんどう》の立場《たてば》（休憩所）で、江戸六地蔵の一つを安置する眞性寺《しんしょうじ》と庚申塚を詣でる人で賑わう場所であった。

ちなみに高岩寺は慶長《けいちょう》元年（1596）に湯島《ゆしま》で創建され、明治24年（1891）に巣鴨に移ってきた。

巣鴨地蔵通商店街…別名おばあちゃんの原宿。衣料品や甘味処が軒を並べている。

王子神社《おうじじんじゃ》

伊邪那岐命、伊邪那美命、天照大御神、速玉之男命、事解之男命
東京都北区王子本町1-1-12
03-3907-7808
都電荒川線王子駅前駅より徒歩約5分、またはJR京浜東北線・東京メトロ南北線王子駅より徒歩約3分

古くは王子権現・若一王子宮と呼ばれた。豊島氏が熊野三山の神霊を勧請して創建したと伝えられ、その際、周囲を熊野に模して整備したという。

王子稲荷神社《おうじいなりじんじゃ》

宇迦之御魂神、宇気母智之神、和久産巣日神
東京都北区岸町1-12-26
03-3907-3032
都電荒川線王子駅前駅より徒歩約9分、またはJR京浜東北線・東京メトロ南北線王子駅より徒歩約7分

創建時期は不詳だが源頼義《みなもとのよりよし》も参詣したという。関東の稲荷社の総司《そうつかさ》の称号をいただいたことのある神社で、大晦日の夜に神使の狐が集まるのもそのためとされる。火難除け・商売繁盛の御神徳で有名。

聖地が点在する花の名所・王子

徳川吉宗が飛鳥山に桜を植えたのは、江戸庶民を郊外に誘い出し健全な遊びを奨励したためとされる。しかし、吉宗が花の名所として喧伝したのは王子だけではない。亀戸《かめいど》の梅、中野の桃、隅田川《すみだがわ》と品川《しながわ》御殿山《ごてんやま》の桜、いずれも江戸の境界付近にある。花の霊性で江戸を守ろうとしたとも考えられる。

王子電気軌道も王子の聖地性をある程度理解していたものと思われる。それは同社が発行した「沿線案内」からも見て取れる。「案内」というにはあまりに書き込まれた名所が少ないのだが、王子のところには、名主《なぬし》の滝・王子稲荷・王子権現・紅葉《もみじ》寺《でら》（滝野川《たきのがわ》の金剛寺《こんごうじ》のこと）が記されている。

門前沿線探訪

王子の名所めぐり

住宅が建て込んだ今では考えにくいが、江戸庶民にとって王子は花見だけではなく、避暑や紅葉狩りもできる行楽地であった。音無川《おとなしがわ》（石神井《しゃくじい》川《がわ》）の渓谷には滝や大堰《おおせき》があり、浮世絵にもしばしば描かれた。

名主の滝…王子七滝の一つ。名主が邸宅に造った人工の滝。一部が復元されている。
東京都北区岸町1-15-25

飛鳥山公園…太政官布達により明治6年（1873）日本最初の公園の一つとなった。
東京都北区王子1-1-3

都営地下鉄浅草線

ASAKUSA LINE

東京都

浅草寺《せんそうじ》

聖観世音菩薩
東京都台東区浅草2-3-1
03-3842-0181
都営地下鉄浅草線・東武スカイツリーライン・東京メトロ銀座線・つくばエクスプレス浅草駅より徒歩約5分

推古《すいこ》天皇36年（628）創建と伝わる。江戸幕府成立後、江戸の市街地の拡大にともなって参詣者が増え、聖地でありながら盛り場ともなった。

東京の地下を走るもう一つの聖地鉄道

日本最初の地下鉄は、聖地鉄道であった。昭和2年（1927）に浅草〜上野間で開業した東京地下鉄道（現在の東京メトロ銀座線）である。浅草は東京屈指の古刹、浅草寺の境内、上野は将軍家菩提寺として近世仏教界に君臨した寛永寺《かんえいじ》の境内だった場所。それゆえ本来なら銀座線を扱うべきところだが、銀座線の寺社めぐりの本はすでに多くあるので、ここでは都営地下鉄浅草線を取り上げたい。

地図を見ればわかるように、浅草線は東京の海側の結界をなしている。実際、沿線の浅草〜浅草橋は奥州への出入口、高輪《たかなわ》（泉岳寺《せんがくじ》）は東海道への出入口であった。都電荒川線のところでも述べたが（P26参照）、こうした境界には魔の侵入を防ぐかのように寺社が建っている場合が多い。浅草寺は北、増上寺《ぞうじょうじ》は東海道を押さえており、浅草橋の鳥越《とりごえ》神社は隅田川の渡しを守護している。

都営地下鉄浅草線

▶Toei Asakusa Line

昭和35年（1960）開業

浅草線 西馬込▶押上 18.3km

東京都交通局が所有・運営する地下鉄。都営地下鉄の最初の路線で、当初は都営1号線と呼ばれていた。昭和35年（1960）、押上《おしあげ》〜浅草橋間で開業。京成電鉄との相互直通運転開始。同43年に泉岳寺まで延伸開業、京浜急行電鉄との相互直通運転を開始した。同年中に西馬込《にしまごめ》まで延伸され、全線開通した。

水天宮《すいてんぐう》

天御中主大神、安徳天皇、建礼門院、二位の尼
東京都中央区日本橋蛎殻町2-4-1
03-3666-7195
都営地下鉄浅草線人形町駅より徒歩約8分、または東京メトロ半蔵門線水天宮前駅より徒歩約1分

久留米《くるめ》の水天宮は代々の久留米藩主に崇敬され、江戸上屋敷にも祀られていた。これが今の人形町《にんぎょうちょう》水天宮の前身で、庶民にも月に1度参詣が許された。安産の霊験で有名。

門前沿線探訪

水天宮周辺を歩く
—都営地下鉄浅草線(人形町駅)

かつての人形町界隈には芝居小屋が多く、芝居用の人形を作る職人も住んでいた。芝居見物の客や水天宮への参詣者目当ての飲食店も集まり、粋な繁華街をなしていた。近世より花街としても賑わった。

玉ひで…創業宝暦10年(1760)の鳥料理の老舗。親子丼発祥の店として有名。
東京都中央区日本橋人形町1-17-10

甘酒横丁…江戸時代、尾張屋という甘酒屋があったことからついた名前。今も新旧の名店が軒を連ねている。歌舞伎発祥の地とされ、通りには弁慶の銅像がある。

江戸の彼岸の向島《むこうじま》から東海道の大《おお》木《き》戸《ど》へ

開業時、押上が浅草線の起点となったのは京成電鉄との相互直通運転のためであるが、その聖地性も見逃せない。向島とも呼ばれたこの一帯には、牛嶋《うしじま》神社・三囲《みめぐり》神社・長命寺《ちょうめいじ》・弘福寺《こうふくじ》・押上天祖《てんそ》神社など、寺社が多い。向島という地名自体、江戸の対岸(向こう)、すなわち彼岸であり、一種の異界として考えられていた。向島の異界性は梅若《うめわか》伝説にも表れている。都から子を捜して旅してきた母が、この地で愛息の霊と再会する話だ。

その後、浅草線は南西へと延伸、昭和37年(1962)には人形町まで達した。明暦《めいれき》の大火まで遊郭があり、その移転後は劇場街となった。やはり日常性とは遊離した異界性の強い町だ。

増上寺《ぞうじょうじ》

阿弥陀如来、南無阿弥陀仏
東京都港区芝公園4-7-35
03-3432-1431
都営地下鉄浅草線大門駅より徒歩約5分、または都営地下鉄三田線御成門駅・芝公園駅より徒歩約3分

浄土宗《じょうどしゅう》の大本山。明徳《めいとく》4年(1393)の創建。徳川家康《とくがわいえやす》の崇敬を受け、その葬儀も行われた。浅草線の大門《だいもん》駅は増上寺の大門(総門)があることに由来している。

築地本願寺《つきじほんがんじ》

- 阿弥陀如来
- 東京都中央区築地3-15-1
- 03-3541-1131
- 都営地下鉄浅草線東銀座駅より徒歩約5分、または東京メトロ日比谷線築地駅直通（出口1）

浄土真宗《じょうどしんしゅう》本願寺派（西本願寺）の直轄寺院。元和《げんな》3年（1617）に浅草で創建されたが明暦の大火で焼失。幕府に与えられた替え地が八丁堀《はっちょうぼり》の海上であったため佃島《つくだじま》の門徒らが中心となって埋め立てを行い伽藍を建立した。国指定重要文化財。

門前沿線探訪

東銀座・築地を歩く
―都営地下鉄浅草線（東銀座駅）

築地という地名は築地本願寺を移築するにあたって海を干拓したことに由来する。江戸時代は浄土真宗の寺が並ぶ寺町であった。大正12年（1923）の関東大震災により魚河岸が移転。東京の台所となった。

築地場外市場…市場（場内）の外にある店舗街。一般人も入場・買物ができる。グルメスポットとして人気。

- 東京都中央区築地

歌舞伎座…歌舞伎の専用劇場。明治22年（1889）開場。歌舞伎稲荷神社もある。

- 東京都中央区銀座4-12-15

都営浅草線は赤穂《あこう》義士の足取りをたどる？

浅草線は泉岳寺《せんがくじ》駅で京浜急行電鉄と連絡する。路線は西馬込駅まで続くが、泉岳寺駅が浅草線の事実上の目的地だったといってよいだろう。余談であるが、泉岳寺は『鉄道唱歌』にも歌われており、ランドマーク的存在でもあったことがわかる。

この泉岳寺がある高輪から三《み》田《た》にかけての一帯には寺院が多いが、江戸の開発にともなって幕府が強制的に移転させたためで、寛永《かんえい》12年（1635）以降、移転は数度にわたって行われた。

泉岳寺は『忠臣蔵』の赤穂義士の墓所として有名だが、気になるのは討ち入り後の義士の足取りが浅草線に近いことだ。切腹を覚悟していた彼らは、現世の縁を歩いたのだろうか。

泉岳寺《せんがくじ》

- 釈迦牟尼佛
- 東京都港区高輪2-11-1
- 03-3441-5560
- 都営地下鉄浅草線泉岳寺駅より徒歩約1分

慶長《けいちょう》17年（1612）、徳川家康が今川義元《いまがわよしもと》の菩提を弔うため外《そと》桜田《さくらだ》（千代田区）に創建。寛永《かんえい》18年（1641）の大火により焼失後、現在地に移転。赤穂藩主浅野家の菩提寺であったことから義士の墓所とされた。

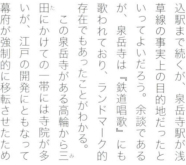

寛永《かんえい》6年（1629）創建。日蓮《にちれん》聖人自刻の帝釈天板本尊を安置し、縁日の庚申《こうしん》の日は多くの参詣者で賑わう。帝釈堂の彫刻でも有名。

門前沿線探訪

柴又を歩く
一京成金町線（柴又駅）

映画『男はつらいよ』の舞台として知られる柴又だが、題経寺の参道は寺社門前の伝統的な町並みを残していることでも注目され、国の重要文化的景観に選ばれている。土産物や食べ歩きなど楽しみ方はいろいろだ。江戸川べりに出れば、江戸情緒たっぷりの矢切の渡しがある。

柴又帝釈天参道…柴又駅から題経寺の門前までの約200mの参道の両側には、飲食店や土産物・仏具や民芸品の店が並ぶ。

葛飾柴又寅さん記念館…「男はつらいよ」の世界が再現された博物館。くるまやのセットが移築されている。

葛飾区柴又6-22-19

葛飾柴又寅さん記念館©松竹㈱

題経寺《だいきょうじ》（柴又帝釈天《しばまたたいしゃくてん》）

帝釈天王

東京都葛飾区柴又7-10-3

03-3657-2886

京成金町線柴又駅より徒歩約3分、または北総公団線新柴又駅より徒歩約12分

柴又《しばまた》を目指した2本の聖地鉄道

金町《かなまち》線は現在では一本の路線だが、かつては柴又～金町は帝《たい》釈人車《しゃくじんじゃ》鉄道、曲金《まがりかね》（現・京成高《たか》砂《さご》）～柴又は京成電気軌道という別個の路線であった。しかも、帝釈人車鉄道は電車でも汽車でもない、人が車両を押す鉄道であった（P34参照）。いずれも題経寺への参詣者を目当てにしたものだったが、人車は電車に勝てず、路線を京成に譲渡した。

京成電鉄（金町線）

▶Keisei Electric Railway

明治32年（1899）開業

金町線 京成高砂▶京成金町 2.5km

明治32年（1899）、帝釈人車軌道が柴又～金町間で開業。曲金（現・京成高砂）～柴又間は京成電気軌道が大正元年（1912）に開業。これに先立ち帝釈人車軌道は京成に軌道特許を譲渡。翌年、京成は人車区間を改造し、高砂～金町間での営業を開始。

東武

TOBU

大師線

東京都

總持寺《そうじじ》（西新井大師《にしあらいだいし》）

- 十一面観世音菩薩、弘法大師
- 東京都足立区西新井1-15-1
- 03-3890-2345
- 東武大師線大師前駅より徒歩約5分、または日暮里・舎人ライナー西新井大師西駅より徒歩約20分

弘法大師空海が自刻の十一面観音像と自身の像で祈祷を行ったところ水が湧き、悪疫を祓ったという。その井戸が本堂の西にあったことから西新井《にしあらい》と呼ばれた。関東三大師の一つ。

改札もない聖地駅
日本一短い聖地鉄道

寺社などの聖地を終着駅とする聖地鉄道（参詣路線）は短いものが多いのだが、東武大師線はとりわけ短い。全線で1キロちょうど。かつては1・1キロあったのだが、環七通り拡幅のため100メートル削られてしまった。中間駅はなく、大師前駅には改札もない。乗客は西新井駅の連絡通路で改札を行う。

まさに西新井大師《にしあらいだいし》へ参詣するためだけに存在しているような路線だが、本来は上板橋《かみいたばし》まで結ぶ予定であった。1駅だけの開業は通例では考えられないが、西新井大師という聖地の存在がそれを可能にしたのである。

門前沿線探訪

西新井大師参道…大師線同様参道は長くないが、昔ながらの賑わいが感じられる。江戸時代から草団子が有名。手焼きせんべいの店も多い。

東武鉄道（大師線）

▶Tobu Railway

昭和6年（1931）開業

大師線 西新井▶大師前 1.0km

昭和6年（1931）に東武鉄道が東武伊勢崎線西新井駅と東上線上板橋駅を結ぶ西板線《にしいた》の一部として、西新井～大師前間を開業。しかし、用地買収や建設費用の見通しが立たず、残りの路線の建設を断念。昭和22年に大師線と改称した。

正保《しょうほう》3年（1646）に現・太宰府天満宮の神官で菅原道真《すがわらのみちざね》の子孫の菅原大鳥居信祐《おおとりいしんゆう》が神託を受け、寛文《かんぶん》2年（1662）に社殿を建立。その後、将軍家綱《いえつな》の命により本所《ほんじょ》の鎮守とされた。

亀戸天神社《かめいどてんじんしゃ》

- 天満大神（菅原道真公）、天菩日命（菅原家の祖神）
- 東京都江東区亀戸3-6-1
- 03-3681-0010
- 東武亀戸線・JR総武線亀戸駅より徒歩約15分、またはJR総武本線・東京メトロ半蔵門線錦糸町駅より徒歩約15分

かつては本線扱いだった都会のローカル線

現在では東武のローカル線といった雰囲気の亀戸線だが、かつては総武鉄道（現・JR総武線）に乗り入れをする本線扱いの路線であった。しかし、路線をめぐる状況の変化により乗客数は激減してしまった。

亀戸線の聖地鉄道性は、開業当時の唯一の中間駅が天神駅（亀戸天神社最寄り駅、廃駅）であったことにも表れている。

東武鉄道（亀戸線）

▶Tobu Railway

明治37年（1904）開業

亀戸線　亀戸▶曳舟 3.4km

明治37年（1904）、亀戸～曳舟《ひきふね》間で開業。総武鉄道（現・JR総武線）両国橋《りょうこくばし》（現・両国）まで相互直通運転を行う。総武鉄道の国有化により直通運転を廃止。昭和3年（1928）、電化を機に亀戸水神駅（亀戸水神宮最寄り駅）ほか5駅開業。

門前沿線探訪

昭和の町並みと下町グルメ
—東武亀戸線
（曳舟駅・亀戸駅など）

亀戸線沿線は青梅のように意識的に昭和の町並みを守っているわけではない。しかし、懐かしい風景がそこここで見られる。たとえば曳舟駅から徒歩数分の鳩の街通り商店街とキラキラ橘商店街。ごく普通の商店街が嬉しい。下町グルメは亀戸駅周辺でも楽しめる。

キラキラ橘商店街…曳舟駅から徒歩7分。明治通りと曳舟たから通りを結ぶ道にある商店街。ここでしか買えないキラキラブランド探しも楽しい。

亀戸餃子 本店…餃子は1品につき2皿。1皿食べ終えそうな頃に次の皿が出される、わんこそば的システム。

東京都江東区亀戸5-3-3

聖地鉄道余話

SEICHI TETSUDO ①

馬車鉄道と人車鉄道

聖地へと向かう人力・馬力の鉄道

京成金町線のほかにも、かつては人車鉄道が全国各地で活躍していた。人車鉄道は、蒸気機関車などが走りにくい市街地などの場所と基幹交通の駅との連絡に使われることが多かった。たとえば茨城県の笠間《かさま》人車軌道（1915～30年）は、笠間駅と笠間稲荷神社を結んでいた。ほかにも富士山本宮浅間大社と本門寺などを連絡していた静岡県の富士軌道（1909～39年）、二郎ヶ別府駅(現・日向住吉駅)と住吉神社を結んでいた宮崎県の住吉村営人車軌道（1914～29）といった聖地人車鉄道があった。

『鉄道馬車往復京橋煉瓦造ヨリ竹河岸図』（国立国会図書館蔵）…馬車鉄道も文明開化を象徴するハイカラな乗り物であった。しかし、電車の登場により、その魅力は急速に色褪せていった。

軌道上に馬糞が落ちるトテ馬車——馬車鉄道

一方、馬車鉄道は、古くから馬による輸送が行われていたせいか人車鉄道以上に普及した。最盛期の20世紀初頭には全国に41の路線があった。現役の路線の中にも前身が馬車鉄道のものがあり、本書でも取り上げた山梨県の富士急行線（P133参照）と大阪府の阪堺電気軌道阪堺線（P108参照）がこれにあたる。馬車鉄道は人車鉄道より輸送力があるので人気があったが、蒸気機関車や電車に比べれば速度も輸送力も劣り、糞尿の処理やエサの補給といった問題もあったため昭和20年代には姿を消した。なお、馬車鉄道は馬丁が吹くラッパの音色からトテ馬車と呼ばれた。

帝釈《たいしゃく》人車軌道の浮彫…金町と柴又《しばまた》を結んでいた帝釈人車軌道の復元図。その目的地であった題経寺の渡り廊下の欄間に彫られている。

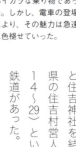

第2章

関東圏

江ノ電／小田急（小田原線）／伊豆箱根鉄道（大雄山線・駿豆線）
京成（京成本線）／東武（伊勢崎線・日光線）／京急（大師線・空港線）
秩父鉄道／JR鹿島線／上信電鉄

江ノ電

ENODEN

神奈川県

江ノ電といえばグリーンとクリーム色の車体が伝統だが、開業95周年を記念して登場したレトロ調車両の10形は青色が印象的だ。

写真提供:鎌倉市観光協会

法難会《ほうなんえ》に合わせて開業した江ノ電

江戸時代に多くの参詣者で賑わった聖地には複数の路線が競合しているケースが多い。それらの路線の駅は離れて造られ、連絡していないことが少なくない。伊勢《いせ》・日光《にっこう》・成田《なりた》・琴平《ことひら》などがそうだ。江の島もまたそうした聖地の一つであるが、駅の離れ方が他の聖地より大きい。江の島に乗り入れている江ノ電・小田急・湘南モノレールの駅は、同じ場所の駅とは思えないほど離れている。おそらく鉄道事業者にとって江の島は、他社とは分かち合いたくないほど魅力的な場所であったのだろう。

江の島の魅力については後で述べるとして、まずは江ノ電の歴史を振り返ってみよう。

江ノ電は明治35年（1902）9月1日に藤沢〜片瀬（現・江ノ島）間で開業した。これは9月11〜12日に龍口寺《りゅうこうじ》で行われる龍口《たつのくち》法難会に合わせたものといわれている。その参詣者の輸送を当て込んだのだ。

江ノ島電鉄

▶Enoshima Electric Railway

明治35年(1902)開業

江ノ電 藤沢▶鎌倉 10.0km

明治35年（1902）、江之島電気鉄道が藤沢《ふじさわ》〜片瀬《かたせ》（現・江ノ島）を電気軌道として開業。同43年に小町（現・鎌倉）まで延伸し全線開通。しかし、資金難により横浜電気に買収された。その後、横浜電気は東京電燈に吸収合併されたが、江ノ電の経営は昭和3年（1928）に江ノ島電気鉄道に譲渡された。

長谷寺《はせでら》

- 十一面観音菩薩（長谷観音）
- 神奈川県鎌倉市長谷 3-11-2
- 0467-22-6300
- 江ノ電長谷駅より徒歩約5分、または江ノ電・JR 横須賀線鎌倉駅よりバス約6分「長谷観音」下車、徒歩約5分

通称、長谷観音。天平《てんぴょう》8年（736）開創。9mを超す本尊の十一面観音像は奈良の長谷寺の本尊と同木で造られたとされる。坂東三十三箇所観音霊場第4番札所。

写真提供:長谷寺／鎌倉市観光協会

江ノ電が横切る鎌倉の境界

鎌倉は海に向かい三方を山に囲まれた天然の要害である。外部から鎌倉に入るには、山を切り拓いた切り通しか、狭い海沿いの道を行くしかなかった。

それだけにその境界が強く意識され、霊的にも鎌倉を守るよう寺院が建立された。とくに長谷寺や鎌倉大仏のある長谷は、鎌倉中心部から見て西にあったことから西方極楽浄土のイメージと重ね合わされ、異界性の強い場所と考えられていた。ここに巨大な阿弥陀像や観音像が建立されたのも、地上の浄土と受け止められていたからだろう。

日蓮《にちれん》が奇跡により斬首を免れた（龍口《たつのくち》法難）のが鎌倉西方の龍ノ口だとされるのも、この異界性と無縁ではないだろう。

鎌倉大仏殿高徳院《かまくらだいぶつでんこうとくいん》

- 阿弥陀如来（鎌倉大仏）
- 神奈川県鎌倉市長谷4-2-28
- 0467-22-0703
- 江ノ電長谷駅より徒歩約7分、または江ノ電・JR横須賀線鎌倉駅よりバス約8分「大仏前」下車すぐ

本尊の阿弥陀如来坐像（鎌倉大仏、国宝）は浄光《じょうこう》が庶民の浄財を集めて建長《けんちょう》4年（1252）に造立を始めたもの。もとは大仏殿があったが、14世紀に大風で倒壊している。

写真提供:鎌倉市観光協会

門前沿線探訪

文学の町・鎌倉
―江ノ電（由比ガ浜駅・長谷駅ほか）

鎌倉は文学者に愛された町でもあった。芥川《あくたがわ》龍之介《りゅうのすけ》・大佛《おさらぎ》次郎《じろう》・川端《かわばた》康成《やすなり》・小林《こばやし》秀雄《ひでお》など、温暖で風光明媚、かつ古都の文化的な風情に惹かれた文人たちは鎌倉に移り住み、一種のサロンを作った。鎌倉文学館・旧川端康成邸（非公開）・鏑《かぶら》木《き》清方《きよかた》記念美術館など文芸散歩も楽しい。

鎌倉文学館…鎌倉ゆかりの文学者を紹介。建物は旧前田《まえだ》侯爵別邸で、国の登録有形文化財。バラ園も有名。

神奈川県鎌倉市長谷1-5-3

家々の軒先や寺社の門前をかすめるように走る江ノ電。しかし、江ノ電は路面電車ではない。開業当初は電気軌道だったが、昭和20年（1945）に地方鉄道に変更している。なお、普通鉄道は併用軌道（道路上の線路）を走れないのだが、江ノ電は特例となっている。右の写真は御霊神社参道を横切って走る江ノ電。

写真提供:鎌倉市観光協会

御霊神社《ごりょうじんじゃ》（権五郎神社《ごんごろうじんじゃ》）

- 鎌倉権五郎景政公
- 神奈川県鎌倉市坂ノ下4-9
- 0467-22-3251
- 江ノ電長谷駅より徒歩約5分

通称、（鎌倉）権五郎神社。主祭神は鎌倉権五郎景政《かまくらごんごろうかげまさ》。景政は片目に矢が刺さっても奮戦したという猛者で、武士の鑑とされた。眼病平癒・除災招福の神徳があるという。

権《ごん》五《ご》郎《ろう》社《しゃ》前駅・龍《たつ》ノ《の》口《くち》駅
――消えた聖地駅

前述したように、江ノ電の開業は龍口寺の法難会に合わせたものであった。この法会は日蓮が文永《ぶんえい》8年（1271）9月12日に龍ノ口で遭った法難を偲ぶもので、各地から信者が集まる。当然、江之島電気鉄道も参詣者の便を考えており、龍口寺《りゅうこうじ》門前近くに龍ノ口駅を設けていた。

しかしこの駅は、現在は存在していない。昭和の初め頃に廃止されたようだ。江ノ電にはほかにも今はなき聖地駅（寺社の最寄り駅）がある。

源義経《みなもとのよしつね》が兄の頼朝《よりとも》に腰越状《こしごえじょう》と呼ばれる弁解の手紙を書いたところとされる満福寺《まんぷくじ》門前の満福寺前駅と、平安後期の猛将・鎌倉権五郎景政の霊を祀る御霊神社社頭の権五郎社前駅である。

門前沿線探訪

七里《しちり》ヶ浜《がはま》周辺を歩く
―江ノ電（七里ヶ浜駅・鎌倉高校前駅）

七里ヶ浜の東端、稲村ヶ崎は鎌倉を守る結界の一つ。進軍の際、新田義貞《にったよしさだ》も神に祈らなければ越えられなかった。

江ノ電の沿線でも七里ヶ浜べりはとくに美しい。映画やドラマにも使われている。

写真提供:鎌倉市観光協会

満福寺《まんぷくじ》

- 薬師三尊
- 神奈川県鎌倉市腰越2-4-8
- 0467-31-3612
- 江ノ電腰越駅より徒歩約3分

天平《てんぴょう》16年（744）に行基《ぎょうき》が開創したと伝わる。文治《ぶんじ》元年（1185）、源頼朝に疑われて鎌倉入りを禁じられた義経は、ここで弁明の「腰越状」を書いたとされる。

小動神社《こゆるぎじんじゃ》

- 須佐之男命、建御名方神、日本武尊、歳徳神
- 神奈川県鎌倉市腰越2-9-12
- 江ノ電腰越駅より徒歩約4分

源頼朝に仕えた佐々木盛綱《ささきもりつな》が平家追討での神恩報謝のため文治年間（1185～90）に創建したという。新田義貞は鎌倉攻めに際して戦勝祈願をし、のちに社殿を再建した。

江ノ電でめぐるもう一つの〝聖地〟

鎌倉高校前駅の踏切がアニメ『スラムダンク』のオープニングに使われたことで、この場所は〝聖地巡礼〟（ロケ地めぐり）の代表的な場所となった。

しかし、この駅でロケをしたのは『スラムダンク』だけではない。『男はつらいよ　拝啓車寅次郎様』でもラスト近くで使われている。また、映画にもなったマンガ『海街diary』でも表紙に描かれている。

江ノ電が登場する映画やアニメはまだまだある。黒澤明監督の『天国と地獄』では謎の解明に関わる重要な役割が与えられている。2017年公開の『DESTINY　鎌倉ものがたり』では、江ノ電は異界とつながる乗り物となっている。

生しらす丼…新鮮なしらすが獲れる湘南の名物。写真は「しらすや」のしらす丼。

神奈川県鎌倉市腰越2-10-13

鎌倉高校前駅の踏切…最近では台湾など外国からの〝巡礼者〟も多い。『TARI TARI』『ハナヤマタ』といったアニメ作品にも登場する。

一方、七里ヶ浜は富士山を眺めるベストポイントの一つ。葛飾北斎《かつしかほくさい》もここからの景色を「富嶽百景」に描いている。周辺には人気のカフェやレストランがたくさんあるので、グルメ散策をするのもおすすめだ。

⛩ 江島神社《えのしまじんじゃ》

- 多紀理比賣命、市寸島比賣命、田寸津比賣命
- 神奈川県藤沢市江の島2-3-8
- 0466-22-4020
- 江ノ電江ノ島駅、小田急江ノ島線片瀬江ノ島駅、湘南モノレール湘南江の島駅の各駅より徒歩約15～23分

江の島は欽明《きんめい》天皇の御代に天女が創った島とされ、修験道の開祖とされる役小角《えんのおづぬ》が霊場として開拓したという。その後、岩窟の本宮《ほんぐう》を空海《くうかい》が、中津宮《なかつみや》（上之宮《かみのみや》）を円仁《えんにん》が、辺《へ》津宮《つみや》を良真《りょうしん》が建てた。日本三弁財天の一つ。

1 辺津宮《へつみや》…江島神社は宗像《むなかた》三女神を３社に祀る。辺津宮は島の入口に鎮座し、田寸津比《たぎつひ》賣命《めのみこと》を祀る。同境内の奉安殿には、八臂《はっぴ》弁財天と、日本三大弁財天の一つとして有名な裸弁財天・妙音弁財天が安置されている。

2 中津宮《なかつみや》…奥津宮《おくつみや》・岩屋《いわや》に向かう途上に鎮座する社。かつては上之宮《かみのみや》といった。市寸島《いちきしま》比《ひ》賣命《めのみこと》を祀る。拝殿の格天井《ごうてんじょう》が見事。

3 奥津宮《おくつみや》…岩屋の上の山に鎮座する社。本宮が岩屋にあった頃は、夏に御神体を移す御《お》旅所《たびしょ》であった。多紀理《たぎり》比《ひ》賣命《めのみこと》を祀る。

江戸の女たちが江の島を愛した理由

江戸時代、江の島は江戸の女性にとって一番人気の小旅行先であった。というのも、参詣路に難所がなく、厳重な監視で知られた箱根《はこね》の関所を通る必要もなかったからだ。江の島の弁財天が財運や芸事上達にご利益があるということも、女心をとらえたのだろう。

一方、男たちは大山《おおやま》（伊勢原《いせはら》市・秦野《はたの》市・厚木《あつぎ》市）の参詣を好んだ。しかし、その帰り道に江の島も詣でる者が多かった。風光明媚で財運が得られるとあれば、寄らない理由はない。

こうした賑わいは維新後も続いた。これに目をつけたのが江之島電気鉄道だった。ほかにも進出を考えていた事業者はいたが、実現には至らなかった。

『江ノ島弁財天開帳詣』（国立国会図書館蔵）

江の島参詣の歴史

欽明天皇の命により岩屋に宮が建てられ以来、各宗派の名僧が詣でたという。鎌倉時代には武士の信仰を集め、北条時政《ほうじょうときまさ》は参籠して蒙古退散を祈った。江戸時代には富豪や芝居関係者をはじめ庶民が多く参詣した。

龍口寺《りゅうこうじ》

日蓮聖人
神奈川県藤沢市片瀬3-13-37
0466-25-7357
江ノ電江ノ島駅より徒歩約3分、または湘南モノレール湘南江の島駅より徒歩約3分

延元《えんげん》2年（1337）に日蓮の直弟子の日法《にっぽう》が龍口法難の霊跡に堂を建てて自刻の日蓮像を安置。慶長《けいちょう》6年（1601）、日蓮宗の篤信者であった島村采女《しまむらうねめ》が土地を寄進し伽藍が整備された。

観光会社だったこともある江ノ電

今でこそ平日も混み合う江ノ電であるが、その歴史は苦難の連続であった。江之島電気鉄道から横浜電気、さらに東京電燈と経営者が替わった江ノ電は、昭和3年（１９２８）に江ノ島電気鉄道へと譲渡された。新会社は江ノ電の延伸やロープウェイなどを計画したが、経済状況が悪く断念。戦時中は東急の系列下に置かれた。戦後は社名を江ノ島鎌倉観光に変えて観光事業に進出したが、大きな成果はなく、昭和56年（１９８１）に社名を江ノ島電鉄に変更。

転機となったのは１９８０年代で、テレビドラマの舞台になったことから若者の人気が出た。そして、サザンオールスターズの曲がそれを定着させた。

鎌倉周辺の有名寺社めぐり

江ノ電沿線以外にも鎌倉は見所がいっぱいだ。

鎌倉駅から若宮大路《わかみやおおじ》を北へ。突き当たりが源氏の氏神・鶴《つるが》岡八幡宮《おかはちまんぐう》。源頼朝は京をモデルに町作りをしたが、内裏に当たる場所に鎮座している。

鶴岡八幡宮から東のほうに行くと、鎌倉でもっとも古い寺とされる杉本寺《すぎもとでら》や鎌倉五山の一つの浄妙寺《じょうみょうじ》などがある。

逆に西に進み、横須賀《よこすか》線をくぐって源氏山《げんじやま》を登っていくと、銭洗《ぜにあらい》弁天や佐助《さすけ》稲荷神社に出る。鶴岡八幡宮から鎌倉街道を西に向かって建長寺《けんちょうじ》・円覚寺《えんがくじ》を拝観し、横須賀線の北鎌倉駅に出るのもよい。

小田急

ODAKYU

小田原線

東京都
神奈川県

小田急といえばロマンスカー。新幹線の先駆車となった3000形など名車両が多いことでも知られる。富士山とのツーショットもよく似合う。

聖地への導入路《アプローチ》としての小田急線

貞享《じょうきょう》4年（1687）に出版された『奇異雑談集《きいぞうだんしゅう》』という奇談集には、霊験あらたかとされた箱根の火金《ひかね》の地蔵で隣家の妻の幽霊を見かける話が載せられている。同様の話は元禄《げんろく》年間（1688～1704）出版の『善悪報《むくい》ばなし』にもあり、そこでは旅人が箱根のかしのき坂で幽霊に借金の返済を迫られている。

こうした話からもわかるように、近世以前、箱根《はこね》はあの世に通じる場所、地獄がある場所と思われていた。石仏群があちこちにあるのもそのためだ。

小田急小田原《おだわら》線は箱根まで直通しているわけではないが、箱根への導入路《アプローチ》になっている。

小田急線が入口の役割を果たしている聖地はほかにもある。

江ノ島線で結ばれている江の島もその一つだが、江の島とともに江戸庶民の信仰を集めた大《おお》山《やま》も小田原線の伊勢原《いせはら》駅が入口だ。天狗で有名な大雄山《だいゆうざん》も小田原が玄関口となっている。

小田急電鉄（小田原線）

▶Odakyu Electric Railway

昭和2年（1927）開業

小田原線 新宿▶小田原 82.5km

昭和2年（1927）に小田急電鉄の前身、小田原急行鉄道によって小田原線（新宿～小田原）全線開業。同4年、江ノ島線営業開始。同10年、週末温泉特急運転開始。同25年、箱根登山鉄道箱根登山線への乗り入れ開始。同32年、ロマンスカー 3000形（SE）就役。平成30年（2018）、代々木上原～登戸間11.7キロの複々線化が完了。

代々木八幡宮《よよぎはちまんぐう》

応神天皇
東京都渋谷区代々木5-1-1
03-3466-2012
小田急小田原線代々木八幡駅より徒歩約5分、または東京メトロ千代田線代々木公園駅より徒歩約5分

鎌倉幕府第2代将軍 源 頼家《みなもとのよりいえ》の死後、その側近の家来であった荒井《あらい》外記智明《げきともあきら》が霊夢により鶴岡八幡宮の神霊を勧請して創建したと伝えられる。江戸中期に現在地に移転。

ハレとケが交錯する小田原線の乗客

朝の小田急新宿駅は、急ぎ足で改札を出ようとする通勤通学の者たちとリゾートファッションの観光客が交錯する。小田急ならではの雰囲気といえよう。

こうした光景は小田原線の性格をよく表している。箱根をはじめとした観光地を開拓するとともに、沿線の住宅地の開発にも力を入れてきたからである。

昭和初め頃の小田原急行鉄道の沿線案内にも、そうした性格がよく反映されている。箱根・大山・江の島・大雄山といった観光地が大きく描かれる一方、駅名には中央林間《ちゅうおうりんかん》都市（現・中央林間）のように生活や日常を想起させる駅名が見られる。

小田原線は祝祭《ハレ》と日常《ケ》が交錯する路線なのである。

1 招福殿の招福猫児《まねぎねこ》…猫の招きに応じて寺に入り雷雨から逃れられた彦根藩主・井伊直孝《いいなおたか》は、豪徳寺の檀家となり寺を復興させた。招き猫発祥の地ともされる。

2 仏殿…延宝《えんぽう》5年（1677）建立。黄檗《おうばく》様式（中国明代の建築様式）を取り入れた個性的な建築。区の指定有形文化財。

豪徳寺《ごうとくじ》

釈迦如来
東京都世田谷区豪徳寺2-24-7
03-3426-1437
小田急小田原線豪徳寺駅より徒歩約10分、または東急世田谷線宮の坂駅より徒歩約5分

世田谷城の跡に建つ曹洞宗《そうとうしゅう》の寺院。寛永《かんえい》10年（1633）に井伊直孝が井伊家の菩提寺とした。彦根《ひこね》市のゆるキャラのひこにゃんは豪徳寺の招き猫がモデルとなっている。

有鹿神社《あるかじんじゃ》

有鹿比古命、有鹿比女命
神奈川県海老名市上郷1-4-41
046-234-4763
小田急小田原線・相鉄本線・JR相模線海老名駅より徒歩約15分、または小田急小田原線・JR相模線厚木駅より徒歩約16分

相模国《さがみのくに》最古の神社で、海老名《えびな》の総鎮守。有鹿郷《あるかごう》（のちの海老名郷）の水源・農耕を守る神として創建され、式内社に列せられた。中世には海老名氏の崇敬を受けた。相模国五宮。

2

1

有鹿神社奥宮と有鹿泉

有鹿神社は水の信仰と深く関わっている。それを象徴するのが奥宮（写真2）の傍らにある鳩川の水源（有鹿の泉）に霊石を奉安する水引祭で、これは同地の水利権の分配とも関わる祭であった。本宮の近くには霊石を洗ったという有鹿井（写真1）もある。

神奈川県相模原市南区磯部勝坂1776（奥宮）
JR相模線下溝駅より徒歩約20分

古代信仰が生きる 小田原線中部地域

一般にはあまり知られていないことだが、小田原線中部地域とでも呼ぶべき座間《ざま》市・海老名《えびな》市・伊勢原市周辺は古代の信仰を今に伝える神社が多い。

相模国の中心地であったこの地域は早くから開けていたらしく、縄文時代の祭祀遺跡なども発掘されている。有鹿《あるか》神社や比々多《ひびた》神社、大山阿夫利《おおやまあふり》神社、少し離れているが寒川《さむかわ》神社などの信仰は、縄文・弥生時代にまでさかのぼるという。

それらの神社と小田原線は直接の関係はないが、それらの神社を信奉した氏族たちの活動が基盤となって、座間・海老名・伊勢原などの町が成り立っているのであり、鉄道の発展もそれを抜きには考えられない。

比々多神社《ひびたじんじゃ》

豊斟渟尊、天明玉命、稚日女尊、日本武尊、大酒解神、小酒解神
神奈川県伊勢原市三ノ宮1472
0463-95-3237
小田急小田原線伊勢原駅より神奈中バス約15分「比々多神社」下車、徒歩すぐ

神武《じんむ》天皇6年（紀元前655）に大山を神体山として創建されたと伝えられる。7世紀の末には相模国国司より狛犬《こまいぬ》が奉納されている。源 頼朝《みなもとのよりとも》も当社を深く崇敬し、社殿の再建をしている。

門前沿線探訪

大山詣り
─小田急小田原線（伊勢崎駅）

大山は伊勢原市・秦野市・厚木市にまたがってそびえる霊山。古くから雨乞いの山として信仰されてきた。山頂に大山《おおやま》阿《あ》夫《ふ》利《り》神社、中腹に大山《おおやま》寺《てら》が建てられ、修験の霊場としても栄えた。近世には各地に大山講が作られ集団登拝が流行。とくに職人の信仰が篤く、落語「大山詣で」の題材ともなった。

大山阿夫利神社…崇神天皇の御代に創建されたとされる。巨大な木太刀を奉納する風習があった。写真は大山頂上本社からの眺望。

神奈川県伊勢原市大山12

伊勢原駅前に鳥居が立てられている理由

伊勢原駅の北口を出ると目の前に大きな鳥居が立っている。大山《おおやま》阿《あ》夫《ふ》利《り》神社の鳥居だ。

鳥居が立っているのだから神社は近いと思いがちだが、残念ながら下社《しもしゃ》までは9キロある。

江戸時代、大山には関東各地から参詣者が集まった。彼らが通った道を大山道《おおやまみち》といい、主なものだけでも8本ある。小田原線はそのうちの青山通り大山道とほぼ重なる（東京寄りの部分は東急田園都市線に重なる）。駅前に鳥居が立てられるのもうなずける。

この鳥居は小田原線の開通を記念して昭和2年（1927）に立てられた。本来の一の鳥居は藤沢《ふじさわ》市にあるが、実質的な一の鳥居の役目を果たしている。

報徳二宮神社《ほうとくにのみやじんじゃ》

二宮尊徳翁
神奈川県小田原市城内8-10（小田原城址公園内）
0465-22-2250
小田急小田原線・JR東海道本線・JR東海道新幹線・箱根登山鉄道鉄道線・伊豆箱根鉄道大雄山線小田原駅東口より徒歩約15分

薪を背負って本を読む少年像で知られる江戸後期の農政家・思想家の二宮尊徳《にのみやそんとく》を祀る神社。小田原城二の丸小峰曲輪に鎮座する。明治27年（1894）創建。

湘南モノレール

大船《おおふな》と湘南江の島の間6・6キロを結ぶ懸垂式モノレール。昭和45年（1970）開業。実はこのルートは江ノ電が敷設を予定していたもの。用地買収まで進めていたが、経済状況の悪化から昭和5年（1930）に断念した。この挫折がなければ、この江の島へ向かう第3の聖地鉄道はなかった。

湘南モノレール。高速で走行することで有名で、そのスピードは懸垂式モノレールとしては国内最速の時速75キロ。

伊豆箱根鉄道

IZUPPAKO

大雄山線／駿豆線

神奈川県
静岡県

地元以外では知名度が低い伊豆箱根鉄道だが、撮影ポイントが多いのが嬉しい。とくに駿豆線は富士山を背景に撮れるので聖地感満載になる。

最乗寺《さいじょうじ》が筆頭株主だった伊豆箱根鉄道大雄山《だいゆうざん》線

　鉄道黎明《れいめい》期には寺社が主導して鉄道が敷設されるということがあった。それだけ事業のハードルが低かったということだが、今より熱心な参詣者が多く、採算の見通しも立てやすかったという背景もあるだろう。

　大雄山線を建設した大雄山鉄道も大雄山最乗寺が筆頭株主であった。しかし、最乗寺が鉄道経営に乗り出したのは、寺の利益を上げるためではなく、参詣者の便をはかるためであった。

　今は小田原が箱根の玄関口になっているが、大正9年（1920）まで鉄道が通っていなかった。当時の東海道線は国府津《こうづ》駅から北上する今の御殿場《ごてんば》線で、最乗寺の参詣者は松田《まつだ》駅で下車して長い山道を歩いていたのである。鉄道がなかった江戸時代に比べれば飛躍的に参詣が楽になったとはいえ、老人や女性には容易でない道のり。すぐ近くまで鉄道が敷かれていれば、と誰もが思ったことだろう。

伊豆箱根鉄道（大雄山線／駿豆線）

▶IzuHakone Railway

明治31年（1898）開業

大雄山線 小田原▶大雄山 9.6km

駿豆線 三島▶修善寺 19.8km

明治31年（1898）、豆相《ずそう》鉄道として三島《みしま》～南条《なんじょう》間開業。同45年、駿豆《すんず》電気鉄道に譲渡。大正13年（1924）、修善寺《しゅぜんじ》まで開通。同14年、大雄山鉄道が仮《かり》小田原～大雄山で開業。昭和16年（1941）、大雄山鉄道が駿豆鉄道に吸収合併される。同32年に伊豆箱根鉄道に社名を変更。

最乗寺《さいじょうじ》

釈迦牟尼仏
神奈川県南足柄市大雄町1157
0465-74-3121
伊豆箱根鉄道大雄山線大雄山駅よりバス約10分「道了尊」下車、徒歩約10分

通称、道了尊《どうりょうそん》。応永《おうえい》元年（1394）に了庵慧明《りょうあんえみょう》が開山。道了尊はもと聖護院の修験者であったが慧明に仕え、その死後は天狗に姿を変えて最乗寺を守っていると伝えられる。曹洞宗《そうとうしゅう》三大祈禱所。

1 奥の院（慈雲閣《じうんかく》）…老杉に覆われた約350段の石段の上に、道了尊の御本地十一面観世音菩薩を奉安する奥の院がある。

2 高下駄…御真殿《ごしんでん》（妙覚宝殿《みょうがくほうでん》）脇には奉納された大小の高下駄が置かれている。左右一対がそろって役割をなす下駄は、夫婦和合の象徴とされる。

鉄道が変えた参詣の形

最乗寺関係者の間で鉄道敷設の気運が盛り上がったのは、国府津〜小田原間の鉄道が造られることが決まったためだった。これによって小田原を起点とする見通しが立ったからだ。地形の関係から最乗寺門前までの敷設はできず、ケーブルカーの開設も検討されたようだが、結局、今と同様に大雄山駅からバスで門前まで結ぶことになった。こうして大雄山鉄道は大正14年（1925）に開業した。

大雄山鉄道の開業により、最乗寺への参詣ルートは松田経由から小田原経由へと大転換した。その結果、松田駅からの参道はすたれてしまい、沿道の店舗や寺社も大きな影響を受けることになった。

門前沿線探訪

JR東海道本線・伊東線沿いに鎮まる名社

―JR東海道本線・伊東線（熱海《あたみ》駅・来宮《きのみや》駅）

東海道本線は小田原を過ぎると向きを南に変え熱海に至る。そして熱海で伊東線と分岐する。その様子を高みから見下ろしている古社がある。

熱海の伊豆山神社と来宮神社である。伊豆山神社は伊豆に流罪になった源頼朝が信仰した社として有名。

來宮神社の第一大楠《おおくす》…樹齢は2100年超。來宮神社はもともと「木宮神社」で樹木信仰を伝えてきた。

静岡県熱海市西山町43-1

三嶋大社《みしまたいしゃ》

- 三嶋大明神(大山祇命、積羽八重事代主神)
- 静岡県三島市大宮町2-1-5
- 055-975-0172
- 伊豆箱根鉄道駿豆線三島田町駅より徒歩約7分、または伊豆箱根鉄道駿豆線・JR東海道本線・JR東海道新幹線三島駅より徒歩約7分

奈良・平安時代の書物にも記録が残る古社で、伊豆国《いずのくに》一宮である三嶋大社。中世には武士の崇敬を受け刀などが奉納された。北条政子《ほうじょうまさこ》が奉納した梅蒔絵手箱は国宝。

『ラブライブ!』の聖地となった「いずっぱこ」

伊豆箱根鉄道駿豆線という正式名称は画数の多い漢字が多く堅苦しい感じがするが、地元では「いずっぱこ」の愛称で親しまれている。

一般的な参詣鉄道はターミナル駅などから聖地に向かうものだが、駿豆線は三嶋大社《みしまたいしゃ》の鎮座する三島《みしま》と、源頼家《みなもとのよりいえ》最期の地として知られる修禅寺《しゅぜんじ》(地名・駅名は修善寺)の門前町を結んでいる。その意味で、この駿豆線は両聖地型の聖地鉄道といえるだろう。頼朝《よりとも》が挙兵にあたって戦勝祈願をした神社と、息子が暗殺された寺が結ばれているというのも因縁めいている。

近年は伊豆長岡《ながおか》駅がアニメ『ラブライブ!』の舞台となり、別の意味でも聖地となった。

修禅寺《しゅぜんじ》

- 大日如来
- 静岡県伊豆市修善寺964
- 0558-72-0053
- 伊豆箱根鉄道駿豆線修善寺駅よりバス約10分「修善寺温泉駅」下車、徒歩約5分

大同《だいどう》2年(807)に空海が創建したと伝えられる。鎌倉時代に蘭渓道隆《らんけいどうりゅう》が入山して臨済宗《りんざいしゅう》としたが、15世紀末に北条早雲《ほうじょうそううん》が曹洞宗《そうとうしゅう》に改めた。鎌倉幕府第2代将軍・源頼家が暗殺された地としても有名。

門前沿線探訪

狩野《かのう》派発祥の地をゆく

―伊豆箱根鉄道(修善寺駅)

大阪城や二条城、さらには大寺院などに華麗な障壁画を描いたことで知られる狩野派。その祖先は、修善寺駅からバスで15分ほどのところにある狩野城《かのうじょう》の城主だったという説がある。

狩野城を拠点とした狩野氏は11世紀から15世紀までこの地を治めた名族で、源頼朝とも交流があったとされる。

写真提供:伊豆市観光商工課

狩野城跡…狩野川と柿木川の合流点南側の丘陵地にある山城。深い空堀や二重堀が残っている。

- 静岡県伊豆市大平柿木

京成

KEISEI

京成本線

東京都
千葉県

成田山新勝寺《なりたさんしんしょうじ》

不動明王
千葉県成田市成田1
0476-22-2111
京成本線・東成田線京成成田駅より徒歩約10分、またはJR成田線成田駅より徒歩約10分

通称、成田不動。天慶《てんぎょう》3年(940)に平将門《たいらのまさかど》の乱を平定するため、真言《しんごん》宗《しゅう》の僧・寛朝《かんちょう》が京都神護寺《じんごじ》の不動明王像を奉じて創建したとされる。

成田山《なりたさん》参詣者をめぐる仁義なき戦い

江ノ電の紹介でも少し触れたが、近世に多くの参詣者を集めた寺社には複数の鉄道会社が路線を敷き、熾烈な乗客獲得競争を行った。往々にしてそれは国鉄vs私鉄という形をとった。伊《い》勢《せ》や日光《にっこう》がその代表的な例だ。

成田《なりた》もまた私鉄（京成）と国鉄の競争の場となった。なりふり構わぬその様子は、伊勢や日光以上であった。

その成り行きを見る前に、成田山が多くの参詣者を集めるようになった理由を見ておこう。

成田山新勝寺《しんしょうじ》の起源は平安時代にさかのぼるが、広く知られるようになるのは江戸時代に入ってからのことである。江戸で本尊の出開帳を行ったことと、歴代の市川團十郎《いちかわだんじゅうろう》が深く信心し演目に不動信仰を盛り込んだことが大きかった。

加えて成田へは船が使えることも人気の理由だった。楽に行けるということも、参詣者を集める上で重要な要素なのだ。

京成電鉄(京成本線)
▶Keisei Electric Railway

大正元年(1912)開業
京成本線 京成上野▶成田空港 69.3km

大正元年（1912)、前身の京成電気軌道が押上《おしあげ》～市川《いちかわ》（現・江戸川《えどがわ》)間で開業。同13年、成田山の門前と宗吾霊堂《そうごれいどう》を結んでいた成宗《せいそう》電気軌道を傘下に入れる。昭和5年（1930)成田（現・京成成田)駅開業。昭和6年に青砥《あおと》～日暮里《にっぽり》間、昭和8年に日暮里～上野《うえの》公園（現・上野)開業。

成田山表参道…江戸時代から門前町として栄えた地域で、成田駅前から約800m続く参道の両脇には150以上の店舗が並ぶ。

門前沿線探訪

成田山表参道
—京成本線（京成成田駅）

私事で恐縮だが筆者の母は季節ごとの成田詣でを楽しみにしていた。しかし、不動尊を熱心に信仰していた様子はなく、どうやら参道での飲食や買い物が好きだったらしい。

当時とは様変わりし今風のお洒落な店も増えたが、江戸時代から続く老舗のうなぎ屋や菓子店、民芸品店も元気だ。建物ウォッチングも楽しい。

東勝寺《とうしょうじ》（宗吾霊堂《そうごれいどう》）

宗吾尊霊
千葉県成田市宗吾1-558
0476-27-3131
京成本線宗吾参道駅より徒歩約10分

佐倉藩国家老の暴政から農民を守るために直訴をして磔になった義民・佐倉宗吾《さくらそうご》を祀る。東勝寺そのものは桓武《かんむ》天皇の御代に武将の坂《さかの》上《うえの》田村麻呂《たむらまろ》が戦没者供養に創建したという。

写真提供:公益社団法人千葉県観光物産協会

2ラウンドあった国鉄vs私鉄の争い

京成と国鉄の成田山新勝寺の参詣者争奪戦には前哨戦というべきものがあった。争ったのは成田鉄道と総武鉄道である。

この両社は当初、協力関係にあった。総武鉄道が本所《ほんじょ》から佐《さ》倉《くら》までの路線を開設し、成田鉄道がこれに接続する佐倉〜成田の路線を敷設したためで、両社は直通運転を行うなどして参詣者の輸送を行った。

ところが成田線が我孫子《あびこ》まで延伸して日本鉄道と接続し、上野から我孫子経由で成田に出るルートを作ったため両社の関係は険悪になる。

両社は自社路線に参詣者を誘致しようと、さまざまなサービスを行った。成田鉄道は喫茶室つきの列車まで投入している。

意富比神社《おおひじんじゃ》（船橋大神宮《ふなばしだいじんぐう》）

天照皇大御神
千葉県船橋市宮本5-2-1
047-424-2333
京成本線大神宮下駅より徒歩約3分、またはJR総武本線・東武野田線船橋駅より徒歩約15分

日本武尊《やまとたけるのみこと》東征の折に日照りに苦しむ住民のために天照大神《あまてらすおおみかみ》を祀ったことに始まるという。同社を表す「意富比神《おおひのかみ》」は『日本三代実録』にも見られ、平安時代には名の知られた社であった。

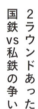

市川《いちかわ》の霊場めぐり

市川《いちかわ》は下総国《しもうさのくに》の国府が置かれた場所で、国庁や国分寺などが建てられた政治の中心地であった。その一方で古墳や古社、八幡の藪《やぶ》知らず（葛飾八幡宮の境外霊域）といった霊地も多く存在している。

法華経寺《ほけきょうじ》・弘法寺《ぐほうじ》・妙正寺《みょうしょうじ》など日蓮《にちれん》ゆかりの寺院も多く点在する。

法華経寺《ほけきょうじ》

日蓮《にちれん》に帰依していた富木常忍《ときじょうにん》は自宅に法華堂を建て日蓮の安息所とした。日蓮入滅後、ここを寺としたのが始まり。祈祷根本道場で寒百日大荒行が行われることで知られる。

千葉県市川市中山2-10-1

葛飾八幡宮《かつしかはちまんぐう》

9世紀末に宇多《うだ》天皇の命により石清水八幡宮の神霊を勧請し下総国総鎮守としたと伝えられる。

千葉県市川市八幡4-2-1

手児奈霊神堂《てこなれいじんどう》

『万葉集』にも詠まれた美女・手児奈の霊を祀るお堂は、日蓮宗本山真間《まま》山《さん》弘法寺の飛び地境内に建っている。

千葉県市川市真間4-5-21

「火の出るような旅客争奪合戦」

成田鉄道と総武鉄道の争いは、両社ともに国有化されたため、あっけなく終結した。

国鉄の天下かと思われたのもつかの間、昭和5年（1930）に京成が成田まで路線を延伸すると、再び争いが勃発した。

京成は安い運賃と運転本数の多さで国鉄を圧倒し、乗客の独占をはかった。京成はさらに成宗電気軌道を利用して成田山の門前まで延伸しようとしたが、地元の反対で実現できなかった。

国鉄は臨時便や特別特急、割引料金などで対抗。競争は広告でも行われ、こうした様子を当時の新聞は「火の出るような旅客争奪合戦」と揶揄した。

こうした裏でかつての参詣路は寂れ、宿場は消えていった。

京成電鉄と寛永寺《かんえいじ》

かつて上野の山はすべて寛永寺の境内であった。博物館や美術館などはその伽藍跡に建てられており、JR上野駅も僧坊跡である。遅れて上野に参入した京成は寛永寺の直前で地下にくぐり、その敷地をかすめるようにして京成上野駅に向かう。かつてはこの地下部分に寛永寺坂《かんえいじさか》駅・博物館動物園駅の2駅があった。

旧博物館動物園駅…京成本線の日暮里～京成上野間にあった駅。平成16年(2004)に廃止。

東京都台東区上野公園13-23

東武

TOBU

伊勢崎線／日光線

東京都
埼玉県
栃木県

日光東照宮四百年式年大祭を記念してデビューした金のスペーシア。かつてはライバルだったJR（国鉄）の特急「日光」としても走る。

弘法大師空海《こうぼうだいしくうかい》が改名し徳川家康《とくがわいえやす》が眠る日光《にっこう》

日光というと東照宮《とうしょうぐう》がすぐに思い浮かぶため近世になってから造られた聖地であるように思われがちだが、その歴史は奈良時代以前にさかのぼる。

古来、山岳信仰の霊地であったこの地に、最初に寺院を建立したのは勝道《しょうどう》上人であったとされる。伝説によると天平神護《てんぴょうじんご》2年（766）のことだという。

別の伝説では、二荒《ふたら》という地名を「にこう」と読み替え、「日光」の文字を与えたのは空海だという。日光山中には空海が修行をしたとされる場所がいくつか点在するが、伝説の域を出ないようだ。

しかし、平安時代以降、日光は神仏習合の山岳霊地として急速に発展していく。そして徳川家康が自分の霊をここに祀るよう遺言したことから、江戸幕府にとって最高の聖地となった。徳川家および幕府にとって東照宮は、皇室・朝廷における伊勢《いせ》神宮《じんぐう》にあたるものであった。

東武鉄道（伊勢崎線／日光線）

▶Tobu Railway

明治32年（1899）開業

伊勢崎線 浅草▶伊勢崎 114.5km

日光線 東武動物公園▶東武日光 94.5km

伊勢崎線は明治32年（1899）、北千住《きたせんじゅ》～久喜《くき》間で開業。同43年、全線開業。昭和4年（1929）に日光線が全線開業したことから浅草《あさくさ》（現・とうきょうスカイツリー）～東武日光間で特急を運転開始。同6年、浅草雷門《かみなりもん》（現・浅草）駅開業。平成18年（2006）、JR新宿～東武日光間の特急を運転開始。

鑁阿寺《ばんなじ》

大日如来
栃木県足利市家富町2220
0284-41-2627
東武伊勢崎線足利市駅より徒歩約10分、またはJR両毛線足利駅より徒歩約7分

足利《あしかが》氏の氏寺でその館跡に建っている。建久《けんきゅう》7年（1196）に足利義兼《よしかね》が創建。正安《しょうあん》元年（1299）に再建された本堂は初期の禅宗様建築で、建築当時の古材を今なお使っていることから国宝に指定された。

アーネスト・サトウも絶賛した日光の風光

徳川家・幕府の聖地日光も、江戸中期になると庶民の物見遊山先となっていく。『栃木県史』によると、江戸後期には年間3万人が訪れたという。日光を好んだのは庶民ばかりではない。明治になると外国人旅行者も次々と押し寄せた。イギリス人外交官アーネスト・サトウらが日本のガイドブックを出版し、日光を絶賛したからだ。ちなみに、サトウの日光ガイドが英字新聞に掲載されたのは、明治5年（1872）のことである。

このような観光地を鉄道会社が見逃すはずがない。

日光に最初に鉄路を敷いたのは日本鉄道であった。明治23年（1890）に宇都宮《うつのみや》〜日光間で開業した。

日光東照宮《にっこうとうしょうぐう》

徳川家康公
栃木県日光市山内2301
0288-54-0560
東武日光線東武日光駅・JR日光線日光駅よりバス約5分「神橋」下車、徒歩約8分

元和《げんな》2年（1616）に没した徳川家康は、自身の遺言により久能山《くのうさん》東照宮に葬られ、翌年には日光東照宮に勧請された。寛永《かんえい》13年（1636）に大規模な造替が行われ現在の姿になった。

門前沿線探訪

写真提供 日光市観光協会

日光の杉並木…徳川家康の側近で玉縄《たまなわ》藩初代藩主となった松平正綱《まつだいらまさつな》が寄進したもので、寛永《かんえい》2年（1625）から20余年かけて植樹された。総延長は37キロあり、世界最長の並木道に認定されている。特別天然記念物。

神橋《しんきょう》…大谷川《だいやがわ》に架かる古橋で二荒山《ふたらさん》神社の施設。俗界と聖域の境界となっている。

日光二荒山神社《にっこうふたらさんじんじゃ》

二荒山大神(大己貴命、田心姫命、味耜高彦根命)
栃木県日光市山内2307
0288-54-0535
東武日光線東武日光駅・JR日光線日光駅よりバス約7分「西参道」下車、徒歩約7分

中禅寺湖の北岸にそびえる男体山《なんたいさん》を御神体とする神社で、東照宮に隣接して本社、中禅寺湖《ちゅうぜんじこ》畔に中宮祠《ちゅうぐうし》、男体山山頂に奥宮《おくみや》がある。下野国《しもつけのくに》一宮。東照宮創建以降は日光の地主神として幕府からも崇敬を受けた。

私鉄vs国鉄と初詣

かつては有名寺社の参詣者をめぐる私鉄と国鉄の争いが各地で繰り広げられていた。その過程で全国に広まった習俗が初詣である。鉄道各社は正月に合わせてキャンペーンを行い、その結果、初詣が国民的行事となった。この経緯については、平山昇《ひらやまのぼる》著『鉄道が変えた社寺参詣』（交通新聞社）にくわしい。

東武日光駅（写真上）とJR日光駅（写真左）。この2つの駅はわずか徒歩3分ほどのところに建っている。

和解に至った 国鉄vs東武の戦い

明治39年（1906）、日本鉄道は国に買収され、宇都宮〜日光は国鉄日光線となった。ここに殴り込みをかけてきたのが東武であった。昭和4年（1929）に伊勢崎線の杉戸《すぎと》（現・東武動物公園）から東武日光まで結んで開業した。

成田のように別方向からの路線ではなく並行して敷いたのだからケンカを売ったようなものだ。両社は次々と優等列車（特急やそれに準じる豪華列車）を投入して乗客を奪い合った。

しかし、戦いは意外な形で決着する。平成18年（2006）、JR東日本と東武鉄道の相互乗り入れにより、JR新宿と東武日光・鬼怒川温泉を直通する特急が運転されることになったのだ。

日光山《にっこうざん》 輪王寺《りんのうじ》

阿弥陀如来、千手観音菩薩、馬頭観音菩薩
栃木県日光市山内2300
0288-54-0531
東武日光線東武日光駅・JR日光線日光駅よりバス約5分「神橋」下車、徒歩約5分

天平神護《てんぴょうじんご》2年（766）に勝道が創建した四本龍寺《しほんりゅうじ》に始まる。嘉祥《かしょう》元年（848）に円仁《えんにん》が来山し伽藍を整備した。江戸時代には比叡山延暦寺《ひえいざんえんりゃくじ》に並ぶ権威を有した。写真は大猷院。

京急

KEIKYU

大師線／空港線

東京都
神奈川県

平間寺《へいけんじ》（川崎大師《かわさきだいし》）

- 厄除弘法大師
- 神奈川県川崎市川崎区大師町4-48
- 044-266-3420
- 京急大師線川崎大師駅より徒歩約8分、またはJR川崎駅よりバス約12分「大師」下車、徒歩約8分

大治《だいじ》2年（1127）に平間兼乗《ひらまかねのり》が夢告により弘法《こうぼう》大師像を海中から引き揚げ、それを祀ったことに始まる。江戸時代に厄除大師の信仰が広まった。

京急発祥の路線と消えた聖地鉄道

多摩川《たまがわ》をはさんで並走する大師線と空港線。いずれも聖地鉄道だが、その歴史は対照的だ。

大師線は文字通り川崎大師への参詣路線として明治32年（1899）に敷設された。関東における最初の電気鉄道であり、京急発祥の路線であった。

空港線は、もとは穴守《あなもり》線といい、穴守稲荷への参詣路線として明治35年（1902）に開業した。しかし、戦後、米軍によって穴守稲荷は強制移転させられ、路線も空港線と改名した。

京浜急行電鉄発祥之地碑…川崎大師駅前に立つ石碑。京浜急行電鉄創立70周年を記念して発祥の地である旧・大師駅に設置された。

門前沿線探訪

穴守稲荷神社…19世紀初頭、羽田の堤防を守るために創建。昭和20年（1945）に現在地に移転した。

東京都大田区羽田5-2-7

京浜急行電鉄（大師線／空港線）

▶Keikyu Corporation

明治32年（1899）開業

大師線 京急川崎▶小島新田 4.5km

空港線 京急蒲田▶羽田空港国内線ターミナル 6.5km

明治32年（1899）、京浜急行電鉄の前身、大師電気鉄道が川崎（後の六郷橋《ろくごうばし》）～大師（現・川崎大師）で開業。同35年、空港線が羽田支線（穴守線）として蒲田（現・京急蒲田）～穴守で開業。昭和20年（1945）、大師線全通。

秩父鉄道

CTK

埼玉県

通常は都営地下鉄・西武鉄道・東急電鉄から譲渡された車両が走る秩父鉄道であるが、週末には蒸気機関車C58が誇らしげに疾走する。

第3の霊場と二つの霊山

秩父《ちちぶ》は秩父三十四所観音霊場がある聖地として中世の末頃から知られてきた。この霊場は西国霊場・坂東《ばんどう》霊場と並ぶ巡礼地で、三霊場をめぐることを百観音巡礼ともいう。

西国霊場が近畿圏の7府県、坂東が関東の7県をめぐるものであるのに対し、秩父霊場は秩父盆地内をめぐる、いわばミニ霊場である。しかし、その人気は坂東霊場をしのいでいた。坂東霊場は道のりが長く難所もあったのに対し、秩父霊場は距離が短く関所もなかったからだ。こうしたことから秩父霊場は女性の巡礼者が多かった。

秩父鉄道も秩父のこうした特質を理解していたと思われるが、経営にあたって力を入れたのは霊場ではなく宝登山《ほどさん》・三峯山《みつみねさん》という霊山の観光開発であった。かつては修験者の修行場であった両山も、その開発によって家族連れでピクニックに行ける山に変貌した。

秩父鉄道

▶Chichibu Railway

明治34年（1901）開業

秩父鉄道 羽生▶三峰口 71.7km

明治34年（1901）、秩父鉄道の前身の上武《じょうぶ》鉄道が熊谷《くまがや》～寄居《よりい》間で開業。大正5年（1916）、社名を秩父鉄道に変更。昭和5年（1930）、羽生《はにゅう》～三峰口《みつみねぐち》全線開通。秩父鉄道の主要目的は武甲山《ぶこうさん》の石灰石の輸送であったが、長瀞《ながとろ》などの沿線の観光開発も行った。また、昭和63年（1988）からは観光用のSLも運行している。

寶登山神社《ほどさんじんじゃ》

- 神日本磐余彦尊、大山祇神、火産霊神
- 埼玉県秩父郡長瀞町長瀞1828
- 0494-66-0084
- 秩父鉄道長瀞駅より徒歩約10分

宝登山に鎮座し神日本磐余彦尊《かんやまといわれひこのみこと》（神武《じんむ》天皇）・大山祇神《おおやまづみのかみ》・火産霊《ほむすびの》神《かみ》を祀る。日本武尊《やまとたけるのみこと》が東征の折、山頂に神を祀ったことが始まりとされる。山犬（大口真神《おおくちのまかみ》）の信仰でも有名。

1 奥宮《おくみや》…山頂に鎮座する。日本武尊が祭祀を行った場所とされ、これを縁起として5月2日には奥宮祭が行われ神楽が奉奏される。

2 宝登山《ほどさん》…標高497.1m。独立峰なので山容が美しい。山頂までロープウェイで上がることができる。山頂のロウバイ園でも有名。

秩父鉄道が力を入れた長瀞《ながとろ》の観光開発

秩父鉄道が行った観光開発でもとくに力が入っていたのが、古くから霊場として信仰の対象とされてきた三峯山と宝登山という2つの山、それに長瀞渓谷（荒川）であった。

この中でも宝登山と長瀞渓谷はセットで宣伝された。歌人の鳥野幸次《とりのゆきつぐ》が「長瀞を御手洗《みたらし》にしてこの里の　鎮めと居ます宝登山の神」と詠んでいるように、秩父の山と川は古くから一体の聖地として受け止められてきたからであろう。

秩父鉄道の開発は、それらの聖地にレジャー化をもたらした。すなわち山にロープウェイを造り、川で「ライン下り」を行うというものだ。家族で楽しめる聖地の誕生である。

門前沿線探訪

長瀞ラインくだり
—秩父鉄道（長瀞駅）

長瀞渓谷の急流を小舟で下るアトラクション。創業は大正4年（1915）で、大正12年からは秩父鉄道の直営となった。

現在は親鼻橋《おやはなばし》と高砂橋《たかさごばし》の間で行われており、難所の小滝の瀬や秩父赤壁、岩畳など見所が多い。また、秩父鉄道の荒川橋梁をくぐるので、鉄道ファンにも楽しめる。

長瀞ラインくだり…Aコース とBコースに分かれているが、通しで乗ることもできる。絶景が続くがカメラを濡らさないよう注意が必要。

秩父神社《ちちぶじんじゃ》

八意思兼命、知知夫彦命、天之御中主神、秩父宮雍仁《やすひと》親王
埼玉県秩父市番場町1-3
0494-22-0262
秩父鉄道秩父駅より徒歩約3分、または西武鉄道西武秩父線西武秩父駅より徒歩約15分

初代知知夫国《ちちぶのくに》（秩父国《ちちぶのくに》）国造《くにのみやつこ》の知知夫彦命《ちちぶひこのみこと》が、祖神である八意思兼命《やごころおもいかねのみこと》を祀ったのが起源。中世には武士の信仰を受け、妙見《みょうけん》（北極星・北斗七星）信仰でも有名であった。

1 秩父神社境内…主祭神をお祀りする社殿は本殿と幣殿、拝殿が一直線上につながった権現造。本殿奥の木立は創建以前からあるという柞《ははそ》の杜。

2 拝殿…天正20年（1592）に徳川家康が寄進したもの。昭和41年（1966）に台風によって倒壊したが、同45年、再建された。

和同開弥《わどうかいちん》と秩父鉄道の秘かなる関係

冬に町中が祭一色に染まる秩父夜祭（例大祭）を見ると、秩父が秩父神社を中心に開かれた町だということを強く感じる。秩父神社の起源は、武蔵国《むさしのくに》以前にあったとされる知知夫国《ちちぶのくに》ができた頃にさかのぼるという。

そのように長い秩父の歴史を語る上で忘れてはいけないのが、秩父鉄道黒谷《くろや》駅から徒歩20分ほどのところにある和銅遺跡だ。ここは慶雲《けいうん》5年（７０８）に銅が産出したところで、この発見がきっかけで和同開弥が鋳造されたと伝わる。この発見は偶然ではなく、渡来系の採掘技術者がいたからと考えられている。近代秩父の発展は石灰石の採掘によるところが大きいが、その背景にはこんな歴史があった。

秩父三十四所観音霊場

秩父盆地に点在する34の寺院をめぐる観音霊場。総距離は約１００キロで、徒歩でも1週間ほどでめぐれる。

現在は電車・バスなどを使い、4～5日かけて回るのが一般的。自家用車なら2泊3日が標準。数度に分けて巡礼する人も多い。三峯神社や和銅遺跡などに立ち寄りながらめぐるのも楽しい。

四萬部寺《しまぶじ》…第1番札所。彫刻が見事な本堂は元禄《げんろく》10年（1697）建立。ここで巡礼装束一式がそろう。
埼玉県秩父市栃谷418

三峯神社《みつみねじんしゃ》

伊弉諾尊、伊弉册尊
埼玉県秩父市三峰298-1
0494-55-0241
秩父鉄道秩父本線三峰口駅よりバス約50分「三峯神社」下車すぐ

東征でこの地を訪れた日本武尊《やまとたけるのみこと》が伊弉諾尊《いざなぎのみこと》・伊弉册尊《いざなみのみこと》を祀ったことに始まるとされる。奈良時代頃より山岳修験の霊場となり、江戸時代にはお犬様の信仰でも知られた。

1 拝殿…寛政《かんせい》12年（1800）再建。精緻で極彩色の彫刻が美しい。格天井には秩父の花が描かれている。

2 奥宮…三峯の一つ、妙法ヶ岳《みょうほうがたけ》山上に鎮座する。標高1332m。寛保《かんぽう》元年（1741）創建。

幻の延伸計画と三峰《みつみね》ロープウェイ

秩父鉄道は秩父のもう一つの霊山、三峰山《みつみねさん》（三峰山とは雲取《くもとり》山《やま》・白岩山《しらいわやま》・妙法ヶ岳《みょうほうがたけ》という三つの山の総称）の観光開発も手がけている。

秩父鉄道は昭和5年（1930）に三峰口《みつみねぐち》まで鉄道を開通させた後、同14年に三峰索道（三峰ロープウェイ）を開業した。

興味深いのは、秩父鉄道に延伸計画があったことだ。三峰口から大滝《おおたき》村までの2・4キロで、さらにそこからケーブルカーを接続させる予定であった。ロープウェイの駅までの連絡線とするつもりだったのだろう。

しかし、この計画は着工に至ることはなく、三峰ロープウェイも平成19年（2007）に廃止されてしまった。

秩父三社トレイン

秩父鉄道といえばSLと思われがちだが、ラッピング列車も熱い。平成26年(2014)には、秩父ジオパークトレインが走り話題となったが、同27年からは秩父三社トレインも走り出した。これは秩父三社（秩父神社・三峯神社・寶登山神社）の見所や神話を描いたもので、三社への誘客促進が目的。

秩父三社トレイン…キャッチコピーは「乗ったら幸せになれるかも！」。外装ばかりでなく車内もラッピングされている。

香取神宮《かとりじんぐう》

経津主大神（伊波比主命）
千葉県香取市香取1697-1
0478-57-3211
成田線・鹿島線佐原駅よりバス約15分「香取神宮」下車すぐ

利根川《とねがわ》下流南岸に鎮座する古社。下総国《しもうさのくに》一宮。地上平定のために天照大神《あまてらすおおみかみ》が派遣した武神、経津主大神《ふつぬしのおおかみ》を祀る。

東国に鎮座する謎の神宮2社

由緒の古さを知る指標の一つに、延長《えんちょう》5年（927）に完成された法令集『延喜式《えんぎしき》』がある。ここに名が記載された神社（式《しき》内社《ないしゃ》）は、千年以上の歴史をもつ古社として尊ばれる。

この『延喜式』には2861社の名が記載されているのだが、その中で「神宮」という社号がつけられているのは、伊勢神宮《いせじんぐう》のほかは香取神宮《かとりじんぐう》と鹿島神宮《かしまじんぐう》の2社だけだ。

当時の地理感覚からすれば辺境というべき極東に鎮座する2社に、どうして「神宮」号が許されたのか謎である。

謎はまだある。この2社が向かい合うように鎮座している（古代においては、両社は大きな内海に面していた）ことや、いずれの境内にも要石《かなめいし》という不思議な石があることだ。

そのようなことを考えていると、「神宮」と呼ばれた2社を結ぶ鹿島線もなにやら意味深に思えてくる。

東日本旅客鉄道（鹿島線）

▶East Japan Railway Company

昭和45年（1970）開業

鹿島線 香取▶鹿島サッカースタジアム 17.4km

昭和45年（1970）、香取～鹿島神宮間で開業。同年のうちに北鹿島（現・鹿島サッカースタジアム）まで延伸されたが、当初鹿島神宮～北鹿島間は貨物線であった。平成6年（1994）、北鹿島を鹿島サッカースタジアムに改称。サッカーの試合のある日のみ、鹿島神宮～鹿島サッカースタジアム間の旅客営業を行う。

写真提供 JR東日本千葉支社

門前沿線探訪

佐原《さわら》の町並み
―JR成田線・JR鹿島線（佐原駅）

香取駅と鹿島神宮駅の近くには、それぞれ佐原と潮来《いたこ》という魅力的な水郷がある。ここでは佐原について述べておきたい。佐原は水運で栄えた町。その賑わいは「江戸優《まさ》り」とさえいわれた。今も当時の町並みがよく残されており、タイムスリップした気分になる。映画やCMのロケにもよく使われているので、見覚えのある風景もあるはずだ。

小江戸さわら舟めぐり…舟運に使われた小野川を舟に乗ってめぐる。沿岸の町並みは重要伝統的建造物群保存地区に指定されている。

諏訪神社《すわじんじゃ》

- 建御名方神
- 千葉県香取市佐原イ1020-3
- 0478-52-4502
- JR成田線・鹿島線佐原駅より徒歩約5分

成田線・鹿島線佐原駅徒歩5分のところに鎮座する古社。藤原純友《ふじわらのすみとも》を討った大神惟季《おおがのこれすえ》が、佐原を開拓する際に鎮守として勧請したとされる。10月の第2金・土・日に行われる大祭では大人形を載せた山車が町を練り参詣者で賑わう。

北方を守る神宮と伊能忠敬《いのうただたか》の地図

飛鳥・奈良時代、鹿島神宮・香取神宮が鎮座するこの地は、大和朝廷にとって北方の最前線であった。ここより先は蝦夷《えみし》が支配する地域であり、いつ侵略が起こっても不思議ではないところであった。

この戦略的要地を守るために祀られたのが、武甕槌大神《たけみかづちのおおかみ》と経《ふ》津《つ》主大神《ぬしのおおかみ》という武神、すなわち鹿島神宮と香取神宮の御祭神であった。最前線を守る神を祀る神社であるから神宮の称号が許されたのかもしれない。

それから千年ほどのち、この地に生まれた偉人が測量家の伊能忠敬だ。現代人をも驚かせるほど正確な地図を彼が作り上げたのも、出没し始めた異国船から日本を守るためでもあった。

東国三社参り

東国三社とは鹿島神宮・香取神宮・息栖《いきす》神社をいう。この3社はいずれも国譲りに関わる神を祀っており、辺境の鎮護のために祀られたと考えられている。3社の鎮座地を線で結ぶと直角三角形ができるともいわれ、特殊な関係があると推測されるが、その真相は明らかになっていない。

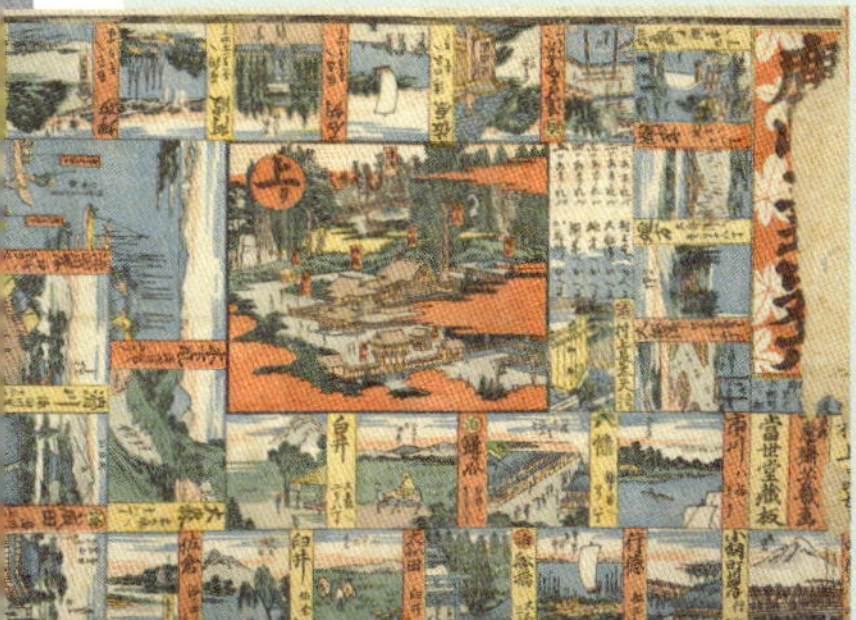
『鹿嶋詣道中双六』（国立国会図書館蔵）。当時の鹿島詣での人気ぶりを伝える。

鹿島神宮《かしまじんぐう》

- 武甕槌大神
- 茨城県鹿嶋市宮中2306-1
- 0299-82-1209
- JR鹿島線鹿島神宮駅より徒歩約10分

常陸国《ひたちのくに》一宮。国譲りに先立って地上を平定した神、武甕槌大神《たけみかづちのおおかみ》を祀る。社伝によると、神武《じんむ》天皇が即位の年に勅によって創建したという。中臣《なかとみ》（藤原《ふじわら》）氏も当社を崇敬し、御祭神を春日大社《かすがたいしゃ》に勧請している。

1 奥宮…奥参道の先に鎮座する。武甕槌大神の荒魂《あらみたま》を祀る。現在の本殿は徳《とく》川家康《がわいえやす》が関ヶ原での戦勝御礼として奉納したもの。

2 本殿…元和《げんな》5年（1619）に徳川秀忠《ひでただ》の命により拝殿などとともに再建されたもの。装飾などに豪壮な桃山建築の特徴が見られる。

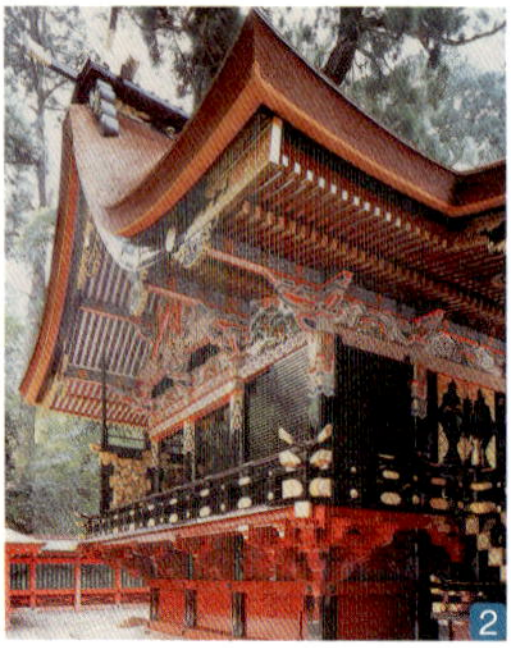

神宮2社を結ぶ御船祭《みふねまつり》と鹿島線

鹿島神宮と香取神宮が大きな内海をはさんで向かい合っていたという古代の様子は、諏訪湖《すわこ》をはさんで上社《かみしゃ》と下社《しもしゃ》が鎮座する諏訪大社《すわたいしゃ》を思わせる。

こうしたことからこの2社は伊勢神宮の内宮《ないくう》・外宮《げくう》のように一体のものだったのではないかとする説がある。一体ではなかったとしても、対の神社として受け止められてきたことは疑いない。両社の祭神がともに春日大社に勧請されているのも、そのためだろう。

両社は祭も共同で行う。12年に一度の御船祭（鹿島神宮）・式年神幸祭《じんこうさい》（香取神宮）では、神輿を載せた御座船が対岸に向かい、2社の間を結ぶ。鹿島線のように。

水雲山《すいうんざん》 潮音寺《ちょうおんじ》

- 慈母観世音菩薩
- 茨城県潮来市日の出4-7-15
- 0299-66-0623
- JR鹿島線潮来駅よりタクシー約10分

水郷の潮来《いたこ》に鎮座する法相宗《ほっそうしゅう》の寺院。奈良の薬師寺《やくしじ》の東関東別院で、慈母観音を本尊とする。毎月11日と第4土曜日は縁日を行い、お写経体験や法要、法話が拝聴できる。毎年8月には1万燈以上の燈籠に火が灯される、幽玄で幻想的な万燈会が開催される。

上信電鉄という名前からわかるように、上州と信州を結ぶ鉄道を目指していた。上州の発展に大いに寄与したが、信州にはついに届かなかった。

上信電鉄

JOSHIN

群馬県

赤城山《あかぎやま》の女神に糸を貸した貫前《ぬきさき》の神

日本の近代化を跡づける重要な史跡として富岡《とみおか》製糸場が世界遺産に認定されたことは、記憶に新しい。上信電鉄は生糸などの輸送を担っており、製糸場の成立・発展に深く関わっていた。

製糸や織物は古代においても重要な産業であった。それらは貴重であるがゆえに神への捧げ物とされた。奉納物を幣帛《へいはく》と呼ぶのも、布（帛）が代表的な奉納物とされてきたからである。

上州は古くから養蚕や織物が盛んだったが、それはこの地域には古社が多いことと無関係ではないだろう。

一之宮貫前《いちのみやぬきさき》神社にはこんな話が伝わっている。――昔、赤城山の神が織物をしていて糸が足りなくなったことがあった。この時、親切に貸してくれたのが抜鉾《ぬきほこ》（貫前《ぬきさき》）の神であった。この恩義から赤城神社は上野国《こうずけのくに》一宮の地位を貫前神社に譲り、自らは二宮に留まったのだという（『神道集』より）。

上信電鉄（上信線）

▶Joshin Electric Railway

明治30年（1897）開業

上信電鉄 高崎▶下仁田 33.7km

明治30年（1897）、前身の上野《こうずけ》鉄道が高崎《たかさき》～福島《ふくしま》（現・上州福島）で開業。同年、下仁田《しもにた》まで全線開業。大正10年（1921）、社名を上信電気鉄道に変更。同13年、全線電化、軌間拡張工事完了。昭和39年（1964）、上信電鉄に社名変更。平成6年（1994）、貨物営業廃止。同8年、列車ワンマン化実施。

一之宮貫前神社《いちのみやぬきさきじんじゃ》

- 経津主神、姫大神
- 群馬県富岡市一ノ宮1535
- 0274-62-2009
- 上信電鉄上州一ノ宮駅より徒歩約15分

上野国《こうずけのくに》一宮。社伝によると、安閑《あんかん》天皇元年（531）に物部《もののべ》姓磯部《いそべ》氏が氏神である経津主神《ふつぬしのかみ》を祀ったことに始まるという。武神を祀る神社として武士の崇敬を受け、江戸時代には幕府が社殿の造営を行った。

1 拝殿・本殿…徳川家光《とくがわいえみつ》の命により寛永《かんえい》12年（1635）に造営。写真奥の本殿は貫前造《ぬきさきづくり》といって、外見は1層だが内部は２階建てになっている。

2 藤太杉《とうたすぎ》…藤太とは藤原秀郷《ふじわらのひでさと》の別名、俵藤太《たわらのとうた》のこと。平《たいらの》将門《まさかど》を討伐するにあたって当社に戦勝祈願をし、その際に植えたものという。

物部《もののべ》氏が祀った武神・経津主神《ふつぬしのかみ》

中世の説話集『神道集』に登場する優しい女神は、一之宮貫《いちのみやぬき》前《さき》神社で姫大神《ひめおおかみ》として祀られている神だと思われる。この神の由緒ははっきりしないが、養蚕や織物の守り神と考えられている。しかし、創建者の物部姓磯《いそ》部《べ》氏が祀ったのは、この姫大神ではない。『日本書紀』に国譲りの英雄神として語られている経津主神《ふつぬしのかみ》である。「ふつ」とは剣が物を斬る音を表しており、神格化された霊剣のことともいわれる。軍事氏族の物部氏が奉斎（※）した神で、いわば最強の武神だ。物部氏は物流の要衝にこの神を祀ったが、１３４０年後、輸出産業の要となる富岡製糸場が設立されたことで、その意味が再確認されたといえよう。

※神仏をつつしんで祀ること。

門前沿線探訪

富岡製糸場
―上信電鉄（上州富岡駅）

明治5年（１８７２）に設立した官営の製糸工場。生糸の品質改善・生産向上を目的としてフランス人技術者を雇って建設。蒸気機関を用いた近代的工場であった。操業2年目の明治6年には、ここで作られた製品がウィーン万国博覧会で高評価を得た。平成26年（２０１４）、世界遺産に登録された。

富岡製糸場…繰糸所《そうしじょ》と東西の置繭所《おきまゆじょ》が国宝に指定されている。このほか女工館・蒸気釜所などがある。

群馬県富岡市富岡1-1

少林山《しょうりんざん》達磨《だるま》寺《じ》

- 十一面観世音菩薩、北辰鎮宅霊付尊神、達磨大師
- 群馬県高崎市鼻高町296
- 027-322-8800
- JR信越本線群馬八幡駅よりタクシー約5分

観音堂に安置された霊木で行者が達磨坐像を彫りお祀りしたのち、5代前橋城主の酒井忠挙《さかいただたか》が、水戸光圀《みとみつくに》公の帰依された心越禅師《しんえつぜんし》を開山と仰ぎ、城の裏鬼門を護る寺として開創。縁起だるまの発祥の寺で、1月6・7日の星祭「七草大祭だるま市」は、多くの参拝者で賑わう「北辰鎮宅霊符尊《ほくしんちんたくれいふそん》」の縁日。

1400年の歴史を駆け抜ける上信電鉄

上信電鉄が聖地鉄道の顔を見せるのは一之宮貫前神社のある上州一《じょうしゅういち》ノ《の》宮《みや》駅に着いた時だけだが、目をこらすと聖地の片鱗はほかでも見られる。たとえば、山名《やまな》〜高崎《たかさき》商科大学前。山名駅に列車が入る直前、山名八幡宮《やまなはちまんぐう》の参道を横切る。列車は減速しているので、境内の様子もよく見える。『上信電鉄百年史』によれば、大正13年（1924）頃、山名八幡宮の祭礼の日には山名駅の乗降客は1万人を数えたという。7〜8世紀の同地の信仰を伝える上野三碑《こうずけさんぴ》がいずれも上信電鉄から徒歩圏内にあるというのも路線の聖地性の表れといえよう。高崎〜下仁田《しもにた》間1時間3分の旅は、1400年の時を駆け抜ける時空旅行だ。

上信電鉄沿線めぐり

上にも述べたように、上信電鉄沿線には古代から近代に至るまでの遺跡・文化遺産・見所が散在している。

また、ハイキングに最適な場所も多い。少し足を延ばして、そうした名所旧跡をめぐってみよう。

上野三碑《こうずけさんぴ》

7〜8世紀に造られた山上碑《やまのうえひ》（左写真）・多胡《たご》碑《ひ》・金井沢碑《かないざわひ》の総称。いずれも上信電鉄の駅から徒歩10〜25分。平成29年（2017）、ユネスコの「世界の記憶」に登録された。

写真提供:ワクっとぐんま写真館

妙義山《みょうぎさん》

赤城山《あかぎさん》・榛名山《はるなさん》とともに上毛《じょうもう》三山に数えられるが、実は複数の峰の総称。妙義《みょうぎ》神社が鎮座する白雲山相馬岳《はくうんさんそうまだけ》は標高1104m。上州富岡駅から乗合タクシーなどで行ける。

写真提供:富岡市

神成山《かんなりやま》

上信電鉄の北側にある連山。南蛇井《なんじゃい》駅から登って神農原《かのはら》駅に出る（またはその逆）ことができる。山道には「幻の山野草」といわれる日本翁草《おきなぐさ》（左写真）が自生している。

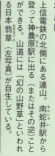

社寺風駅舎をめぐる

聖地鉄道の気分を盛り上げてくれる社寺風駅舎。今や絶滅危惧種でもある。めぐるなら今のうちだ。

旧大社《たいしゃ》駅(JR大社線)

平成2年(1990)に廃止になったJR大社線の終着駅駅舎。曽田甚造《そだじんぞう》の設計で大正13年(1924)に竣工した。出雲大社《いずもたいしゃ》を意識したデザインとなっており、社寺風駅舎の傑作の一つ。重要文化財指定。

写真提供:(一社)出雲観光協会

昭和初期に多く造られた社寺風駅舎

社寺風駅舎がいつ頃から造られ始めたのかはわからない。現存するものでは、ネオルネサンス様式に社寺の要素を加えたJR日光《にっこう》駅(P54参照)が大正元年(1912)で最古級。弥彦《やひこ》駅、水間観音《みずまかんのん》駅も大正時代だ。

やはり多いのは昭和初期で、JR奈良線稲荷《いなり》駅、小田急片瀬江《かたせえ》ノ島《のしま》駅などがある。昭和2年(1927)のJR中央線高尾《たかお》駅は、大正天皇大喪列車の仮設駅舎を移築したもの。旧大社《たいしゃ》駅と同じ曽田甚造《そだじんぞう》の設計である。

三河一宮《みかわいちのみや》駅(JR飯田線)

三河国《みかわのくに》一宮砥鹿《とが》神社の最寄り駅。平成2年(1990)に社寺風駅舎に改築した。

御嶽《みたけ》駅(JR青梅線)

昭和4年(1929)開業。武蔵御嶽《むさしみたけ》神社を意識した駅舎。関東の駅百選。

琴平《ことひら》駅(JR土讃線)

大正11年(1922)竣工。洋風建築に神紋などを盛り込んでいる。登録有形文化財。

水間観音《みずまかんのん》駅(水間鉄道水間線)

大正15年(1926)建築。塔を模しためずらしい設計。登録有形文化財。

第3章

関西圏

叡山電車／京阪（石山坂本線）／京阪（京阪本線）
近鉄（難波線・奈良線・京都線・橿原線・南大阪線・吉野線）／嵐電（嵐山本線・北野線）／JR奈良線
南海（高野線）／和歌山電鐵（貴志川線）／阪急（宝塚本線・箕面線）／阪急（千里線）
能勢電鉄（妙見線）／阪堺電車（阪堺線・上町線）／水間鉄道（水間線）
JR桜井線／JR和歌山線

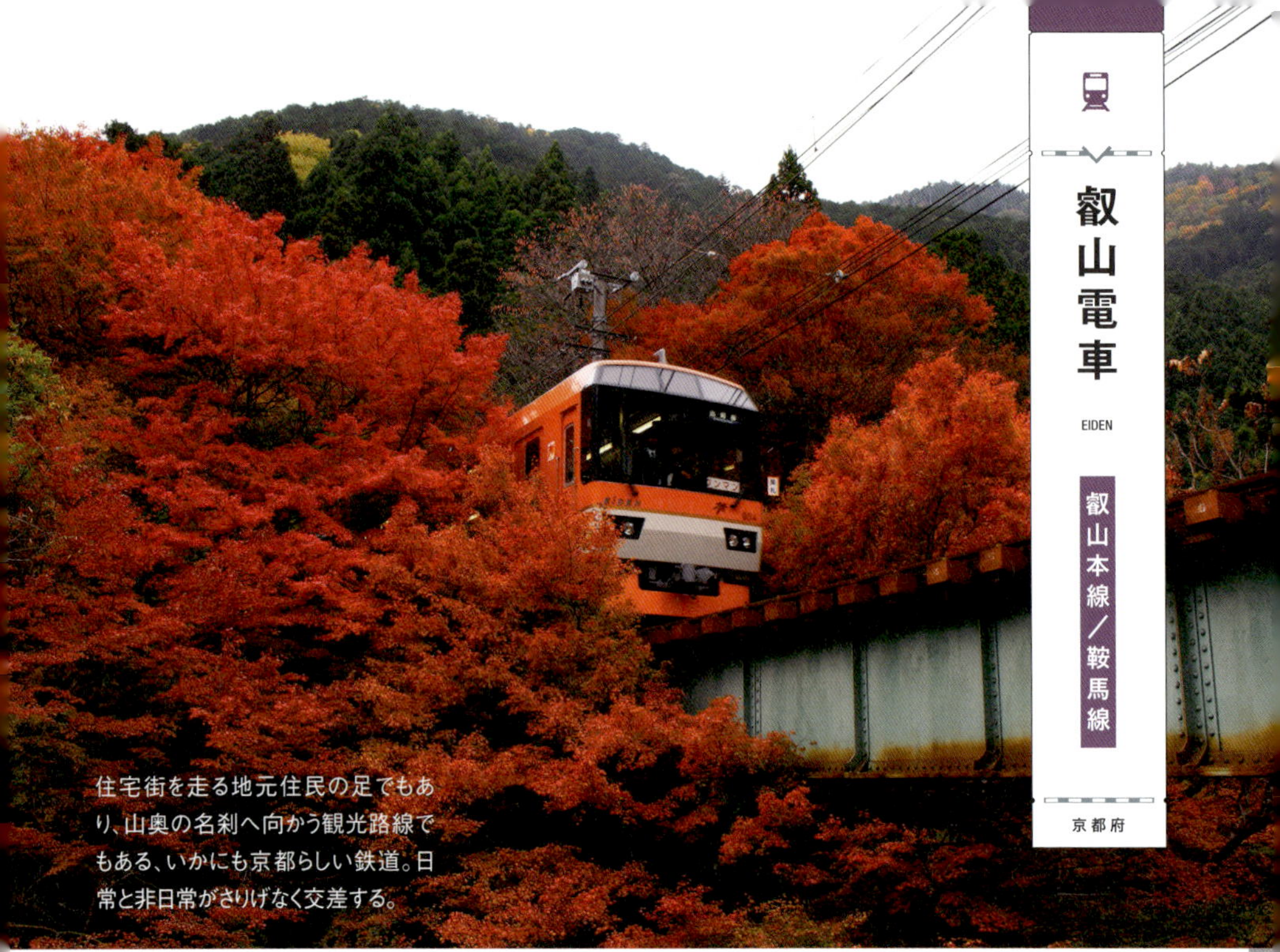

叡山電車

EIDEN

叡山本線／鞍馬線

京都府

住宅街を走る地元住民の足でもあり、山奥の名刹へ向かう観光路線でもある、いかにも京都らしい鉄道。日常と非日常がさりげなく交差する。

比叡山《ひえいざん》が日本の宗教界に君臨できたわけ

右に行けば比叡山、左に行けば鞍馬山《くらまやま》。古社寺好きの東京人にしてみると、こんな贅沢な鉄道はないだろうと思ってしまう。なにしろ比叡山も鞍馬山もただの霊山ではない。

比叡山には天台宗《てんだいしゅう》の総本山、延暦寺《えんりゃくじ》がある。最澄《さいちょう》が山に入ったのは延暦《えんりゃく》4年（785）のこと。最初は小さな庵であったが、政治に介入するほど力をもった南都六宗《なんとろくしゅう》（平城京の大寺院を本山とした六宗派）に対抗しうる新しい仏教の誕生をそこに見た桓武《かんむ》天皇は、日本を鎮め守る寺としてその活動を支援した。

比叡山が平安京の鬼門に当たることも、天皇や貴族の心をつかんだ。天台密教の神秘性と相まって、都を霊的に護る聖地と捉えられるようになったのだ。

これに対して鞍馬山は、北方を守護する毘沙門天《びしゃもんてん》の聖地とされた。天狗が棲む異界とも考えられ、源義経《みなもとのよしつね》が天狗から武芸を学んだ場所ともいわれた。

叡山電鉄（叡山本線／鞍馬線）

▶Eizan Electric Railway

大正14年（1925）開業

叡山本線 出町柳▶八瀬比叡山口 5.6km

鞍馬線 宝ヶ池▶鞍馬 8.8km

大正14年（1925）、京都電燈が出町柳《でまちやなぎ》～八瀬《やせ》（現・八瀬比叡山口）で開業。昭和3年（1928）、鞍馬電気鉄道が山端《やまばな》（現・宝ヶ池《たからがいけ》）～市原《いちはら》間で開業。山端で叡山本線と接続。同4年、鞍馬線全通。同17年、両線ともに京福電気鉄道に譲渡される。平成14年（2002）、京福傘下から京阪傘下に移る。

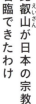

下鴨神社《しもがもじんじゃ》（賀茂御祖神社《かもみおやじんじゃ》）

賀茂建角身命、玉依媛命
京都府京都市左京区下鴨泉川町59
075-781-0010
叡山電車叡山本線・京阪鴨東線出町柳駅より徒歩約12分

正しくは賀茂御祖《かもみおや》神社。上賀茂《かみがも》神社（賀茂別雷《かもわけいかづち》神社）とともに山城国《やましろのくに》一宮。上賀茂神社祭神の母神と外祖父神を祀る。京の守護神として皇室の崇敬を受けてきた。

1 楼門…糺《ただす》の森を抜けたところに建つ。中門などとともに寛永《かんえい》5年（1628）に造替《ぞうたい》されたもの。檜皮葺《ひわだぶき》の屋根と朱の柱の対比が美しい。

2 糺《ただす》の森…下鴨神社の参道を包むようにして広がる森。3万6千坪あり、遷都以前の古代の様子を残すという。国の史跡。

2本の聖地鉄道の数奇な運命

京都人が親しみを込めて叡電《えいでん》と呼ぶ叡山電車は、もともと叡山電鉄と鞍馬電気鉄道という2本の聖地鉄道であった。

といってもライバル会社ではなく、鞍馬電気鉄道は叡山電鉄を開業した京都電燈と京阪電気鉄道の合弁会社であった。したがって運営も一体化しており、当時のパンフレットなどには叡山鞍馬電車と記されている。

しかし、戦争の影響は両路線にも及んだ。昭和17年（1942）、両社は電力の国家統政策により京福電気鉄道に譲渡されることになった。また、昭和61年（1986）には傘下の子会社として叡山電鉄を分離したが、京福の経営悪化から平成14年（2002）に京阪へ譲渡された。

知恩寺《ちおんじ》

釈迦如来
京都府京都市左京区田中門前町103
075-781-9171
叡山電車叡山本線・京阪鴨東線出町柳駅より徒歩約10分

浄土宗《じょうどしゅう》七大本山の一つ。百萬遍《ひゃくまんべん》とも呼ばれる。もとは上賀茂《かみがも》・下鴨《しもがも》神社の神宮寺《じんぐうじ》であったが、法然《ほうねん》が止住したことから弟子の源智《げんち》が念仏道場とし、師の恩を知って忘れることがないようにと知恩寺と名づけた。

詩仙堂《しせんどう》

- 馬郎婦観音
- 京都府京都市左京区一乗寺門口町27
- 075-781-2954
- 叡山電車叡山本線一乗寺駅より徒歩約10分

徳川家康《とくがわいえやす》に仕えた武人で、漢詩人に転じた石川丈山《いしかわじょうざん》が晩年を過ごした山荘。中国の詩人36人の肖像を掛けていたことから詩仙堂と名付けられた。四季折々に美しい姿を見せる庭園が有名。

もう一つの〝聖地巡礼〟発祥の路線？

参詣路線として誕生した叡山電車は生粋の聖地鉄道であるが、もう一つの〝聖地巡礼〟の誕生にも深く関わっている。

ご存知の方も多いと思うが、〝聖地巡礼〟とはアニメの舞台めぐりのことをいう。〝聖地巡礼〟がいつ成立したのかはわからない。マンガ家ゆかりの地を「聖地」と呼ぶ例はかなり早くからあったが、アニメなどのロケ地めぐりを巡礼になぞらえるのは2000年以降だろう。

社会現象化したのは叡山電車と『けいおん!』のコラボがきっかけだった。記念切符6千セットが2時間半で売り切れるという平成23年（2011）の事件以降、アニメコラボは各社に広まっていった。

貴船神社《きふねじんじゃ》

- 高龗神、磐長姫命
- 京都府京都市左京区鞍馬貴船町180
- 075-741-2016
- 叡山電車貴船口駅より徒歩30分、または京都バス貴船バス停より徒歩約5分

水の神の高龗神《たかおかみのかみ》を祀る。古くは「氣生根」とも表記されていた。全国の貴船神社の総本宮。とくに祈雨止雨に霊験があると信じられ、日照りや長雨の時には勅使が派遣された。

©yasuhiro imamiya

門前沿線探訪

鞍馬・貴船を歩く
—叡山電車（鞍馬駅・貴船口駅）

鞍馬・貴船は京の奥座敷ともいうべき場所。通の遊び場所だ。鞍馬から貴船への山道を歩いた後は、川床料理や温泉も楽しめる。

右源太《うげんた》…貴船神社の元社家（神職を務めた家柄）だけに格式高い雰囲気。夏は川床で鮎料理など。

京都府京都市左京区鞍馬貴船町76

くらま温泉…京にある秘湯。山々に囲まれた露天風呂が楽しめる。山や川の幸の料理も堪能できる。

京都府京都市左京区鞍馬本町520

鞍馬寺《くらまでら》

- 毘沙門天王、千手観音菩薩、護法魔王尊
- 京都府京都市左京区鞍馬本町1074
- 075-741-2003
- 叡山電車鞍馬線鞍馬駅より徒歩約3分で仁王門

縁起によると、宝亀《ほうき》元年（770）に鑑真《がんじん》和上の高弟・鑑禎《がんちょう》上人が庵を結んで毘沙門天《びしゃもんてん》を安置。その後、造東寺《とうじ》長官の藤原《ふじわらの》伊勢人《いせんど》が毘沙門天像のことを知り伽藍を建立したという。

1 鞍馬山ケーブルカー…正しくは鞍馬山鋼索鉄道。鞍馬寺が足が弱い人のために運営している。

2 由岐《ゆき》神社…鞍馬寺境内に鎮座する鞍馬一帯の氏神様。天慶《てんぎょう》3年（940）に御所から遷座したという。鞍馬の火祭で有名。

2

1

お寺が引き継いだケーブルカー計画

昭和3年（1928）当時、鞍馬電鉄は鞍馬寺山内にケーブルカーの敷設を計画していた。翌年の開業予定で、沿線案内図には早々と描かれていたが、実現はしなかった。ケーブルカーが建設されたのは昭和32年（1957）、造ったのは鞍馬寺だった。足の弱い人でも気軽に参拝してもらうために、鞍馬電鉄の夢を受け継いだのだ。

叡山電車沿線の古社名刹

叡電沿線は比叡山のお膝元なので天台宗の門跡寺院が多い。修学院《しゅうがくいん》駅近くの曼《まん》殊院《しゅいん》、木野《きの》駅近くの実相院《じっそういん》などがそうだ。門跡寺院ではないが延暦寺の別院の赤《せき》山禅院《ざんぜんいん》もお薦めだ。

神社も多く、三宅八幡《みやけはちまん》駅近くの三宅八幡宮と御蔭《みかげ》神社、曼殊院近くの鷺森《さぎもり》神社、実相院そばの石座《いわくら》神社などもお参りしておきたい。

京阪

KEIHAN

石山坂本線

滋賀県

石山寺《いしやまでら》・唐橋前《からはしまえ》・三井寺《みいでら》・近江神宮前《おうみじんぐうまえ》・坂本比叡山口《さかもとひえいざんぐち》——石山坂本線は古寺社好きの心を騒がせる駅名が続く。車窓風景も途中下車を誘ってくる。

一日では足りない 石山坂本《いしやまさかもと》線の寺社めぐり

石山坂本線の一方の終点、坂本比叡山口は、日吉《ひよし》大社の門前町であるとともに、比叡山《ひえいざん》の高僧が里坊（山麓の別宅）を造った場所でもある。つまり、石山坂本線は起点も終点も聖地ということになる。それだけではない。沿線にも天台寺門宗《てんだいじもんしゅう》総本山で西国霊場の札所の三井寺《みいでら》（園《おん》城寺《じょうじ》）や近江国《おうみのくに》一宮の建部《たけべ》大社など、聖地鉄道の目的地になりうる寺社がいくつもある。本気でめぐると一日では足りない。

京阪電気鉄道（石山坂本線）

▶Keihan Electric Railway

大正2年（1913）開業

石山坂本線 石山寺▶坂本比叡山口　14.1km

大正2年（1913）、大津《おおつ》電車軌道が大津（現・浜大津《はまおおつ》）～膳所《ぜぜ》（現・膳所本町《ぜぜほんまち》）で開業。同11年、浜大津～三井寺開業。昭和2年（1927）、合併により社名を琵琶湖鉄道汽船とする。同年、全線開通。同4年、京阪電気鉄道と合併。

石山寺《いしやまでら》

- 如意輪観音菩薩
- 滋賀県大津市石山寺1-1-1
- 077-537-0013
- 京阪石山坂本線石山寺駅より徒歩約10分

東寺真言宗《とうじしんごんしゅう》大本山。西国三十三所第13番札所。聖武《しょうむ》天皇の勅願により創建されたという。平安時代頃より観音の霊場として有名になり、紫式部《むらさきしきぶ》や清少納言《せいしょうなごん》らが詣でた。

建部大社《たけべたいしゃ》

日本武尊、大己貴命
滋賀県大津市神領1-16-1
077-545-0038
京阪石山坂本線唐橋前駅より徒歩約15分

近江国一宮。景行《けいこう》天皇の皇子で熊襲などを討伐した英雄、日本武《やまとたけるの》尊《みこと》を祀る。尊の没後、勅命によりその霊を祀ったことが起源で、天《てん》武《む》天皇白鳳《はくほう》4年（675）に現在地に遷った。

時代に消された もう一つの聖地鉄道

実は石山坂本線には競合路線があった。江若《こうじゃく》鉄道である。

江若鉄道は近江と若狭《わかさ》をつなぐことを目的として設立されたが、とうとう若狭までは延伸できなかった。

この江若鉄道は大正10年（1921）に三井寺下《みいでらした》～叡山《えいざん》間で開業したことからわかるように、聖地鉄道としての性格が濃い路線であった。昭和6年（1931）には浜大津～近江今津《いまづ》での運転が開始され、湖西の住人の足となっていった。

しかし、坂本以南が石山坂本線と並行したことに加えて自家用車が普及したことにより、経営は悪化していった。このため国鉄の湖西線建設が決まると、撤退の道を選ぶこととなった。

比叡山巡拝

比叡山へは坂本側と八瀬側の2ルートがある。山上は東塔《とうどう》・西塔《さいとう》・横川《よこかわ》の3地域に分かれており100ほどのお堂がある。3地域間の移動はシャトルバスがある。

比叡山延暦寺《ひえいざんえんりゃくじ》

薬師如来
滋賀県大津市坂本本町4220
077-578-0001
京阪石山坂本線坂本比叡山口駅よりバス約4分「ケーブル坂本駅」下車、ケーブル坂本駅よりケーブルカー「ケーブル延暦寺駅」下車、徒歩約8分

天台宗《てんだいしゅう》の総本山。延暦7年（788）、最澄が比叡山に一乗止観院《いちじょうしかんいん》を建てたことに始まる。その跡に建っているのが根本中堂《こんぽんちゅうどう》で、延暦寺の総本堂となっている。西塔には釈迦堂やにない堂、横川には横川中堂などがある。

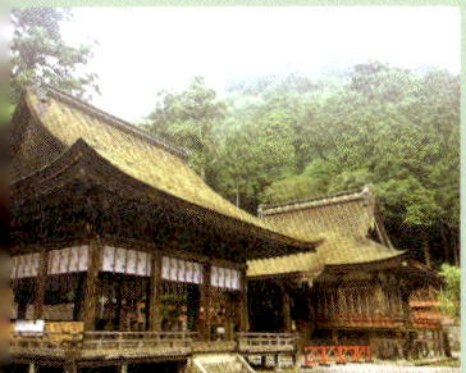

日吉大社《ひよしたいしゃ》

大己貴神、大山咋神、田心姫神、大山咋神荒魂、菊理姫神、鴨玉依姫神、鴨玉依姫神荒魂
滋賀県大津市坂本5-1-1
077-578-0009
京阪石山坂本線坂本駅比叡山口より徒歩約10分、またはJR湖西線比叡山坂本駅より徒歩約20分

全国に3000余ある日吉・日枝・山王神社の総本宮。崇神天皇7年（紀元前91）に創建されたと伝えられ、延暦寺の開創よりはるかに古いが、その鎮守としての役割も果たしてきた。方位除け・厄除けの御神徳で有名。

坂本ケーブル…正しくは比叡山鉄道比叡山鉄道線。坂本と比叡山の東塔を結ぶ。昭和2年（1927）開業。全長が2025mあり日本一長い。写真はケーブル坂本駅。

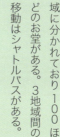

京阪の車両は普通列車が若草色と青緑色、特急が黄色と赤色であったが、普通列車は白を加えた3色となり、青を基調とした車両も登場した。

京阪

KEIHAN

京阪本線

京都府
大阪府

京～大阪間の4ルート選ぶとすれば……

個人的な趣味の話で恐縮だが、京都～大阪間を結ぶ4つ鉄路（新幹線・東海道本線・阪急京都本線・京阪本線）のうちどれが好きかと尋ねられたら、京阪本線を選ぶ。一番風景に変化があり、沿線に寺社も多いからだ。主なものをあげてみよう。建仁寺《けんにんじ》・三十三《さんじゅうさん》間堂《げんどう》・智積院《ちしゃくいん》・東福寺《とうふくじ》・泉涌寺《せんにゅうじ》・伏見稲荷大社《ふしみいなりたいしゃ》・御香宮《ごこうのみや》神社・石《いわ》清水八幡宮《しみずはちまんぐう》・成田不動《なりたふどう》大阪別院……。もちろん、こればかりではない。なかには萱島《かやしま》神社のようにホーム直下に鎮座する異色の神社もある。

京阪の魅力はまだある。気が向けば、宇治《うじ》線に乗り換えて、萬福寺《まんぷくじ》・三室戸寺《みむろとじ》・平等院《びょうどういん》などをお参りすることもできる。

ちなみに、京阪本線の運行上の起点は京都の三条《さんじょう》駅で、大阪から京に向かうのが「のぼり」である。ところが距離標（キロポスト）は逆で、天満橋《てんまばし》を起点としていて、京に向かってキロ数の表示が多くなっている。

京阪電気鉄道（京阪本線）

▶Keihan Electric Railway

明治43年（1910）開業

京阪本線 淀屋橋▶三条 49.3km

明治43年（1910）、天満橋《てんまばし》～五条《ごじょう》（現・清水五条）間で開業。大正4年（1915）、五条～三条《さんじょう》間が開通。昭和9年（1934）、天満橋～三条～浜大津（現・びわこ浜大津）直行の日本初の連接車「びわこ」号を運行。同38年（1963）、天満橋～淀屋橋《よどやばし》間が開通。

伏見稲荷大社《ふしみいなりたいしょ》

宇迦之御魂大神、佐田彦大神、大宮能売大神、田中大神、四大神
京都府京都市伏見区深草藪之内町68
075-641-7331
京阪本線伏見稲荷駅より徒歩約5分、JR奈良線稲荷駅より徒歩すぐ

全国の稲荷神社の総本宮。和銅《わどう》4年（711）に渡来系の豪族だった秦《はたの》伊呂巨《いろこ》が稲荷山《いなりやま》に神を祀ったことに始まるという。天慶《てんぎょう》5年（942）正一位の神階を得る。商売繁昌ほか幅広い御神徳で有名。

鉄道も神仏も激戦区 東福寺〜丹波橋《たんばばし》

旅人にとって京都市伏見区あたりを走る路線の選択は、なかなかに難問である。というのは、この地区は京阪本線・JR奈良線・近鉄京都線がからみ合うようにして走っているからだ。

混み合っているのは鉄道だけではない。寺社も密集している。たとえば、東福寺駅（京阪・JR）近くには東福寺と泉涌寺があり、さらにそれらの塔頭《たっちゅう》・子院がある（その中には西国三十三所霊場の札所もある）。

そのためなのか、駅の位置も路線によって位置が微妙に違う。京阪の伏見稲荷駅とJRの稲荷駅では、稲荷駅が大社に若干近い。一方、御香宮神社へはJRの桃山駅や京阪の伏見桃山駅より近鉄の桃山御陵駅のほうが近い。

石清水八幡宮《いわしみずはちまんぐう》

応神天皇（誉田別命）、比咩大神（多紀理毘賣命、市寸島姫命、多岐津比賣命）、神功皇后（息長帯比賣命）
京都府八幡市八幡高坊30
075-981-3001
京阪本線八幡市駅で男山ケーブル乗り換え約3分「男山山上駅」下車、徒歩約5分

貞観《じょうがん》2年（860）に大安寺《だいあんじ》の行教《ぎょうきょう》和尚が宇佐八幡宮《うさはちまんぐう》の神霊を勧請して創建した。平将門《たいらのまさかど》の乱に霊験を現したことなどから朝廷や武士の信仰を集めた。厄除け参りでも有名。

門前沿線探訪

萱島《かやしま》神社 ―京阪本線（萱島駅）

寺社が鉄道建設予定地になるという悲劇は全国で起こり、移転を余儀なくされた例は数多い。しかし、萱島神社はそこに留まり、駅との共生を選んだ。樹齢700年の楠の御神木のためだ。京阪もこの大木を残す決断をし、ホームと屋根に穴を開けて楠を通すという大胆な設計をした。「大阪緑の百選」にも選ばれている。

萱島神社…天明7年（1787）創建。萱島を開拓した神田氏が祖神と菅原道真《すがわらのみちざね》公・豊受大《とようけのおお》神《かみ》を祀った。

大阪府寝屋川市萱島本町21-5

写真提供（萱島神社）：寝屋川市教育委員会

近鉄京都線の澱川《よどがわ》橋梁。大阪や奈良の古社寺めぐりで一番重宝するのは、やはり近鉄。古都の風景にも溶け込んでいる。

近鉄

KINTETSU

難波線／奈良線
京都線／橿原線
南大阪線／吉野線

大阪府
京都府
奈良県

地方鉄道を呑み込んで巨大化した近鉄

近鉄の営業キロの総延長は508・2キロ。私鉄最大の規模である。近鉄はこの巨大な鉄道網を、いくつもの小規模鉄道会社を呑み込んでいくことで作り上げた。同じ近鉄なのに乗り継ぎが不便だったり、変な形で交差や並走をしているのは、このためだ。

以下に近鉄が呑み込んできた鉄道を列挙してみよう（カッコ内は該当する現在の路線名）。

奈良電気鉄道（京都線）・天理軽便鉄道（天理線）・信貴《しぎ》生駒《いこま》電鉄（生駒線）・参宮急行電鉄（大阪線の桜井以東）・吉野鉄道（吉野線）・河南《かなん》鉄道（南大阪線・長野線・道明寺線）・南和《なんわ》電気鉄道（御所線）・大和《やまと》鉄道（田原本線）・伊勢鉄道（名古屋線の一部・鈴鹿線）・志摩電気鉄道（志摩線）・四日市鉄道（湯の山線）。

このうち、奈良電気鉄道・天理軽便鉄道・信貴生駒電鉄・河南（河陽）鉄道の4つが聖地鉄道であった。

近畿日本鉄道（難波線／奈良線／京都線／橿原線／南大阪線／吉野線）

▶Kintetsu Railway

難波線・奈良線　大正3年（1914）開業

難波線　大阪難波▶大阪上本町 2.0km

奈良線　布施▶近鉄奈良 26.7km

京都線・橿原線　大正10年（1921）開業

京都線　京都▶大和西大寺 34.6km

橿原線　大和西大寺▶橿原神宮前 23.8km

南大阪線・吉野線　明治31年（1898）開業

南大阪線　大阪阿部野橋▶橿原神宮前 39.7km

吉野線　橿原神宮前▶吉野 25.2km

生國魂神社《いくたまじんじゃ》

- 生島大神、足島大神
- 大阪府大阪市天王寺区生玉町13-9
- 06-6771-0002
- 近鉄大阪線・奈良線大阪上本町駅より徒歩約9分、または大阪メトロ谷町線・千日前線谷町九丁目駅より徒歩約4分

日本列島の御霊《みたま》、生島大神《いくしまのおおかみ》・足島大神《たるしまのおおかみ》を祀る。約2700年前、第一代神武《じんむ》天皇が古代の大阪湾に浮かんでいた石山碕（現在の大坂城を含む一帯）に御祭神を祀ったことに始まる大阪最古の神社。

近鉄路線網と古代の道

これだけ起源の違う路線が組み合わさっていると、全体の性質などをおいそれと言うわけにはいかない。路線ごとに分析せざるをえないのだが、路線図を古代の地図と重ねてみると面白いことに気づく。

まずは藤原京との関係。平城京の前の都であったこの都市の、北側の境界が大阪線、西の境界が橿原《かしはら》線とほぼ一致している。

次に古代の道路だが、橿原線の大和八木《やまとやぎ》～橿原神宮前は下ツ道と、南大阪線の尺土《しゃくど》～布忍《ぬのせ》は長尾《ながお》街道とほぼ重なる。

こうした一致はもちろん偶然ではなく、古代の土木技術者と近代の土木技術者が、千年の時を超えて意見の一致を見たということなのであろう。

瓢箪山稲荷神社《ひょうたんやまいなりじんじゃ》

- 保食大神
- 大阪府東大阪市瓢箪山町8-1
- 072-981-2153
- 近鉄奈良線瓢箪山駅より徒歩約3分

天正《てんしょう》11年（1584）に豊臣秀吉《とよとみひでよし》が伏見城《ふしみじょう》からふくべ稲荷を、大坂城から巽の方角3里の双円墳（瓢箪山古墳）に鎮護神として金瓢《きんぴょう》とともに祀った。辻占の総本社としても有名。

枚岡神社《ひらおかじんじゃ》

- 天児屋根命、比売御神、経津主命、武甕槌命
- 大阪府東大阪市出雲井町7-16
- 072-981-4177
- 近鉄奈良線枚岡駅より徒歩すぐ

中臣《なかとみ》（藤原《ふじわら》）氏の祖神、天児屋根命《あめのこやねのみこと》とその后神を祀る。河内国《かわちのくに》一宮。神武天皇が東征の折に2神を神津嶽《かみつだけ》に祀ったのが始まりで、白雉《はくち》元年（650）に当地に遷座した。

石切劔箭神社《いしきりつるぎやじんじゃ》

饒速日尊、可美真手命
大阪府東大阪市東石切町1-1-1
072-982-3621
近鉄けいはんな線新石切駅より徒歩約7分、または近鉄奈良線石切駅より徒歩約15分

物部《もののべ》氏の一族の木積《こづみ》（穂積《ほづみ》）氏が奉斎してきた古社。物部氏の祖神・饒速日尊《にぎはやひのみこと》と可美真手命《うましまでのみこと》を祀る。社伝では神武天皇の御代の創建という。腫れ物治癒の御神徳で有名。

門前沿線探訪

石切参道商店街
―近鉄奈良線（石切駅）

石切劔箭神社は「石切さん」と呼ばれて親しまれてきたが、参詣者が爆発的に増えたのは大正3年（1914）に石切駅が開業してから。

参道は石切駅と新石切駅の両方から続くが、石切駅が古く賑やか。土産物店や飲食店に加えて占いなども多く、ディープな参道として研究者も注目している。

石切参道商店街…駅から神社に至る参道に百数十店の商店が建ち並んでいる。毎月第1・第3土日には「お得やDAY」を開催している。

諸宗混淆の聖地に穴を開けた日本一の隧道

奈良県と大阪府の間に壁のように立ち塞がる生駒《いこま》山地には生《い》駒山寶山寺《こまさんほうざんじ》・信貴山朝護孫子寺《しぎさんちょうごそんしじ》をはじめとした数多くの寺社、聖殿があり、きわめて特殊な諸宗混淆の聖地となっている。西麓に鎮座する石切劔箭神社や瓢箪山稲荷神社も、こうした生駒宗教圏に含まれる。

この山塊に初めて隧道《ずいどう》を掘って鉄道を通したのが、近鉄の前身の大軌《だいき》（大阪電気軌道）であった。この工事は難航し大軌は経営難に陥ったが、寶山寺の管長が切符10万枚を買うなど周囲の援助もあり、大正3年（1914）4月30日に開業した。その翌日が寶山寺のお会式《えしき》で、この法会と日本一長い隧道を目当てに4万3千もの人が利用した。

生駒聖天寶山寺《いこましょうてんほうざんじ》

不動明王
奈良県生駒市門前町1-1
0743-73-2006
近鉄奈良線生駒駅下車すぐの生駒ケーブル「鳥居前駅」より約6分「宝山寺」下車、徒歩約10分

真言律宗《しんごんりっしゅう》大本山。延宝《えんぽう》6年（1678）に湛海《たんかい》が山に入って堂を建て、八万枚護摩供を行ったのが始まりとされる。湛海が生駒山の鎮守とした聖天《しょうでん》（大聖歓喜天《だいしょうかんぎてん》）の信仰でも知られる。

近鉄奈良駅周辺

　奈良市内の寺社めぐりは近鉄奈良駅が便利。駅の東隣が興福寺《こうふくじ》。境内を抜けると春日大社《かすがたいしゃ》の一の鳥居に出る。参道の途中から北に向かうと東大寺《とうだいじ》だ。春日大社からささやきの小径を通って南に行くと新薬師寺《しんやくしじ》が近い。駅から商店街を南に行った奈良町《ならまち》も必見。元興《がんごう》寺《じ》・十輪院《じゅうりんいん》などがある。

猿沢池《さるさわいけ》…もともとは興福寺の放生池《ほうじょうち》。帝の寵愛が薄れた采女《うめね》が入水したという伝説もある。

奈良県奈良市登大路町

奈良の中心部が東に寄った理由

　近鉄奈良線は大和《やまと》西大寺《さいだいじ》駅を出て間もなく平城宮《へいじょうきゅう》跡を横切る。今ではとても建設許可が出るとは思えないが、奈良線が敷かれた大正3年（1914）当時、ここは一面の田んぼだったので無理もなかった面もある。

　平城宮の荒廃は平安遷都が原因だが、奈良から人がいなくなってしまったわけではない。東大寺や春日大社などの大社寺は遷都以前と同じように残っていたし、商業なども活発化したとさえいえる。

　では、人々はどこにいたのか。

　実は、中世の奈良は中心地が近鉄奈良駅周辺にずれていた。興福寺が政治的にも信仰的にも大和国《やまとのくに》を支配したため、街の中心もそちらへ移ったのだ。

天武《てんむ》天皇が皇后の病気平癒を願って建立を発願した寺院。養老《ようろう》2年(718年)に現在地に移転した。裳階《もこし》付きの三重塔で有名。

薬師寺《やくしじ》

薬師三尊像
奈良県奈良市西ノ京町457
0742-33-6001
近鉄橿原線西ノ京駅下車すぐ

御香宮神社《ごこうのみやじんじゃ》

神功皇后
京都府京都市伏見区御香宮門前町174
075-611-0559
近鉄京都線桃山御陵前駅より徒歩約5分、または京阪京阪本線伏見桃山駅より徒歩約7分

神功《じんぐう》皇后を祀る。古くは御諸《みもろ》神社と呼ばれたが、貞観《じょうがん》4年(862)に境内から香りのよい水が湧き出たことより清和《せいわ》天皇より御香宮の名を賜った。伏見七名水の一つ。

近鉄最古の歴史もつ道明寺《どうみょうじ》線の変遷

近鉄道明寺線は道明寺～柏原《かしわら》間2・2キロの短い路線であるが、もとは古市《ふるいち》まで続く路線で、明治31年（1898）に河陽《かよう》鉄道によって建設された。つまり近鉄諸路線の中で一番古い路線なのである。

この柏原～古市の路線は東高野街道に沿ったもので高野山の参詣者の利用を狙ったものであった。しかし、乗客は増えず経営難に陥った河陽鉄道は、河《か》南《なん》鉄道に路線を譲渡した。

大正12年（1923）、河南鉄道は道明寺～大阪天王寺《てんのうじ》（現・大阪阿部野橋《あべのばし》）を開業した。今の近鉄南大阪線であるが、当時は、今はない駅があった。誉田《こんだ》八幡《はちまん》駅と応神御陵前《おうじんごりょうまえ》駅という聖地の駅である。

道明寺と菅原道真公《すがわらのみちざね》

道明寺駅の隣に土師ノ里《はじのさと》駅があるが、このあたり一帯はかつて土師氏の拠点であった。土師氏は埴輪や土器の製造、陵墓の造営に関わった氏族で菅原・秋篠《あきしの》・大枝《おおえ》氏の先祖でもある。菅原道真公も土師氏の末裔とされ、叔母の尼が土師氏の氏寺・土師寺《はじでら》にいたという。

大宰府《だざいふ》に向かう途上で当寺を訪れた道真公は、自刻の自身の像を尼公に渡したと伝えられる。

道明寺《どうみょうじ》

十一面観世音菩薩
大阪府藤井寺市道明寺1-14-31
072-955-0133
近鉄南大阪線土師ノ里駅・道明寺駅より徒歩約7分

土師氏の氏寺で古くは土師寺（道明尼寺）といった。明治の神仏分離で道明寺天満宮（土師神社）と分かれ、現在地に移転した。国宝の十一面観音立像は菅原道真公自刻と伝えられる。道明寺粉発祥の地でもある。

道明寺天満宮《どうみょうじてんまんぐう》

菅原道真公、天穂日命、覚寿尼公
大阪府藤井寺市道明寺1-16-40
072-953-2525
近鉄南大阪線道明寺駅より徒歩約3分

菅原道真公を祀る。もとは土師神社といい、土師氏の氏神であった。道真公が叔母の尼と別れるに際して贈った自刻像を御神体として天暦元年（947）に創建。境内を共有していた道明寺は神仏分離で西に移転した。

葛井寺《ふじいでら》

- 十一面千手千眼観世音菩薩
- 大阪府藤井寺市藤井寺1-16-21
- 072-938-0005
- 近鉄南大阪線藤井寺駅より徒歩約5分

神亀《じんき》2年（725）に聖武《しょうむ》天皇の勅願により行基《ぎょうき》が創建。西国三十三所第5番札所。本尊の千手観音坐像（国宝）は実際に千の手と千の眼をもつ。なお、地名は藤井寺であるが寺号は葛井寺。

南大阪線の駅名でめぐる古社名刹の旅

近鉄は路線図を眺めているだけで、ちょっとした古社寺巡礼をしている気分になる。南大阪線で紙上巡礼をしてみよう。

出発は橿原神宮《かしはらじんぐう》。神武《じんむ》天皇即位の故地に明治23年（1890）に創建された。当麻寺《たいまでら》（當麻寺）は中将姫《ちゅうじょうひめ》伝説と当麻曼荼羅《まんだら》で有名。二上《ふたかみ》神社（葛城《かつらぎ》二上神社）は二上山《にじょうざん》雄岳《おだけ》に鎮座し豊布都霊《とよふつの》神《かみ》と大国魂神《おおくにたまのかみ》を祀る。

上ノ太子《かみのたいし》は聖徳太子の廟がある叡福寺《えいふくじ》のこと。ちなみに、羽《は》曳野《びきの》市の野中寺《やちゅうじ》が中の太子、八《や》尾《お》市の大聖将軍寺《だいしょうしょうぐんじ》が下の太子だ。さらに道明寺・藤井寺（葛井寺）と続き、終着（始発）の阿部野橋は、四天王寺《してんのうじ》と住吉大《すみよしたい》社《しゃ》を結ぶ阿倍野街道に架かる橋からつけられた名前だ。

當麻寺《たいまでら》 奥院《おくのいん》

- 當麻曼荼羅、円光大師法然上人
- 奈良県葛城市當麻1263
- 0745-48-2008
- 近鉄南大阪線当麻寺駅より徒歩約15分

當麻寺は用明《ようめい》天皇の皇子・麻呂子《まろこ》親王が弥勒仏を本尊として創建、當麻真人国見《たぎまのまひとくにみ》が天武《てんむ》天皇10年（681）に現在地に移した。その後、阿弥陀浄土を描く當麻曼荼羅の信仰が広まった。奥院は応安《おうあん》3年（1370）の創建。

門前沿線探訪

葛城古道
—近鉄御所線（御所駅）

よいことも悪いことも一言で示すという一言主神《ひとことぬしのかみ》が鎮まる金剛山《こんごうさん》・葛城山《かつらぎさん》の東麓に続く古道。

このあたりは古代氏族の葛城氏・鴨《かも》（賀茂）氏の根拠地で、葛城坐一言主《かつらぎにいますひとことぬし》神社、葛《かつら》城《ぎ》水分《みくまり》神社、葛木坐火雷《かつらきにいますほのいかづち》神社、高鴨《たかかも》神社、鴨都波《かもつば》神社、鴨山口《かもやまぐち》神社、高天彦《たかまひこ》神社といった、彼らにゆかりの古社が多い。

葛城古道…風の杜バス停から猿目橋バス停までの13kmがハイキングコースとして整備されている。道標も多いので迷う心配はない。

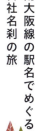

門前沿線探訪

史跡の宝庫　明日香村
―近鉄吉野線（飛鳥駅他）

飛鳥《あすか》とは推古《すいこ》天皇から持統《じとう》天皇まで7代の天皇が宮を置いた地をいう。年代でいうと592年から694年。この間のことを飛鳥時代という。

当時の建物などは残されていないが、礎石や石造物、古墳などが、聖徳太子《しょうとくたいし》や蘇我《そが》氏などが活躍した時代を語ってくれる。

石舞台古墳…7世紀初頭の古墳。盛り土が失われ、石室が露呈している。蘇我馬子の墓ともいう。

奈良県高市郡明日香村島庄254

近鉄に取り込まれた複数の参詣路線

ここで近鉄に取り込まれた聖地鉄道について述べておきたい。

大軌《だいき》が最初に買収したのは天理軽便鉄道であった。天理線の前身だが、買収当時は新法隆寺《ほうりゅうじ》～天理間を走っていた。買収後、平端《ひらはた》～天理間は橿原線と同じ軌間（レールの幅）に拡幅され電化した。新法隆寺～平端間は軽便鉄道のまま残され、昭和20年（1945）に廃止された。

一方、生駒線は信貴生駒《しぎいこま》電鉄が造った。この会社はもとは信貴生駒電気鉄道といい、奈良線から信貴山《しぎさん》へ参詣者を運ぶ目的で生駒線を建設したが、経営難のため信貴生駒電鉄に事業を譲渡。大軌が信貴線を造ったことで経営はさらに悪化、大軌の傘下に入った。

明日香《あすか》村巡拝

飛鳥はさほど広くはないが見所が多いので計画的に回るようにしたい。

飛鳥駅がスタートなら高《たか》松塚《まつづか》古墳が近い。天武《てんむ》・持《じ》統《とう》陵を通って橘寺《たちばなでら》まで行こう。聖徳太子《しょうとくたいし》誕生の地だ。

軽く山登りをして岡寺《おかでら》へ。また下って田の中の道を飛《あす》鳥坐《かにいます》神社へ向かう。それから飛鳥寺《あすかでら》を参拝。大和三山を一望する甘樫丘《あまかしのおか》を見学して甘樫坐《あまかしにいます》神社へ。岡寺から石舞台古墳へ行ってもよい。

岡寺《おかでら》

如意輪観音菩薩
奈良県高市郡明日香村岡806
0744-54-2007
近鉄南大阪線・吉野線・橿原線橿原神宮前駅よりバス約14分「岡寺前」下車、徒歩約5～10分

正しくは東光山真珠院龍蓋寺《とうこうさんしんじゅいんりゅうがいじ》。義淵《ぎえん》が草壁皇子《くさかべのみこ》（天武《てんむ》天皇の皇子）の岡宮を賜って創建したという。本尊は像高が4.85mある奈良時代の塑像・如意輪観音坐像。日本最初の厄除け霊場でもある。西国霊場第7番札所。

飛鳥寺《あすかでら》

釈迦如来
奈良県高市郡明日香村飛鳥682
0744-54-2126
近鉄南大阪線・吉野線・橿原線橿原神宮前駅よりバス約18分「飛鳥大仏」下車、徒歩約1分

蘇我馬子《そがのうまこ》によって建てられた日本最初の本格的寺院。推古《すいこ》天皇4年（596）に主要伽藍が完成した。塔を中心に金堂が3つという伽藍配置であったが、現在は江戸時代に再建された本堂が残る。本尊の飛鳥大仏（釈迦如来坐像）は日本最古の仏像。

金峯山寺《きんぷせんじ》（蔵王堂《ざおうどう》）

- 金剛蔵王大権現
- 奈良県吉野郡吉野町吉野山2498
- 0746-32-8371
- 近鉄吉野線吉野駅より徒歩約30分

金峯山《きんぷせん》修験《しゅげん》本宗《ほんしゅう》総本山。白鳳《はくほう》年間（7世紀後半）に役小角《えんのおつぬ》が金峯山（吉野山《よしのやま》から大峯山山上ヶ岳《おおみねさんさんじょうがたけ》の一帯）に入り蔵王権現の示現（※）を受けたことに始まるという。本堂の蔵王堂（国宝）には像高7mの蔵王権現像3体を安置する。

※神仏が霊験を表すこと、または姿を変えてこの世に現れること。

近鉄吉野線は、なぜ大阪阿部野橋《あべのばし》発なのか

吉野といえば高野山と並ぶ霊山であり、修験道においてはもっとも神聖な霊場とされる。

平安時代には吉野山から大峯《おおみね》山《さん》へと登って蔵王《ざおう》権現に祈れば弥勒菩薩の浄土に転生できると信じられ、藤原道長《ふじわらのみちなが》も自らの足で登って写経を埋めている。

このような吉野に鉄道を引いた吉野鉄道は間違いなく聖地鉄道といいたいところだが、当初の目的は木材の輸送であった。そのため国鉄への乗り入れの便を考えて狭軌が採用された。阿部野橋から橿原神宮前へ路線を敷いた大阪鉄道は同じ狭軌だったため直通運転ができたが、大軌は標準軌であったため乗り入れができず、奈良や京都から直通の吉野行きは実現しなかった。

世界遺産 南朝皇居 吉水神社《よしみずじんじゃ》

- 後醍醐天皇、楠木正成公、吉水院宗信法印公
- 奈良県吉野郡吉野町吉野山579
- 0746-32-3024
- 近鉄吉野線吉野駅より徒歩約3分、吉野大峯ケーブル千本口駅よりロープウェイ「吉野山駅」下車、徒歩約20分

吉野山に鎮座し後醍醐《ごだいご》天皇を祀る。元は吉水院という僧坊であったが、後醍醐天皇が南朝の皇居とした縁から明治8年（1785）に神社に転じ吉水神社と号した。

撮影ポイントガイド

吉野川《よしのがわ》橋梁（大和上市《やまとかみいち》～吉野神宮《よしのじんぐう》）

トラス橋の構造や吉野川の水面、背景の山並みを入れたいが、コンビニの看板なども写り込むので注意。

昭和3年（1928）架橋。4～6連目が上路プラットトラス桁（※）になっている。水面からの高さは約19m。

※斜材を橋中央部から端部に向けて「逆ハ」の字形状に配置した橋桁。

嵐電で寺社と車両のツーショットが撮れる撮影ポイントは広隆寺《こうりゅうじ》の山門前と、車折《くるまざき》神社駅前。京都らしい鉄道写真が撮れる。

嵐電

RANDEN

嵐山本線／北野線

京都府

京都の電車の伝統を守る嵐電

京都らしい鉄道写真を撮るのは案外難しい。かつてのように市電が街を縦横に走っていた頃は、寺社や町家を背景に撮ることが容易だったが、今では嵐電（京福《けいふく》電気鉄道）と叡《えい》電（叡山《ざん》電車）の沿線くらいになってしまった。実はこの二つの電車、姉妹関係にある。

嵐電の歴史は明治39年（１９０６）に神戸川崎財団が敷設免許を得たことに始まる。翌年には社名を嵐山電車軌道に定め、明治43年、京都（現・四条大宮《しじょうおおみや》）〜嵐山《あらしやま》間で開業した。嵐電という通称は当時からのものだ。

嵐電は電力供給事業にも乗り出したが逆に経営が苦しくなり、大正7年（１９１８）に京都電燈に吸収合併された。

これをきっかけに京都電燈は鉄道経営に積極的となり、嵐電が建設を計画していた北野線（北野〜帷子ノ辻《かたびらのつじ》）を開業。さらに大正14年に、叡電とその先の鋼索《こうさく》線も開業した。

京福電気鉄道（嵐山本線／北野線）

▶Keifuku Electric Railroad

明治43年（1910）開業

嵐山本線 四条大宮▶嵐山 7.2km

北野線 北野白梅町▶帷子ノ辻 3.8km

明治43年（1910）に嵐山電車軌道が京都（現・四条大宮）～嵐山間で開業。大正7年（1918）、京都電燈が吸収合併。同14年、北野（廃駅）～高雄口（現・宇多野《うたの》）開業、翌年には嵐山本線と接続した。昭和17年（1942）、京福電気鉄道に譲渡。

木嶋坐天照御魂神社《このしまにますあまてるみたまじんじゃ》

天之御中主神、大国魂神、穂々出見命、鸕茅葺不合命、瓊々杵尊
京都府京都市右京区太秦森ヶ東町50
075-861-2074
京福電鉄嵐山本線（嵐電）蚕ノ社駅より徒歩約5分または、京都市営地下鉄東西線太秦天神川駅より徒歩約5分

天之御中主神《あめのみなかぬしのかみ》ほか四柱の神を祀る。創建年代は不詳。廣隆寺とともに創建されたともいう。三柱鳥居（※）があることでも有名。通称の蚕ノ社《かいこのやしろ》は境内社の蚕養《こがい》神社のことである。

※鳥居を三基組み合わせたもので、上から見ると三角形を成す。

謎の地名「太秦《うずまさ》」と秦《はた》氏が伝えた外来信仰

長谷川龍生《はせがわりゅうせい》氏の詩に、こんな一節がある。

「つぎは　太秦でござります／ウッズ・マーサ　それは古代ヘブル語か」

たしかに古代ヘブライ語起源説を説く人もいるが、秦酒公《はたのさけのきみ》が絹をうずたかく積んで天皇に献上して禹豆麻佐《うずまさ》の姓を賜わったという『日本書紀』の話に起源を求めるのが一般的だ。

秦氏は渡来系の氏族で平安遷都以前から京都を開拓していた。彼らが外来の信仰をこの地に伝えたと考える研究者も多く、木嶋坐天照御魂神社の三柱鳥居にその影響を見る説もある。

日本最古ともいう廣隆寺も秦氏の氏寺だ。外来信仰の仏教も彼らから広まったのだろうか。

庵隆寺《こうりゅうじ》

薬師如来、聖徳太子
京都府右京区太秦蜂岡町32
075-861-1461
京福電鉄嵐山本線（嵐電）太秦広隆寺駅より徒歩すぐ

推古《すいこ》天皇11年（603）に秦河勝《はたのかわかつ》が聖徳太子《しょうとくたいし》より賜わった仏像を安置して創建したという。国宝の弥勒菩薩半跏思惟像（宝冠弥勒）がその像だともいわれている。

幻の愛宕山鉄道

実は嵐電には〝その先〟があった。愛宕《あたご》神社が鎮座する愛宕山に向かう、その名も愛宕山鉄道である。

これは嵐山から清滝《きよたき》までの平坦線と清滝川《きよたきがわ》から山上の愛宕まで登る鋼索線（ケーブルカー）から成っており、昭和4年（1929）に開業したが、戦時中に休止に追い込まれた。

鋼索線廃線跡…愛宕山の登山道の脇にまっすぐに続く線路跡が見られる。トンネルなども残っているが崩落箇所もあり、近寄るのは危険。

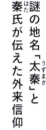

車折神社《くるまざきじんじゃ》

清原頼業公
京都府京都市右京区嵯峨朝日町23
075-861-0039
京福電鉄嵐山本線（嵐電）車折神社駅より徒歩すぐ、またはJR山陰本線（嵯峨野線）嵯峨嵐山駅より徒歩約10分

平安時代後期の儒学者、清原頼業《きよはらのよりなり》公を祀る。約束や誓いが守られる御神徳があるとされる。社名は後嵯峨《ごさが》天皇の牛車の轅《ながえ》が社頭で折れたことによる。

1 鳥居と嵐電…嵐電の撮影ポイントの一つ。ただし、ここは神社の裏口にあたる。撮影は参拝の後で。

2 参道…参道には多くの摂社末社が鎮座する。芸能神社・清少納言社がとくに女性に人気がある。

2

1

嵐電の道行きは謡曲の世界？

前ページで紹介した長谷川龍生氏の詩は「京都の町の不思議な電車」という。嵐電を題材とした作品で、こんな一節もある。「つぎは　帷子《かたびら》ノ《の》辻《つじ》でございます／つぎは　車折《くるまざき》でございます／つぎは　鹿王院《ろくおういん》でございます／つぎは　嵯峨野《さがの》でございます／これでは　まるで中世の謡曲電車にゆられているようなものだ」

謡曲とは能の脚本のこと。能には神霊や亡霊と人の交流を描いた幻想的な話が多いが、嵐電の駅名もそんな物語を秘めている。たとえば帷子ノ辻は檀林《だんりん》皇后が自らの遺体を放置させた場所とされ、嵯峨野は旅僧が六条《ろくじょうの》御息所《みやすどころ》の霊と出会う場所として謡曲「野宮《ののみや》」に描かれている。

鹿王院《ろくおういん》

釈迦如来、十大弟子
京都府京都市右京区嵯峨北堀町24
075-861-1645
京福電鉄嵐山本線（嵐電）鹿王院駅より徒歩約3分、またはJR山陰本線（嵯峨野線）嵯峨嵐山駅より徒歩約5分

足利義満《あしかがよしみつ》によって創建された寺院。もとは宝幢寺《ほうどうじ》の塔頭《たっちゅう》であったが、応仁《おうにん》の乱で宝幢寺は廃絶。舎利殿には釈迦如来の仏牙《ぶつげ》舎利（歯）を安置している。

天龍寺の庭園…曹源池《そうげんち》庭園という。夢窓疎石《むそうそせき》が作庭した池泉回遊式庭園で、1200坪（約4000㎡）ある。国の史跡・特別名勝。石組みで表した龍門の滝や釈迦三尊を象徴する三尊石も見応えあるが、嵐山や亀山を借景とした構成が見事。曹源池という名は、池の泥をさらっている時に「曹源一滴」と書かれた石碑が見つかったことによる。

天龍寺《てんりゅうじ》

- 釈迦如来
- 京都府京都市右京区嵯峨天龍寺芒ノ馬場町68
- 075-881-1235
- 京福電鉄嵐山本線（嵐電）嵐山駅より徒歩約1分、または阪急嵐山線嵐山駅より徒歩約15分

正しくは霊亀山天龍資聖禅寺《れいきさんてんりゅうしせいぜんじ》。臨済宗《りんざいしゅう》天龍寺派大本山。足利尊《あしかがたか》氏《うじ》が後醍醐《ごだいご》天皇の霊を弔うために夢窓疎石《むそうそせき》を開山に迎えて暦応《りゃくおう》2年（1339）に創建した。

天龍寺の境内だった景勝地・嵐山

かつて嵐山（ここでは山の名前ではなく、天龍寺や渡月橋《とげつきょう》などがある一帯の地名として用いる）には嵯峨天皇の皇后、橘嘉《たちばなのか》智子《ちこ》が建てた檀林寺《だんりんじ》があった。皇后もここに住まわれたので檀林皇后と呼ばれた。

檀林寺はのちに衰微したが、後嵯峨《ごさが》天皇の仙洞《せんとう》御所、亀山《かめやま》天皇の亀山殿《かめやまどの》が営まれ、後醍醐《ごだいご》天皇も幼少期を過ごされた。こうした由緒から、足利尊氏は後醍醐天皇の霊を慰める天龍寺をここに建立した。その莫大な費用を賄うため天龍寺船を元《げん》に派遣するほどの熱の入れようだった。

こうして創建された寺院の境内は広大なものであった。渡月橋も亀山も嵐山山頂も、みな天龍寺の境内に含まれていた。

野宮神社《ののみやじんじゃ》

- 野宮大神（天照皇大神）
- 京都府京都市右京区嵯峨野々宮町1
- 075-871-1972
- 京福電鉄嵐山本線（嵐電）嵐山駅より徒歩約10分、またはJR山陰本線（嵯峨野線）嵯峨嵐山駅より徒歩約10分

伊勢神宮《いせじんぐう》に仕える斎宮《さいくう》（斎王《さいおう》）が伊勢に赴く前に身を清めた神社。『源氏物語』賢木《さかき》の舞台として有名。毎年10月には斎宮の伊勢下向を再現した斎宮行列が行われる。

仁和寺《にんなじ》

阿弥陀三尊
京都府京都市右京区御室大内33
075-461-1155
京福電鉄北野線（嵐電）御室仁和寺駅より徒歩約3分、またはJR山陰本線（嵯峨野線）円町駅よりバスで約10分「御室仁和寺」下車すぐ

真言宗《しんごんしゅう》御室《おむろ》派の総本山。宇多《うだ》天皇が父の光孝《こうこう》天皇の御祈願を継いで仁和《にんな》4年（888）に創建。天皇は叙位後出家して当寺に入ったことから御室御所とも呼ばれた。

総本山・大本山の集中地区――嵐電沿線

嵐電の沿線は謡曲世界であるばかりではない。総本山・大本山の集中地帯でもある。

西から順にあげてみよう。

まず嵐山には、臨済宗天龍寺《りんざいしゅうてんりゅうじ》派大本山の天龍寺がある。隣の嵐電嵯峨《さが》駅から徒歩25分ほどのところには、真言宗大覚寺《だいかくじ》派大本山の大覚寺がある。

北野線に入って御室仁和寺《おむろにんなじ》駅前には真言宗御室派総本山の仁和寺があり、隣の妙心寺駅の南には臨済宗妙心寺《りんざいしゅうみょうしんじ》派大本山の妙心寺がある。

このように総大本山が集まったのは、このあたりが皇族・貴族の別荘地であったことによる。それらの別荘が高僧に寄進されるなどして寺院となり、各地から修行者が集まったのである。

龍安寺《りょうあんじ》

釈迦如来
京都府京都市右京区龍安寺御陵下町13
075-463-2216
京福電鉄北野線（嵐電）龍安寺駅より徒歩約7分

もとは徳大寺《とくだいじ》家の別荘であったが宝徳《ほうとく》2年（1450）に管領細川《ほそかわ》勝元《かつもと》が義天玄承《ぎてんげんしょう》を招いて禅寺とした。15個の石で構成された石庭は、枯山水の傑作として世界的に有名。

嵯峨野観光鉄道…線路は保津川《ほづがわ》に沿って敷かれており、渓谷美が楽しめる。とくに春と秋は花や紅葉に列車が包まれるようだ。

門前沿線探訪

嵯峨野《さがの》観光鉄道

電化・複線化のため廃止となったJR山陰本線の嵯峨～馬堀間の旧線を利用した観光鉄道。平成3年（1991）にトロッコ嵯峨～トロッコ亀岡の7・3キロで開業。

トロッコを客車として使用しているのですべての駅名にトロッコがついている。全4駅。平均時速25キロ。上りは26分、下りは23分かかる。

北野天満宮《きたのてんまんぐう》

- 菅原道真公
- 京都府京都市上京区馬喰町
- 075-461-0005
- 京福電鉄北野線（嵐電）北野白梅町駅より徒歩約5分

学問の神として広く信仰を集めてきた菅原道真公《すがわらのみちざね》（菅公《かんこう》）を御祭神とする全国約1万200社の天満宮、天神社の総本社。平安京のもっとも重要な北西（乾《いぬい》の方角）「天門」に位置し、古来、天神地祇《ちぎ》を祀る聖地であり、天神信仰発祥の地として崇敬される。

平野神社《ひらのじんじゃ》

- 今木皇大神、久度大神、古開大神、比賣大神
- 京都府京都市北区平野宮本町1
- 075-461-4450
- 京福電鉄北野線（嵐電）北野白梅町駅より徒歩約10分

もとは宮中に祀られていたが、平安遷都に伴い現在地に遷座した。源氏など臣籍降下《しんせきこうか》した氏族の氏神ともされた。境内には60種400本の桜のほか、さまざまな花が咲く。

北野線終着 天満宮の創建について

北野天満宮の創建は平安時代の天暦《てんりゃく》元年（947）、西の京に住んでいた多治比文子《たじひのあやこ》や近江国《おうみのくに》比良宮《ひらのみや》の神主・神良種《みわのよしたね》、北野朝《あさ》日《ひ》寺《でら》の僧・最珍《さいちん》らが現在の地に社殿を建て、菅公をお祀りしたのが始まりとされる。永延《えいえん》元年（987）に一条《いちじょう》天皇の勅使が派遣され、この時から「北野天満大自在天神」の神号が認められた。以後、代々皇室の崇敬を受け、国家国民を守護する神として崇められてきた。

北野という地名は平安京大内裏の北側にあった野の意とされ、天皇が大極殿《だいごくでん》から祈りをささげる際には北野の上空に北極星が輝くことから、天のエネルギーが満ちる聖地として信仰されるようになったという。

上七軒…京でも少なくなりつつある町屋が並ぶ。一見格式が高そうだが、意外に庶民的なお店も多い。25日の天神市はとくに賑わう。

門前沿線探訪

上七軒《かみしちけん》の町並み ―嵐電（北野白梅町駅）

北野天満宮の東門の先の通りを中心とした一角で、5つある京の花街のうち最古のもの。室町時代に北野天満宮造営の余材で7軒の水茶屋が造られたのが始まりとされる。

芸妓・舞妓の「北野をどり」が行われる歌舞練場のほか、和風小物の店や町屋カフェもあるので、若い女性も楽しめる。

JR
奈良線
NARA LINE
京都府

臨済宗《りんざいしゅう》 東福寺派大本山。摂政の九《く》條《じょう》 道家《みちいえ》が嘉禎《かてい》2年（1236）から19年の歳月をかけて建立。通天橋《つうてんきょう》は紅葉の名所として有名。

東福寺《とうふくじ》

釈迦如来
京都府京都市東山区本町15-778
075-561-0087
JR奈良線東福寺駅より徒歩約10分、または京阪京阪本線鳥羽街道駅より徒歩約8分

国鉄の奈良線にも東寺《とうじ》駅があった話

JR稲荷駅の駅舎は社寺風駅舎となっている。しかし、鉄道史においては、この駅舎より隣の粗末なレンガ造りの小屋のほうが重要だ。

この小屋はランプ小屋といい、明治12年（1879）に建てられた。実はこの小屋は、かつて東海道本線が稲荷駅を通っていた証なのである。つまり、稲荷〜京都間は奈良線ではなく、東海道本線であったのだ。

では、奈良線はどこを通っていたかというと、今の近鉄京都線のルートを通っていた。そして、近鉄の東寺駅がある場所に、やはり東寺駅があった。

奈良線が今のルートになったのは大正10年（1921）のこと。東山《ひがしやま》トンネルが完成して東海道本線がまっすぐ京都駅に入れるようになったためだ。

なお、JR奈良線は京都府内しか走っていない。並走する近鉄線は京都線で、近鉄の奈良線は大阪と奈良を結んでいる。

西日本旅客鉄道（奈良線）
▶West Japan Railway Company

明治28年（1895）開業
奈良線 京都▶木津 34.7km

明治12年（1879）、官営鉄道として京都〜稲荷〜大谷《おおたに》間営業開始。同28年、奈良鉄道が京都〜伏見《ふしみ》間で開業。同29年、木津《きづ》までの奈良線全通。同38年、関西鉄道に路線を譲渡。同40年、関西鉄道国有化。大正10年（1921）、東海道本線の京都〜稲荷間を奈良線に編入、奈良線の京都〜伏見間廃止。

萬福寺《まんぷくじ》

- 釈迦如来
- 京都府宇治市五ケ庄三番割34
- 0774-32-3900
- JR奈良線・京阪宇治線黄檗駅より徒歩約5分

黄檗宗《おうばくしゅう》大本山。日本の禅僧らの招聘に応じて来日した隠元隆琦《いんげんりゅうき》が、徳川家綱《とくがわいえつな》を開基として寛文《かんぶん》元年（1661）に開創。中国様式の伽藍や儀礼が見所。中国風精進料理の普茶《ふちゃ》料理も有名。

JR奈良線沿線の古寺社をめぐる

では、JR奈良線に沿って古寺社をめぐっていこう。

まず東福寺駅。東福寺、泉涌《せんにゅう》寺《じ》、今熊野《いまくまの》観音《かんのん》寺《じ》、戒光《かいこう》寺《じ》などがある。

稲荷駅は言うまでもなく伏見稲荷大社の前にある。時間があればお山をめぐった後、石峰《せきほう》寺《じ》や宝塔《ほうとう》寺《じ》もお参りしたい。次の藤森《ふじのもり》駅は勝運の神様ともいわれる藤森神社の最寄り駅だ。

桃山駅からは伏見桃山陵（明治天皇陵）と桓武《かんむ》天皇陵、御香《ごこうの》宮《みや》神社が近い。

六地蔵駅の近くには駅名の由来となった大善寺《だいぜんじ》がある。

黄檗《おうばく》駅は黄檗宗大本山萬福寺の門前。宇治《うじ》駅からは平等院《びょうどういん》、県《あがた》神社、宇治上《うじがみ》神社、宇治《うじ》神社などが詣でられる。

写真提供:平等院

平等院《びょうどういん》

- 阿弥陀如来
- 京都府宇治市宇治蓮華116
- 0774-21-2861
- JR奈良線・京阪宇治線宇治駅より徒歩約10分

藤原頼通《ふじわらのよりみち》が永承《えいしょう》7年（1052）に創建。極楽浄土の宝殿を模した鳳凰堂（阿弥陀堂）はその翌年に完成した。本尊の阿弥陀如来坐像は定《じょう》朝《ちょう》作とわかる唯一の像である。

門前沿線探訪

源氏物語ミュージアム
―JR奈良線・京阪宇治線（宇治駅）

平安時代、宇治は一種の霊地と考えられていた。藤原氏の墓所であった木幡《こはた》より先の地であったからかもしれない。『源氏物語』最後の十帖（宇治十帖）が宇治を舞台としたのも、そうした聖地性を意識したものと思われる。ミュージアム内には常設展示室のほか、企画展示室、図書室、ミュージアムショップなどがある。

宇治市源氏物語ミュージアム…平成10年(1998)開館。模型や映像などを通して『源氏物語』の世界が体感できる。

京都府宇治市宇治東内45-26

南海

NANKAI

高野線

大阪府
和歌山県

南海高野線は都市郊外路線と山岳路線の2つの顔をもつ。河内長野《かわちながの》あたりまで通勤通学のための都市型鉄道の顔だが、紀ノ川《きのかわ》を渡ると一変する。

高野街道と重なる南海高野線

高野山山上には高野山真言宗《しんごんしゅう》総本山金剛峯寺《こんごうぶじ》がある。その歴史は弘仁《こうにん》7年（816）に弘法《こうぼう》大師空海《くうかい》が嵯峨《さが》天皇より高野山を下賜された時に始まる。空海はここを真言密教の根本道場とすべく、自ら山に籠もって建設にあたった。そして、奥の院に葬られた。

こうしたことから高野山は真言宗の総本山であるとともに、弘法大師の聖地として宗派を超えて信仰されてきた。参詣者は文字通り全国から集まったので、参道も一つではなく、主なものでも7つあった。

畿内からの道も3本あり、東高野街道・西高野街道・中高野街道と呼ばれていた。これらの街道は河内長野《かわちながの》で合流し、高野山を目指した。河内長野以降の道は高野線とほぼ重なる。

ちなみに表参道の町石道《ちょういしみち》は、この道より西側から高野山を登る。空海が高野山を開いた時に歩いた道だという。

南海電気鉄道（高野線）

▶Nankai Electric Railway

明治31年（1898）開業

高野線 汐見橋▶極楽橋 64.5km

明治31年（1898）、高野鉄道が大小路《おおしょうじ》（現・堺《さかい》東《ひがし》）～狭山《さやま》間で開業。翌々年には路線を道頓堀《どうとんぼり》（現・汐見橋《しおみばし》）～長野（現・河内長野）まで延ばしたが、同40年に事業を高野登山鉄道に譲渡した。大正4年（1915）、橋本《はしもと》まで延伸。同11年、南海鉄道と合併。昭和4年（1929）、極楽橋《ごくらくばし》まで延伸し全通した。

百舌鳥八幡宮《もずはちまんぐう》

応神天皇、神功皇后、仲哀天皇、住吉大神、春日大神
大阪府堺市北区百舌鳥赤畑町5-706
072-252-1089
南海高野線百舌鳥八幡駅より徒歩約10分、またはJR阪和線百舌鳥駅より徒歩約10分

百舌鳥古墳群近くに鎮座する古社。神功《じんぐう》皇后が遠征からの帰途立ち寄った地で、欽明《きんめい》天皇の御代に社殿が建てられたといわれる。ふとん太鼓を担ぐ中秋の月見祭で有名。

高野線の延伸によって変遷した高野山参道

かつての参詣者たちは高野街道を何日もかけて歩いて高野山を詣でていた。街道には宿場ができ、参詣者を相手とする宿屋や飯屋、土産物屋が軒を並べた。

参詣者は、途中の寺社にも立ち寄って旅の安全を祈った。たとえば東高野街道であれば、石《いわ》清水八幡宮《しみずはちまんぐう》・枚岡《ひらおか》神社・観心《かんしん》寺《じ》・金剛寺《こんごうじ》などを詣でた。

しかし、鉄道の登場によりそれらの宿場は素通りされることになり、次々と寂れていった。沿道の寺社も運命を共にすることが少なくなかった。こうしたことは鉄道の普及により全国で起こったが、高野山の場合は鉄道が一気に山上に至らなかったため、参道が時代とともに徐々に移動するという珍事があった。

萩原神社《はぎわらじんじゃ》（萩原天神《はぎわらてんじん》）

菅原道真公、天穂日命ほか
大阪府堺市東区日置荘原寺町75-1
072-285-0295
南海高野線萩原天神駅より徒歩約2分

通称を萩原天神といい、高野線の駅名はこちらを使っている。社伝によると天徳《てんとく》3年（959）に創建されたという。だんじりが出る秋祭や泣きすもうでも知られる。

門前沿線探訪

百舌鳥《もず》・古市《ふるいち》古墳群
—南海高野線（三国ヶ丘駅）

堺《さかい》市、羽曳野《はびきの》市、藤井寺《ふじいでら》市の3市にまたがる巨大古墳群。4世紀後半～6世紀前半の古墳89基があるが、もとは200基以上あったと考えられている。古墳群の中には世界最大の墳墓といわれる仁徳《にんとく》天皇陵古墳やこれに次ぐ応神《おうじん》天皇陵古墳が含まれており、この地に強大な権力を持つ王権があったことがわかる。

仁徳天皇陵古墳…大仙陵古墳ともいう。5世紀中頃に造られた前方後円墳で全長486mある。
大阪府堺市堺区大仙町7-1

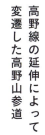

門前沿線探訪

狭山《さやま》の史跡めぐり
—南海高野線（金剛駅ほか）

　高野線金剛駅は昭和12年（1937）に四国八十八箇所霊場の出開帳を行うために造られた、なんとも聖地鉄道な駅。街の歴史も古い。駅前の狭山神社は崇神《すじん》天皇の御代の創建ともいい、市内最古の神社。狭山池もその頃に造られた人工池とされる。蓮光寺《れんこうじ》跡は白鳳《はくほう》時代の寺院跡だ。

狭山池公園…狭山池周辺は整備されて公園になっている。狭山池博物館もある。

大阪府大阪狭山市岩室

南海高野線沿線 古社寺めぐり

　参道の変遷について述べる前に、高野線沿線に鎮まる古社寺について述べておきたい。大阪側から述べる。

　まず、最初の今宮戎《いまみやえびす》駅の前には十日戎《とおかえびす》で有名な今宮戎神社が鎮座する。住吉大社《すみよしたいしゃ》は南海本線住吉大社駅が近いが、高野線の東住吉駅は末社の大歳社《おおとししゃ》に近い。

　百舌鳥八幡駅・萩原天神駅は駅名の通り、それぞれ百舌鳥八幡宮・萩原神社の最寄り駅。

　河内長野駅からは、いずれも国宝の本尊を有する観心寺・金剛寺に行ける。

　九度山《くどやま》は真田幸村《さなだゆきむら》ゆかりの地としても有名だが、空海の母が滞在したという慈尊院《じそんいん》と、高野山の土地神を祀る丹生官省符神社がある。

観心寺《かんしんじ》

如意輪観音菩薩
大阪府河内長野市寺元475
0721-62-2134
南海高野線・近鉄長野線河内長野駅よりバスで約12分「観心寺」下車すぐ

大宝《たいほう》元年（701）に役小角《えんのおづぬ》が創建。大同《だいどう》3年（808）に空海《くうかい》が境内に天の北斗七星を勧請、弘仁《こうにん》6年（815）には自刻の如意輪観音菩薩を安置して観心寺と改称したという。

1 建掛塔…楠木正成《くすのきまさしげ》が建立したと伝わる塔。三重塔の予定だったが、正成が戦死したため未完になったという。

2 金堂…大阪府下最古級の国宝建造物（室町時代）。和様・禅宗様・大仏様の折衷様式で建てられている。

慈尊院と丹生官省符神社

慈尊院と丹生官省符神社は高野山の表参道（町石道）の入口、九度山に鎮座している。

かつて高野山は女人禁制であったため、空海の母・玉依《たまより》御前はこの地に留まってわが子の無事を祈ったという。空海も孝養のため月に9度訪れたことから九度山という地名がついたと伝えられている。

慈尊院《じそんいん》

弥勒菩薩
和歌山県伊都郡九度山町慈尊院832
0736-54-2214
南海高野線九度山駅より徒歩約20分

弘仁《こうにん》7年（816）に高野山の造営の庶務を司る政所《まんどころ》として空海が建立。母の玉依御前はこの地で亡くなられたため境内に廟が建てられ、廟内に弥勒菩薩（慈尊）を安置して母の化身として崇められた。子宝・安産・乳癌祈願などで知られる。

丹生官省符神社《にうかんしょうぶじんじゃ》

丹生都比売大神(丹生明神)ほか
和歌山県伊都郡九度山町慈尊院835
0736-54-2754
南海高野線九度山駅より徒歩約30分

空海は高野山に真言宗の根本道場を開くにあたって、土地神である丹生都比売《にうつひめの》大神《おおかみ》、高野御子大神《たかのみこのおおかみ》から許しを得たという。その報謝として慈尊院壇上に丹生官省符神社を建立した。

鉄道の延伸による高野山参道の変遷史

京・大阪から高野山へと向かう高野街道は、学文路《かむろ》から高野山に入った。そのため学文路は参詣者の往来で賑わった。

ところが明治34年（1901）に紀和《きわ》鉄道（現・JR和歌山線）の名倉《なぐら》駅（現・高野口駅）が開業されると、参道は九度山・長《なが》坂《さか》を通る道に替わった。この道は大正時代にかけて賑わい、新高野街道などと呼ばれた。

しかし、大正14年（1925）になると、南海電気鉄道が高野山駅（現・高野下駅）を開業。賑わいはこちらに移ったが、これも束の間。昭和3年(1928)には神谷《かみや》まで延伸、翌年には極《ご》楽橋《くばし》まで全通した。昭和6年鋼索線も通じ、参詣路はすっかり寂れてしまった。

門前沿線探訪

九度山《くどやま》と真田家《さなだ》
―南海高野線（九度山駅）

九度山は関ヶ原《せきがはら》合戦で西軍に味方した真田幸村《ゆきむら》が大坂冬の陣までの14年間、父の昌幸とともに過ごした場所。そのゆかりから、九度山駅では真田家の家紋と甲冑の赤揃えをデザインした赤地に六文銭のマークがあちこちに見られる。

真田幸村ファンにとって上田と並ぶ聖地である九度山。真田父子が閑居した真田庵（写真右）やその生涯をパネルと映像で紹介する九度山・真田ミュージアム（写真左）は必見だろう。

高野山《こうやさん》…真言宗の根本聖地。金堂・根本大塔などがある壇上伽藍、空海の廟がある奥之院のほか、117の寺院、大学、高校、病院、警察、飲食店などもあり宗教都市をなしている。なお、極楽橋と高野山を結ぶ高野山ケーブルは昭和5年(1930)開業。昭和3年に完成した社寺風駅舎の高野山駅は、国の登録有形文化財。

高野山真言宗《こうやさんしんごんしゅう》 総本山金剛峯寺《そうほんざんこんごうぶじ》

- 薬師如来
- 和歌山県伊都郡高野町高野山132
- 0736-56-2011
- 南海高野線極楽橋駅より南海高野山ケーブルに乗り換え、ケーブルカー「高野山駅」下車、バス約10分「金剛峯寺前」下車すぐ

高野山真言宗《しんごんしゅう》総本山。もともと金剛峯寺は高野山全体を指す呼称であったが、明治に入って高野山を統括する寺院となった。座主の住房でもある。

高野山内の古道めぐり 町石道《ちょういしみち》と女人道《にょにんみち》

最後に高野山内の古道について述べておきたい。

町石道は高野山の表参道で、1町（約109メートル）ごとに角塔婆形の石柱が立てられているので、この名がある。

町石は九度山の慈尊院から壇上伽藍まで180基あり、さらに奥之院まで36基が立てられている。町石には仏を象徴する梵字が彫り込まれているので、熱心な参詣者は真言を唱えて礼拝をして登った。

しかし、かつて女性は高野山の中心部まで行くことはできなかった。そのため7つの入口それぞれに女人堂《にょにんどう》があり、そこから内へは立ち入りが禁じられた。

この女人堂を結んで結界の外縁をめぐる道が女人道である。

撮影ポイントガイド

丹生川《にうがわ》橋梁（九度山〜高野下）

九度山〜高野下の森林鉄道跡が遊歩道になっていて、その途中にある。橋の下の龍王渓を入れて撮りたい。

高野線の撮影スポットはほかに紀伊神谷〜極楽橋（山の上から見下ろした構図で撮れる）、狭山駅付近（桜の名所）などがある。

和歌山電鐵

WAKAYAMA DENTETSU

貴志川線

和歌山県

たま電車は、存亡の危機に瀕した貴志川線を救った〝たま駅長〟をモチーフにした列車。101匹のたま駅長のイラストのほか内装も凝っている。

DESIGNED BY EIJI MITOOKA+DON DESIGN ASSOCIATES

駅構内の神社に祀られた猫駅長たま

平成15年（2003）、貴志《きし》川《かわ》線は廃止の危機に直面していた。採算の見通しが立たないため、当時の運営会社の南海が廃止を検討していたのだ。

これを聞いた市民の間から存続運動が起こり、岡山電気軌道が子会社（和歌山電鐵）を作って運営を引き継ぐことになった。

しかし、貴志川線をめぐる状況がよくなったわけではなく、その経営は厳しいものになると予想された。この窮状を救ったのが三毛猫のたまであった。

たまは貴志川線の貴志《きし》駅の倉庫で母猫とともに飼われていた。会社が替わった後も引き続き駅で飼わしてほしいと要望された和歌山電鐵社長は、たまを駅長にすることを思いついたという。

このアイデアはヒットし、たまはたちまち人気者となった。試算によると、その経済効果は初年度だけで1億円に上った。こうした功績から、たまは貴志駅のたま神社に祀られた。

和歌山電鐵（貴志川線）

▶Wakayama Electric Railway

大正5年（1916）開業

貴志川線 和歌山▶貴志 14.3km

大正5年（1916）、山東軽便鉄道が大橋《おおはし》～山東《さんどう》（現・伊太祈曽《いだきそ》）間で開業。昭和6年（1931）、和歌山鉄道に社名変更。同36年、南海電気鉄道と合併。平成18年（2006）、和歌山電鐵に事業譲渡。同19年、たまが貴志駅の駅長に就任。

DESIGNED BY EIJI MITOOKA+DON DESIGN ASSOCIATES

日前神宮《ひのくまじんぐう》・國懸神宮《くにかかすじんぐう》

日前大神、國懸大神、思兼命、石凝姥命、玉祖命、明立天御影命、鈿女命
和歌山県和歌山市秋月365
073-471-3730
和歌山電鐵貴志川線日前宮駅より徒歩約1分

同一境内に2社が並んで御鎮座する。紀伊国《きいのくに》一宮。両神宮には、天の岩屋神話に由来する御鏡が御神体としてお祀りされている。御創建は、神武《じんむ》天皇の御代にまでさかのぼる。写真は國懸神宮。

1 日前神宮本殿・拝殿…大正14年（1925）の造営で、本殿は翌年に完成。流入《ながれいり》母屋造《もやづくり》の本殿を囲む玉垣内には平成15年（2003）に新築された祝詞殿《のりとでん》も建つ。

2 神楽殿…毎年7月26日の夕方より、この神楽殿において日前宮薪能《にちぜんぐうたきぎのう》が奉納される。

参詣する数多《あまた》の旅客に便利を与ふるのみならず

地図を見ると、貴志川線が主要神社の社頭に近づくべく何度も大きくカーブしていることに気づく。このような線路の敷き方ができたのも、もともとは小型の汽車が走る軽便鉄道であったからだが、いかに神社への参詣者が重要な収入源であったかもここから読み取れる。

貴志川線の前身、山東《さんどう》軽便鉄道が参詣者の輸送を主要目的としていたことは、その発起趣意書にも書かれている。「日前・伊《い》太祁曽《たきそ》・竈山《かまやま》の三大神社に参詣する数多の旅客に便利を与ふるのみならず地方の富源を開発し産業を発達せしむる」

この三社を巡拝することは西国三社参りといい、今も人気のある小巡礼となっている。

竈山神社《かまやまじんじゃ》

彦五瀬命、神日本磐余彦命、御毛入沼命、稲飯命、高倉下命、可美眞手命、天日方奇日方命ほか
和歌山県和歌山市和田438
073-471-1457
和歌山電鐵貴志川線竈山駅より徒歩約10分

神武《じんむ》天皇の兄の彦五瀬命《ひこいつせのみこと》を祀る。彦五瀬命は神武天皇の東征に従っていたが、途上で戦死し、竈山に葬られたという。赤ちゃんへの名づけ信仰でも有名。

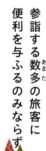

撮影ポイントガイド

大池遊園《おいけゆうえん》（山東《さんどう》～大池遊園間）

周囲4kmの池を中心とした公園。桜の名所でもある。池の上を走る列車を水面の映り込みを含めて狙いたい。

貴志川線の撮影ポイントは、大池遊園のほかに車両基地がある伊太祈曽駅、山を背景に田の中を走る列車が撮れる吉礼《きれ》～伊太祈曽など。

伊太祁曽神社《いたきそじんじゃ》

- 五十猛命、大屋都比賣命、都麻津比賣命
- 和歌山県和歌山市伊太祈曽558
- 073-478-0006
- 和歌山電鐵貴志川線伊太祈曽駅より徒歩約5分

日本の国土に樹木を植えた神とされる五十《い》猛命《たけるのみこと》を祀る。もとは日前・國懸神宮の場所に鎮座していたが、垂仁《すいにん》天皇の御代に現在地に遷座したという。紀伊国一宮。

まだある貴志川線沿線の古社名刹

貴志川線沿線の聖地は三社参りの三社だけではない。

日前宮《にちぜんぐう》駅は日前・國懸神宮の最寄り駅だが、菅原道真《すがわらのみちざね》が大宰《だざい》府《ふ》に赴く途上で立ち寄った地とされる津秦《つはた》天満宮も近い。伊太祈曽駅は熊野古道が近く、JRの布施屋《ほしゃ》駅あるいはJRの海南《かいなん》駅まで歩くことができる。どちらも2時間ほど。山東《さんどう》駅からは足の怪我にご利益があるとしてサッカー選手などからも篤く信仰されている足守《あしがみ》神社へ行ける。

たま神社…貴志駅のホームの脇に鎮座する。たま駅長が死んだ年の平成27年（2015）創建。

大國主神社《おおくにぬしじんじゃ》

- 大國主命、天照皇大神、少名毘古那命、権大神
- 和歌山県紀の川市貴志川町国主1
- 0736-64-6775
- 和歌山電鐵貴志川線貴志駅より徒歩約10分

大國主命《おおくにぬしのみこと》を主祭神とする縁結びの神社。大きな握り飯を象った「盛物《もりもの》」を引いて練り歩く大《お》飯《い》盛物祭《もりものまつり》は天下の奇祭として有名。大國主命がまだ若い頃、八十神《やそがみ》の迫害から逃れて五十猛命のもとに赴く途上でこの地に立ち寄ったとされる。その後、嵯峨《さが》天皇が社殿を建てたと伝わる。

阪急といえばチョコレート色の車両。路線沿線のイメージとも相まって高級感が漂う。背景は寺社より郊外住宅のほうが似合うのであるが……。

阪急

HANKYU

宝塚本線／箕面線

大阪府
兵庫県

ミミズ電車から私鉄経営のモデルへ

現在の阪急宝塚本線を建設したのは箕面有馬《みのおありま》電気軌道であった。この会社の設立者は、JR福《ふく》知山《ちやま》線の主要部分を建設した阪《はん》鶴《かく》鉄道の幹部であった。彼らはせっかく造った路線が国有化されたことへの反省から、近郊路線への転換をはかり、梅田《うめだ》と有馬温泉を結ぶ鉄道を計画した。

そして、明治43年（1910）、梅田～宝塚間が開業した。しかし、その前途には数多くの難題が待ち受けていた。

まず宝塚から有馬への延伸は、有馬温泉の旅館の反対や、山岳部の工事の難航が予想されたことから断念することになった。また、建設済みの部分も乗客数が伸び悩み、畑の中を走っていたことからミミズ電車と揶《や》揄《ゆ》されるほどであった。この難局を、同社専務だった小林一三《こばやしいちぞう》は沿線に住宅や娯楽施設を造ることで乗り切った。この方式は私鉄経営のモデルとなり、私鉄各社に広まっていった。

阪急電鉄（宝塚本線／箕面線）

▶Hankyu Corporation

明治43年（1910）開業

宝塚本線 梅田▶宝塚 24.5km

箕面線 石橋▶箕面 4.0km

明治43年（1910）、箕面有馬電気軌道が梅田～宝塚間、石橋～箕面間で開業。大正3年（1914）、売《め》布《ふ》神社駅開業。同7年（1918）、阪神急行電鉄に社名変更。同9年、十三《じゅうそう》駅より分岐して神戸本線開業。昭和48年（1973）、社名を阪急電鉄に変更。同53年（1978）、軌道から鉄道に変更。

服部天神宮《はっとりてんじんぐう》

少彦名命、菅原道真公
大阪府豊中市服部元町1-2-17
06-6862-5022
阪急宝塚本線服部天神駅より徒歩すぐ

諸国の機織部《はたおりべ》を総領した秦《はた》氏が奉斎した古社で少彦名命《すくなひこなのみこと》を祀る。菅《すが》原道真《わらのみちざね》公が当社に祈願して脚気が治ったという由緒から菅原道真公も合祀している。足の神様として信仰を集めている。豊中えびす祭でも有名。

能勢《のせ》街道沿いに敷かれた聖地鉄道・宝塚本線

宝塚本線も立派な聖地鉄道だということは、前身の社名からも明らかだ。箕面有馬電気軌道の箕面とは弁財天信仰で知られる箕面山《みのおやま》のことをいうからだ(現在、箕面山参詣者の輸送は支線の箕面線が担っている)。それだけではない。実は宝塚本線は、能勢妙見山《みょうけんざん》への参詣街道である能勢街道に沿って敷設されているのである。沿線に庶民信仰の寺社が多いのはこのためだ。主な寺社を列挙してみよう。

服部駅は服部天神宮の元境内にある。今もホームには御神木が残されている。萩の寺・東光《とうこう》院《いん》は曽根《そね》駅の近く、中山観音《なかやまかんのん》駅は中山寺《なかやまでら》へ徒歩1分。売布《めふ》神社駅・清荒神《きよしこうじん》駅はそれぞれ売布神社・清澄寺《せいちょうじ》の最寄り駅だ。

東光院《とうこういん》 萩の寺

薬師如来
大阪府豊中市南桜塚1-12-7
06-6852-3002
阪急宝塚本線曽根駅より徒歩約4分

天平《てんぴょう》7年 (735)に行基《ぎょうき》が薬師堂を建てたことに始まるという。もとは豊崎《とよさき》の里 (現・大阪市北区中津《なかつ》)にあり萩の寺として有名で、阪急電鉄開業当時の電車唱歌にも歌われる。宝塚本線敷設にともなう豊《とよ》中《なか》地域開発のため現在地に移転した。

門前沿線探訪

岡町《おかまち》駅周辺史跡めぐり
―阪急宝塚本線(岡町駅)

岡町駅前の商店街は能勢街道が駅前商店街になったユニークな場所。それだけに史跡も多い。

駅を出るとまず7世紀に創建された原田《はらだ》神社がある。すぐ近くには黄檗宗《おうばくしゅう》の瑞輪寺《ずいりんじ》も。商店街を抜けると円墳がある大塚《おおつか》公園。この一帯は古墳群なのでほかにも古墳がたくさんある。美術館や寄席もあるので一日楽しめる。

写真提供:豊中市教育委員会

旧羽室《はむろ》家住宅主屋 (応接室)…史跡原田城跡にある昭和初期に建てられた和洋折衷住宅。最寄りは岡町駅の隣の曽根駅。

大阪府豊中市曽根西町4-4-15

大本山《だいほんざん》 中山寺《なかやまでら》（中山観音《なかやまかんのん》）

- 十一面観世音菩薩
- 兵庫県宝塚市中山寺2-11-1
- 0797-87-0024
- 阪急宝塚本線中山観音駅より徒歩すぐ

西国三十三所第24番札所。聖徳太子《しょうとくたいし》が創建したと伝えられ、古来安産の霊験で知られてきた。本尊の十一面観音は女人救済の悲願を込められたインドの勝鬘夫人《しょうまんぶにん》19歳のお姿と伝えられる。

門前沿線探訪

中山寺食めぐり
―阪急宝塚本線（中山観音駅）

安産祈願の御利益で有名な中山寺は皇室の崇敬も篤く、その門前は古来賑わってきた。境内で食べられる名物の蓮ごはんや創業半世紀の寶菓《たからか》匠《しょう》菅屋《すがや》の金覆輪《きんぷくりん》など、グルメも充実している。なお、中山寺は長い歴史を持つ古刹ながらエレベーターやエスカレーターを完備しており、周辺にはお洒落なカフェなどもあるため、年齢や性別に関係なくだれでも門前歩きを楽しめる。

お休み処 梵天…中山寺境内にある和風カフェ。蓮の葉で蓮根ごはんを包んだ蓮ごはんが名物。

ヅカファンの聖地にしてマンガの神様の生誕地

宝塚本線を語る上で宝塚歌劇団のことを忘れるわけにはいかない。おそらくほとんどの日本人が、宝塚といえば歌劇団を連想するのではないだろうか。その創設も宝塚本線（当寺は箕面有馬電気軌道）振興のためであった。宝塚新温泉に造った室内プールが不評であったため、ここを舞台として少女たちに歌をうたわせたのが始まりである。大正3年（1914）のことだ。

この宝塚で少年時代を過ごしたのが、マンガの神様・手《て》塚《づか》治《おさ》虫《む》。彼は宝塚歌劇から大きな影響を受けており、『リボンの騎士』などレビューをマンガ化したような作品もある。宝塚はマンガの神様が〝誕生〟した場所でもあるのだ。

賣布神社《めふじんじゃ》

- 下照比売命(高比売神)、天稚彦神
- 兵庫県宝塚市売布山手町1-1
- 0797-86-4236
- 阪急宝塚本線売布神社駅より徒歩約5分

下照姫神《したてるひめのかみ》を祀る。下照姫神はこの地が貧しいことを知り、稲作と麻で服を織る方法を教えたとされ、人々は感謝のため推《すい》古《こ》天皇18年（610)に社殿を建立したという。

清荒神清澄寺《きよしこうじんせいちょうじ》

- 大日如来
- 兵庫県宝塚市米谷字清シ1
- 0797-86-6641
- 阪急宝塚本線清荒神駅より徒歩約15分

寛平《かんぴょう》8年（896）に宇多《うだ》天皇の勅願寺（※）として創建された。国の重要文化財に指定されているご本尊大日如来のほか、火の神である三《さん》宝荒神王《ぼうこうじんのう》を祀る神仏習合のお寺。

※天皇の発願によって建立された寺院。

露店も含め約200軒のお店が建ち並ぶ参道

庶民信仰の寺社には賑やかな参道がつきものだが、清荒神のそれはとりわけ長く、清荒神駅から約1・2キロ続く。ただ長いだけではない。ほかの参道とはお店の構成が少々異なる。

参道のお店の定番といえば、縁起物などの土産物を売る店、草餅などの名物菓子を売る店、地元料理の店、神仏具店などだ。もちろん、清荒神参道にもそうした店が多いが、そのほかに漬物の店や豆屋、佃煮屋などもあり、妙に生活感がある。

そのせいか、初めて見る風景なのにどこか懐かしい気分になる。普通なら1・2キロの上り坂はうんざりする長さだが、お店を眺めているだけで楽しく、また来たくなる。

門前沿線探訪

マンガと歌劇の聖地・宝塚 ―阪急宝塚本線（宝塚駅）

宝塚に来たら、やはり花のみちを歩いて宝塚大劇場は見ておきたい。レビューはちょっとという人も、その雰囲気に触れることができる。そのまま今津線のガードをくぐり少し行くと手塚治虫記念館がある。さらに進むと宝塚音楽学校の旧校舎、宝塚文化創造館がある。歌劇生などに出世神社と呼ばれる川面《かわも》神社はその先だ。

小林一三…1873〜1957年。阪急電鉄・宝塚歌劇団など阪急グループ創業者。美術品蒐集家でもある。

（写真：国立国会図書館蔵『私の生活信条』より）

宝塚市立手塚治虫記念館…5歳から24歳まで宝塚で過ごした手塚治虫の作品世界が満喫できる博物館。企画展も行われる。

兵庫県宝塚市武庫川町7-65

すみれミュージアム…宝塚文化創造館の2階にある文化施設。宝塚歌劇についての映像・展示を見ることができる。

兵庫県宝塚市武蔵川町6-12

明治期の宝塚温泉…宝塚温泉はもともと武庫川の右岸にあったが、阪急は左岸の開発に力を入れた。

（写真:国立国会図書館蔵『近畿名勝写真帖 続』より）

上新田天神社《かみしんでんてんじんしゃ》（千里天神《せんりてんじん》）

菅原道真公
大阪府豊中市上新田1-17-1
06-6834-5123
北大阪急行・大阪モノレール千里中央駅より徒歩約7分、または阪急千里線南千里駅より徒歩約20分

千里の氏神。元和《げんな》2年（1616）に幕府直轄領として上新田が開拓されるとともに創建。昭和36年（1961）、日本初の試みである千里ニュータウンの造成を経て今日に至る。

意外に古い阪急千里線

千里線というとニュータウンのイメージが強く、高度経済成長期の路線のように思えてしまうが、その歴史は大正10年（1921）にさかのぼり、意外に古い。千里の歴史はさらに古い。

その始まりは元和《げんな》2年（1616）だ。代官間《ま》宮《みや》三郎《さぶろう》右《う》衛《え》門《もん》が開拓し幕府の直轄領とした。その後、淀《よど》藩領となった。

北大阪電気鉄道がここに初めて路線を敷いた時、売り物は同社が開園した千里山《せんりやま》花壇であった。のんびりした田園であったが1960年代以降のニュータウン開発で様相を大きく変えていった。こうした変貌のなかでも、鎮守の千里天神は大切に守られてきた。

門前沿線探訪

大阪モノレール…営業距離が日本最長のモノレール。伊丹空港から千里中央、万博記念公園などを結ぶ。

阪急電鉄（千里線）

▶Hankyu Corporation

大正10年（1921）開業
千里線 天神橋筋六丁目▶北千里
13.6km

大正10年（1921）、北大阪電気鉄道が十三《じゅうそう》～豊津《とよつ》間で開業。同年、千里山《せんりやま》まで延伸。同12年、新京阪鉄道に路線譲渡。昭和24年（1949）、京阪神急行電鉄（のちの阪急電鉄）の路線となる。同42年、北千里まで延伸。同44年、万国博西口駅開設（翌年9月まで）。

能勢電鉄

NOSEDEN

妙見線

兵庫県
大阪府

車両はすべて阪急電鉄から譲渡されたもの。阪急カラーのチョコレート色が山の緑にはえる。笹部《ささべ》～光風台《こうふうだい》間では見下ろす構図でも撮影できる。

山岳信仰の聖地を走る能勢電気軌道

大阪の北部、もう少し詳しく書くと、兵庫県境に近い箕面《みのお》市あたりから県境を越えて六甲《ろっこう》山脈の西端あたりまで、山岳信仰の聖地が帯のように続いている。聖地が多いのは、その一帯に霊性を感じさせる場所が多いからだが、大阪や神戸の市街地から適当な距離にあることも大きい。

修行は人跡まれな秘境で行うのが好ましいが、あまり遠く離れた場所では信者の参詣は期待できないし、布教に赴くのも大変だ。といっても町に近すぎてはありがたみがない。

高野山でさえ、都からの遠さゆえに経営に困難をきたし、過去には荒廃しかけたことがある。霊地が霊地として維持されていくには、都市との適度な距離感も必要なのである。その意味で、能勢《のせ》妙見山《みょうけんざん》や箕面山はちょうどよい場所であった。こうした都市と聖地の離れ具合は、参詣者をあてこんだ鉄道を敷設する上でも好都合であった。

能勢電鉄(妙見線)

▶Nose Electric Railway

大正2年(1913)開業

妙見線 川西能勢口▶妙見口

12.2km

大正2年（1913)、能勢電気軌道が能勢口《のせぐち》(現・川西《かわにし》能勢口)～一ノ鳥居（現・一の鳥居)間で開業。同6年に川西能勢口～川西国鉄前間を延伸、同12年、全通。同年、阪神急行電鉄（現・阪急電鉄)が資本参加。昭和53年（1978)、社名を能勢電鉄に変更。

多田神社《ただじんじゃ》

源満仲公、源頼光公、源頼信公、源頼義公、源義家公
兵庫県川西市多田院多田所町1-1
072-793-0001
能勢電鉄妙見線多田駅より徒歩約15分

天禄《てんろく》元年（970）に源 満仲《みなもとのみつなか》が創建した多田院を起源とする。境内には満仲の廟も造られ、源氏祖廟として崇敬を受けた。現在の社殿は徳川家綱《とくがわいえつな》が再建したもの。

多田神社と能勢電鉄と三ツ矢《みつや》サイダーの関係

能勢電鉄妙見線は前身を能勢電気軌道といい、能勢妙見山（妙見宮）への参詣者と能勢の特産品を輸送することを目的として建設された。しかし、その経営は厳しいものであった。この危機を救ったのが三ツ矢サイダーだった。

当時、三ツ矢サイダーは多田《ただ》村の三ツ矢平野水《ひらのすい》という鉱泉水で造られていた。この鉱泉は、源 満仲《みなもとのみつなか》（多田神社御祭神）が城の建設地を決めるために射った矢が落ちたところで発見されたもので、この矢を見つけた者に授けられた姓が三ツ矢であった。

能勢電鉄はこのサイダーの輸送を始めることでようやく経営が安定し、危機を脱することができたのである。

門前沿線探訪

川西の歴史めぐり ―能勢電鉄沿線

能勢電鉄の沿線にはさまざまな時代の痕跡が残されている。古いところでは川西能勢《かわにしのせ》口《ぐち》駅徒歩20分の勝福寺《しょうふくじ》古墳で6世紀のものだ。

やはり多いのは源満仲（平安中期）に関わる寺社で、多田神社・頼光寺《らいこうじ》・小童寺《しょうどうじ》・満《まん》願寺《がんじ》などがある。川西市郷土館には数寄屋造りの和風建築や大正時代の洋風建築がある。

川西市郷土館…銅の精錬業をしていた旧平安《ひらやす》家住宅（写真上）を利用して昭和63年（1988）に開館。その後、洋館の旧平賀《ひらが》家住宅（写真下）を移築復元。ほかにミューゼレスポアール（青木《あおき》・平通《ひらどおり》両画伯記念館）、アトリエ平通などがある。

兵庫県川西市下財町4-1

満願寺《まんがんじ》…高野山真言宗《しんごんしゅう》の寺院で、山号は神秀《しんしゅう》山《ざん》。聖武《しょうむ》天皇の命により、神亀《じんき》年間（724～729）に勝道《しょうどう》上人が創建。その後、安和《あんな》元年（968）に源満仲が多田に館を構えて以来、源氏一門の祈願所となった。

兵庫県川西市満願寺町7-1

写真提供（川西市郷土館）：川西市教育委員会

吉川八幡神社《よしかわはちまんじんじゃ》

応神天皇
大阪府豊能郡豊野町吉川936
080-3775-2050
能勢電鉄妙見線妙見口駅より徒歩約10分

治暦《じりゃく》年間（1065～69）に源《みなもとの》頼国《よりくに》の七男・頼仲《よりなか》が創建したという。現在の社殿は安政《あんせい》3年（1856）に再建されたもの。境内に能勢電鉄1500系の車体が置かれている。

人々を魅了した妙見信仰とは？

池田《いけだ》市までは阪急宝塚本線が能勢街道をなぞっているが、川《かわ》西《にし》市に入ると能勢電鉄妙見線と交替する。

今は妙見線とケーブルカーで楽に登れるようになった妙見山《みょうけんさん》だが、かつては徒歩で行くしかなかった。苦行ともいえる道のりであったが、街道ができるほど多くの人が妙見様の御利益を得るために、この道を歩いた。

それほど人々を惹きつけた妙見信仰とは、どのようなものなのだろうか。

妙見とは北極星もしくは北斗七星のことをいう。天界の中心にあるこの星は、人の運命を司ると信じられてきた。とくに能勢妙見は武運や芸能にも霊験があるとされ、信仰を集めた。

能勢妙見山《のせみょうけんざん》

妙見菩薩
大阪府豊能郡能勢町野間中661
072-739-0991
能勢電鉄妙見線妙見口駅より阪急バス約5分「ケーブル前」下車、妙見ケーブル&リフトで山上へ

妙見宮《みょうけんぐう》とも呼ばれるが、行基《ぎょうき》菩薩開闢《かいびゃく》ののち、江戸期に入る頃日蓮《にちれん》宗《しゅう》になった寺院で、正しくは無漏山眞如寺《むろざんしんにょじ》境外仏堂能勢妙見山という。慶長《けいちょう》8年（1603）に日乾《にちけん》が自刻の妙見菩薩像を妙見山で祀ったことに始まる。境内には氷河時代より続くブナ林を有する。

門前沿線探訪

野間《のま》の大ケヤキ
―能勢電鉄妙見線（妙見口駅）

樹齢千年以上と推定されるケヤキの大木。樹高は30mある。野間神社の旧蟻無《ありなし》神社境内にあり、神木として保護されてきた。能勢町のシンボルであり、大阪緑の百選、国の天然記念物に指定されている。隣接して「けやき資料館」がある。

野間の大ケヤキ…幹周約14m、樹高30m。ケヤキとしては全国4番目の巨樹とされる。大阪府下2番目の巨樹でもある。

大阪府豊能郡能勢町野間稲地

写真提供（野間の大ケヤキ）：能勢町教育委員会

阪堺電車

HANKAI DENSHA

阪堺線／上町線

大阪府

えびす町停留所のレトロな雰囲気や住吉大社の鳥居とのツーショットも魅力的だが、路地の間からちらりと見えたりするのも阪堺電車らしい。

商都・大阪の起源地を走る路面電車

大阪が商都となった起源についてはいくつかの説があるが、次の3つの聖地が深く関わっていたようだ。すなわち、四天王寺《してんのうじ》・今宮戎神社《いまみやえびす》・住吉大社《すみよしたいしゃ》だ。

四天王寺は聖徳太子《しょうとくたいし》によって創建された寺院として知られるが、中世には極楽の東門だという信仰が広まっていた。また、西門の前で開かれていた浜の市でも有名であった。

浜の市は平安時代に始まったともいわれ、近くの漁村で捕れた魚介類と内陸部から運ばれてきた山の幸との交換・売買がなされた。この浜の市の守護神とされたのが今宮戎神社のエビス様で、ここから商売の神として信仰されるようになったという。

一方で、住吉大社にも宝《たから》之《の》市《いち》神事(升の市)という祭事があり、これも大阪商業の発展に寄与したとされる。

すでにお気づきだろうが、阪堺電車はこの3つの聖地を結ぶ路線である。

阪堺電気軌道(阪堺線／上町線)

▶Hankai Tramway

明治33年(1900)開業

阪堺線 えびす町▶浜寺駅前 14.1km

上町線 天王寺駅前▶住吉 4.4km

明治33年（1900)、大阪馬車鉄道が天王寺西門前(廃止)〜東天下茶屋《ひがしてんがちゃや》間で開業。同42年、南海鉄道と合併。同44年、阪堺電気軌道が恵美須町《えびすちょう》（現・えびす町)〜大小路《おおしょうじ》で開業。大正4年（1915)、南海と合併。昭和53年（1978)、南海から経営分離。

四天王寺《してんのうじ》

救世観世音菩薩
大阪府大阪市天王寺区四天王寺1-11-18
06-6771-0066
阪堺電車上町線天王寺駅前停留場より徒歩約12分、または大阪メトロ谷町線四天王寺前夕陽ヶ丘駅より徒歩約5分

仏教の受容をめぐっての排仏派の物部《もののべ》と崇仏派の蘇我《そが》の合戦の折り、崇仏派についた聖徳太子が四天王に戦勝を祈願し、勝利ののち建立されたという。その後、聖徳太子の聖地、浄土信仰の霊地として信仰が広まった。

門前沿線探訪

通天閣《つうてんかく》 ―阪堺電車阪堺線（恵美須町）

近くにあべのハルカスがそびえることになったが、それでもやはり大阪のシンボルといえば通天閣。実は今の塔は2代目で、初代は明治45年（1912）に建てられ、東洋一の高さ（64メートル）を誇ったが、昭和18年（1943）に火災に遭い解体された。今の塔は昭和31年の再建。

通天閣…高さ108m。地上87・5mにある最上階の展望台は黄金色の内装で豪華絢爛。階段で上ると503段ある。
大阪府大阪市浪速区恵美須東1-18-6

馬車鉄道から始まった大阪最後の路面電車

上町線《うえまちせん》の東天下茶屋停留所には「馬車鉄道跡」とだけ彫られた簡素な石碑が立っている。阪堺電車が馬車鉄道としてスタートしたことを記念するものだ。

会社の名前は大阪馬車鉄道。明治33年（1900）に天王寺西門前（廃止）～東天下茶屋間で開業した。住吉大社の参詣者や天下茶屋遊園への行楽客を輸送するのが目的であった。

ところがその1カ月後に南海が天王寺～天下茶屋間で開業。以後、両社の熾烈な競争が行われたが、ともに消耗したあげく明治42年に合併に至った。

一方、阪堺線は阪堺電気軌道が、明治44年に開業した。ここでも南海との乗客獲得競争が起こり、合併で終結を見た。

阿部野神社《あべのじんじゃ》

北畠親房公、北畠顕家公
大阪府大阪市阿倍野区北畠3-7-20
06-6661-6243
阪堺電車阪堺線天神ノ森停留場より徒歩すぐ、または南海南海本線岸里玉出駅より徒歩約5分

南朝の忠臣の北畠《きたばたけ》親房《ちかふさ》・顕家《あきいえ》父子を祀る。明治15年（1882）、顕家が足利《かしかが》軍と戦った故地とされる当地に創建された。末社の旗上《はたあげ》芸能稲荷社の崇敬者も多い。

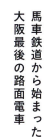

今宮戎神社《いまみやえびすじんじゃ》

- 天照皇大神、事代主命、素戔嗚命、月読尊、稚日女尊
- 大阪府大阪市浪速区恵美須西1-6-10
- 06-6643-0150
- 阪堺電車阪堺線えびす町停留場より徒歩約5分、または大阪メトロ堺筋線恵美須町駅より徒歩約5分

推古《すいこ》天皇の御代に聖徳太子が四天王寺の西方の鎮護として創建したと伝えられる。四天王寺西門の浜の市の守護神ともされたことから商売の神様としての信仰が広まった。

写真提供：(公財)大阪観光局

庶民信仰の見本市？ 阪堺電車沿線の寺社

阪堺電車沿線には個性的な寺社が多い。商都大阪にちなんだ言い方をすれば庶民信仰の見本市といったところだ。

たとえば、上町線東天下茶屋停留所の近くには、安倍晴明《あべのせいめい》神社・阿倍《あべ》王子《おうじ》神社など安倍晴明に関わる神社がある。

天神《てんじん》ノ《の》森《もり》停留場前の天満宮は武野《たけの》紹鴎《じょうおう》が茶室を構えたところで、紹鴎森天満宮ともいう。東《ひがし》玉出《たまで》停留場近くの生根《いくね》神社には、雨乞いに使った棹〝だいがく〟が保存されている。

また、停留所の名にもなっている高須《たかす》神社は、鉄砲鍛冶が徳《とく》川《がわ》家康《いえやす》より恩賞としていただいた土地に創建したもの。石津《いしづ》の石津神社は、日本最古の戎《えびす》神社といわれている。

住吉大社《すみよしたいしゃ》

- 住吉大神(底筒男命、中筒男命、表筒男命)、神功皇后
- 大阪府大阪市住吉区住吉2-9-89
- 06-6672-0753
- 阪堺電車阪堺線住吉鳥居前駅より徒歩すぐ、または南海南海本線住吉大社駅より徒歩約3分

神功《じんぐう》皇后は住吉大神の加護を得て新羅を平定、その凱旋の途上、神託によりこの地に鎮斎したという。のちに神功皇后も合祀。朝廷の奉幣を受けた二十二社の一社、摂津国《せっつのくに》一宮。

1 反橋《そりはし》…長さ約20m、高さ約3.6m、幅約5.5mで、最大傾斜は約48度ある。石造の橋脚は慶長《けいちょう》年間（1596～1615)に淀君《よどぎみ》が奉納したと伝えられる。

2 角鳥居《かくとりい》…通例円筒形となる柱が角柱になっている珍らしい鳥居。反橋を渡ったところにある。

始発駅から終着駅までほぼずっと住宅街の中。しかし、その路線の延長線上には霊山葛城山がそびえている。

水《みず》間《ま》鉄道

SUITETSU

水間線

大阪府

資金不足で頓挫《とんざ》した二つの聖地鉄道計画

水間鉄道水間線はその名の通り水間寺《みずまでら》（水間観音）の参詣者の輸送を目的とした参詣鉄道である。終着駅の水間観音駅（P66参照）は相輪を載せた二重塔の形をした社寺風駅舎の傑作（国の登録有形文化財）。しかも、主要路線と寺社の最寄り駅をつなぐ〝行き止まり〟路線という、見事なまでの聖地鉄道だ。

作間芳郎『関西の鉄道史』によると、「元南海鉄道の難波駅長であった川崎覚三郎は、水間寺へ参詣する人々が多くそのほとんどは徒歩という不便さを知り、この地に鉄道を敷設することを思いついた」という。しかし、当初の計画は水間観音が終着駅ではなかった。会社設立前は釘《くぎ》無堂《なしどう》（孝恩寺《こうおんじ》）まで路線を延ばす予定であったのだが、トンネル工事などで建設費用がかさむため断念することになった。

昭和28年（1953）には清《せち》児《ご》駅と和歌山県の粉河《こかわ》（粉河寺がある）を結ぶ聖地鉄道が計画され、着工にまで至ったが、結局資金不足で断念されている。

水間鉄道（水間線）

▶Mizuma Railway

大正14年（1925）開業

水間線 貝塚▶水間観音 5.5km

大正14年（1925）、貝塚南（廃止）～名越《なごせ》で開業。翌年、水間（現・水間観音）まで全通。昭和28年（1953）、清児《せちご》～粉河《こかわ》間の延伸が計画され、紀泉《きせん》鉄道を設立。同34年、粉河への延伸計画断念、紀泉鉄道を吸収合併する。

貝塚御坊願泉寺《かいづかごぼうがんせんじ》

阿弥陀如来
大阪府貝塚市中846
072-422-1302
水間鉄道水間線・南海南海本線貝塚駅より徒歩約5分

行基《ぎょうき》によって建てられた庵に始まる。蓮如《れんにょ》もここで説法をしたという。天正11年（1583）には顕如《けんにょ》が留まり、滞在している間は本願寺《ほんがんじ》が置かれていた。

葛《かつら》城《ぎ》山《さん》へ向かう 妄想の聖地鉄道

水間線を聖地鉄道とする論拠はまだある。この路線は水間寺への参詣街道である水間街道に沿って敷かれているのだ。川崎覚三郎が見た徒歩で水間寺を目指していた人たちは、この道を歩いていたのだろう。

水間街道は今も部分的に残されており、古い町並みや道標、石仏なども見られる。

ここで気になるのが、水間街道の目的地だ。たしかにこの道は水間線と同じく貝塚と水間寺を結んでいるのだが、そこで終わってはいない。水間鉄道が計画していたように釘無堂へ向かい、最後は葛城山へと出る。

このことを知って以来、水間観音駅から葛城山へ続く聖地鉄道の妄想が消えない。

感田神社《かんだじんじゃ》

天照皇大神、素盞嗚尊、菅原道真公
大阪府貝塚市中905
072-422-1446
水間鉄道水間線・南海南海本線貝塚駅より徒歩約3分

貝塚寺内町《じないちょう》の産土神《うぶすながみ》で感田瓦《かんだかわら》大明神とも称された。境内に残る環濠《かんごう》跡（貝塚市史跡）は寺内町（寺を中心とした城塞都市）であった名残。毎年1月に戎《えびす》大祭を斎行、毎年7月には神輿の渡御《とぎょ》が行われる。4月、8月、12月に落語会を開催。

門前沿線探訪

奥水間温泉
—水間鉄道水間線（水間観音駅）

水間観音駅から山のほうに5キロほど入ったところにある一軒宿の温泉。湯は天然重曹泉で、美容と疲労回復に効能があるといい、「美人湯」とも呼ばれる。

温泉から歩いて15分ほどのところには、足の神様として信仰を集める道陸《どうろく》神社がある。ここは紅葉の名所としても有名だ。

奥水間温泉…春は桜、夏は蛍、秋は紅葉、冬は雪と、一年を通して楽しめる。
大阪府貝塚市木積3159

森稲荷神社《もりいなりじんじゃ》

- 稲倉魂命
- 大阪府貝塚市森524
- 072-446-0866
- 水間鉄道水間線森駅より徒歩約8分

古くから木島谷《きのしまだに》の総社と呼ばれ、もとは東方の東山山頂にあった。泉《せん》州《しゅう》をはじめ摂津《せっつ》・河内《かわち》・紀州《きしゅう》から多くの参詣者が訪れ繁栄した。明治42年（1909）に木島《きしま》村内にあった8社を合祀。境内には合祀された神社の石造物も多く残り、狛犬は貝塚市内の神社で一番数が多い。

聖地鉄道としての水間鉄道の努力

乗客の減少は水間鉄道に限らず地方の路線が共通して抱える悩みであるが、水間鉄道は貝塚市の協力も得て、さまざまな試みをしている。

自分だけのオリジナルのヘッドマークを10日間つけることができる企画（地方鉄道6社共通企画）や、地元特産品を懸賞にした一日乗車券の発売など、ユニークな試みがなされている。その中には聖地鉄道としての特性を生かしたものもある。

その一つが「水間寺参詣手形」。参詣用の定期で、券は絵馬形。駅員が毛筆で名前を書くという凝りようだ。

水間寺の愛染堂《あいぜんどう》が恋人の聖地に選ばれたことを利用した企画もあり、今後が楽しみだ。

水間寺《みずまでら》（水間観音《みずまかんのん》）

- 聖観世音菩薩
- 大阪府貝塚市水間638
- 072-446-1355
- 水間鉄道水間線水間観音駅より徒歩約10分

天台宗《てんだいしゅう》別格本山。水間観音ともいう。天平《てんぴょう》16年（744）に聖武《しょうむ》天皇が受けた夢告《むこく》に従って行基が当地を訪れ1寸8分の聖観音像を得たといい、勅願（※）によりその像を本尊として創建された。

※天皇の祈願

1 愛染堂《あいぜんどう》…歌舞伎にもなった駆け落ち事件の主人公・お夏と清十郎の墓がある。平成29年に恋人の聖地に選ばれた。

2 降臨の滝…本堂の裏手にある。本尊の聖観音が出現したと伝わる場所で、境内一のパワースポットとされる。

JR桜井線（万葉まほろば線）

SAKURAI LINE

奈良県

三輪山《みわやま》や耳成山《みみなしやま》など神話や歴史の舞台となった山を背景に走る姿が見られるのが桜井線最大の魅力。古きよき大和路の風景もまだ残る。

桜井線が桜井で直角に曲がる理由

奈良県は近鉄の路線が縦横にめぐらされているが、もっとも大和路らしいところを走っているのはJR桜井線であろう。

桜井線は難読駅名が多いことでも有名だが、それは古代の地名が使われているから。『古事記』『日本書紀』『万葉集』で語られる神話や出来事の舞台の中を走る桜井線は、それ自体がファンタジーだ。

そんなわけで桜井線は路線図を眺めるだけでも楽しいのだが、その形には違和感がある。桜井駅で直角に曲がるのが、どうにも不自然に思える。

こうした形になったのは、桜井線の成り立ちに由来している。もともと桜井駅以北と以西では、別の鉄道であったのだ。

先にできたのは高田～桜井間で、大阪鉄道が明治26年（1893）に建設した。その5年後、奈良鉄道が京終《きょうばて》～桜井間で開業した。両者が一つの路線になるのは国有化の後だ。

西日本旅客鉄道（桜井線）

▶West Japan Railway Company

明治26年（1893）開業

桜井線 奈良▶高田 29.4km

明治26年（1893）、大阪鉄道が高田～桜井間で開業。同31年、奈良鉄道が京終～桜井間で開業。翌年、奈良～京終間が開業。同33年、大阪鉄道が路線を関西鉄道に譲渡。同38年、奈良鉄道が関西鉄道に路線を譲渡。同42年、関西鉄道が国有化される。平成22年（2010）、愛称が「万葉まほろば線」に決まる。

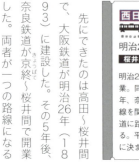

帯解寺《おびとけでら》

地蔵菩薩
奈良県奈良市今市町734
0742-61-3861
JR桜井線帯解駅より北へ徒歩約5分

宝亀《ほうき》年間（770 ～ 781）に三論宗《さんろんしゅう》の僧・勤操《ごんそう》が創建。文徳《もんとく》天皇は后（染殿《そめどの》皇后）が当寺の地蔵菩薩に祈願をして無事男子（清和《せいわ》天皇）を出産したのを喜んで、伽藍を建立し帯解寺と名づけたという。日本最古の安産・求子《ぐし》祈願霊場。

桜井線難読駅名 ――その歴史と信仰

さて、先に述べた難読駅名であるが、京終・櫟本・巻向・畝傍などがある。いくつ読めただろうか。

京終《きょうばて》は平城京の端という意味。駅の西に大安寺《だいあんじ》があるが、そのまままっすぐ西に進むと薬《やく》師寺《しじ》に出る。この道が平城京の六条大路にあたる。

櫟本《いちのもと》は古代の有力豪族・和珥《わに》氏の本拠地だったところ。駅周辺は瓦を焼く窯跡だったと考えられている。

巻向《まきむく》は「纏向」と書くのが本来で、垂仁《すいにん》天皇・景行《けいこう》天皇の宮があったとされる。駅は大和王権発祥の地とされる広大な纏向遺跡の中にある。

畝傍《うねび》は大和三山の一つ、畝傍《うねび》山《やま》からつけられている。

石上神宮《いそのかみじんぐう》

布都御魂大神、布留御魂大神、布都斯魂大神、宇摩志麻治命、五十瓊敷命、白河天皇、市川臣命
奈良県天理市布留町384
0743-62-0900
JR桜井線・近鉄天理線天理駅よりバスで約7分「石上神宮前」下車、徒歩約5分

崇神《すじん》天皇7年（紀元前91）に創建されたと伝えられる日本最古の神社の一つ。物部《もののべ》氏の総氏神で地上を平定した神剣の霊威を祀る。健康長寿・除災招福の神としても信仰されてきた。

1 楼門…文保《ぶんぽう》2年（1318）の建立。近世まで上層に鐘を吊るしていた。正面の額に記された「萬古猶新《ばんこゆうしん》」の文字は山縣有朋《やまがたありとも》の筆。

2 摂社出雲建雄《いずもたけお》神社拝殿…内山永久寺《うちやまえいきゅうじ》の鎮守拝殿を大正3年（1914）に移築したもの。保延《ほうえん》3年（1137）の建立で国宝。

三輪山《みわやま》…三諸山《みもろやま》ともいう。大物主《おおものぬしの》大神《おおかみ》が鎮座する聖なる山（神奈備）で大神神社の御神体。標高467m。麓の鳥居は大神神社の大鳥居。

日本最古の道 山辺《やまのべ》の道と旧奈良鉄道

桜井線のうち奈良鉄道が敷設した部分は、日本最古の道とされる山辺の道に沿うように敷かれている。かつては南北を結ぶ重要な路線であったが、並行して便利な路線ができたため利用者が減ったということも、よく似ている。

山辺の道は三輪山の麓から春日山《かすがやま》のあたりまで続いていたと思われるが、天理より北は地形の変化が大きく、その跡ははっきりしていない。天理の石上神宮から大神神社まではハイキングコースとして整備されているので歩きやすい。ただ石上神宮から大神神社までは距離が長いので、雰囲気を味わうだけなら大神神社から檜原《ひばら》神社まで歩くのがいいだろう。

門前沿線 探訪

古代大和の面影をたどる ―JR桜井線沿線

このあたりは奈良でももっとも歴史が古い地域だ。纒向《まきむく》遺跡は大和朝廷が成立した場所といわれ、邪馬台国《やまたいこく》があった場所ではないかという説もある。最古の前方後円墳と考えられる箸墓《はしはか》古墳があることから、前方後円墳発祥の地ともいわれる。

山辺《やまのべ》の道
天理～桜井のどの駅からでも歩き始められるが、三輪駅から大神神社の境内を通っていくのが一番近く、わかりやすい。

大神神社《おおみわじんじゃ》

大物主大神、大己貴神、少彦名神
奈良県桜井市三輪1422
0744-42-6633
JR桜井線三輪駅より徒歩約5分

御祭神の大物主大神《おおものぬしのおおかみ》は大国主神《おおくにぬしのかみ》の国造りを助けた神と伝えられ、大国主神が三輪山に祀ったとされる。朝廷も深く崇敬してきた。大和《やまとの》国《くに》一宮。二十二社の一社。

1 巳《み》の神杉《かみすぎ》…大物主大神の化身の白蛇が棲むといわれる杉の大木の御神木。信者は蛇の好物の卵を供えていく。

2 狭井《さい》神社…大物主大神の荒魂《あらみたま》を祀る摂社。健康長寿の神とされ、4月18日の鎮花祭《はなしずめまつり》は「薬まつり」とも呼ばれたくさんの薬が供えられる。拝殿奥には「薬水」と呼ばれる御神水が出る「薬井戸」がある。

『万葉集』でたどる桜井線の旅

万葉まほろば線と呼ばれるだけあって、沿線には歌に詠まれた場所が多い。

柿本人麻呂《かきのもとのひとまろ》は櫟本を本拠とした和珥《わに》氏の末裔とされ、石上神宮や巻向を詠んだ歌もある。

「石上布留《いそのかみふる》の神杉神《かむ》さびし　恋をもわれは更にするかも」

（石上神宮の神木のように老いても、なお恋するものだなあ）

額田王《ぬかたのおお》は三輪山を詠んでいる。

「三輪山を然《しか》も隠すか雲だにも心あらなむ隠さふべしや」

（三輪山をなぜ隠してしまうのか、雲にも心があるだろうに）

大和三山も詠まれている。

「香具山《かぐやま》は畝傍《うねび》を惜しと耳成《みみなり》と
相あらそひき」

（香具山は畝傍山を妻にしようとして耳成山と争ったそうだ）

纏向遺跡

巻向駅周辺にある遺跡群。初期大和政権の都市または都宮があったところと考えられている。邪馬台国の跡とする説もある。

大和三山

畝傍山、耳成山、香具山のこと。一番高い畝傍山でさえ標高199mしかないが、古代にはそれぞれ神の山と信じられていた。

写真提供：桜井市立埋蔵文化財センター（纏向遺跡）／一般財団法人奈良県ビジターズビューロー（大和三山）

JR和歌山線

WAKAYAMA LINE

奈良県
和歌山県

王寺《おうじ》から南下してきた和歌山線は隅《す》田《た》で紀ノ川《きのかわ》（奈良県内は吉野川《よしのかわ》と呼ぶ）出会い、以後はその右岸に沿って西に進む。撮影ポイントも増える。

天皇・上皇の行幸の跡をたどるJR和歌山線

JR和歌山線は聖地鉄道の中でも一・二を競う長さがある。これは3つの鉄道を一つの路線としてまとめたためで、沿線の聖地も多い。代表的なものだけでも、次のような寺社がある（カッコ内は最寄り駅）。

新義真言宗《しんぎしんごんしゅう》総本山の根来寺《ねごろじ》（岩出《いわで》）、紀伊国分寺《きいこくぶんじ》跡（下井阪《しもいさか》）、厄除けで有名な長田《ながた》観音（紀伊長田）、西国三十三所霊場の粉河《こかわ》寺《でら》（粉河）、神功《じんぐう》皇后伝説を伝える隅田《すだ》八幡神社（隅田）、聖徳太子ゆかりの達磨寺《だるまじ》（王寺《おうじ》）。

このほか高野口駅・吉野口駅がそれぞれ高野山・吉野山への入口になっており、南海高野線・近鉄吉野線と接続している。

和歌山線は3つの異なる鉄道をつなぎ合わせた継ぎ接ぎ路線ではあるが、たどる道筋は極めて古い。

この道は畿内から紀州へ向かう代表的な古道で、聖武《しょうむ》天皇や持統《じとう》天皇、文武《もんむ》天皇なども紀伊《きい》行幸の際に通っている。

西日本旅客鉄道（和歌山線）

▶West Japan Railway Company

明治24年（1891）開業

和歌山線 王寺▶和歌山 87.5km

明治24年（1891）、大阪鉄道が王寺～高田間開業。同29年、南和鉄道が高田～葛《くず》（現・吉野口）で開業。同31年、紀和鉄道が五条～橋本間で開業。同33年、大阪鉄道が関西鉄道に路線譲渡。同37年、紀和鉄道・南和鉄道が関西鉄道に路線譲渡。同40年、関西鉄道が国有化される。

粉河寺《こかわでら》

- 千手千眼観世音菩薩
- 和歌山県紀の川市粉河2787
- 0736-73-4830・3255
- JR和歌山線粉河駅より徒歩約15分

宝亀《ほうき》元年（770）に元猟師の大伴孔子古《おおとものくじこ》が光り輝く地に庵を建て、観音の化身の童男行者《どうなんぎょうしゃ》が彫った千手観音像を安置したことに始まるという。西国三十三所第3番札所。右の写真は本堂。

1 大門…宝永《ほうえい》4年（1707）建立。総欅《けやき》造り。紀州では高野山・根来寺に次ぐ規模の楼門。脇間の金剛力士像は仏師春日《かすが》の作といわれる。

2 庭園…国の名勝。本堂と前庭の高低差を処理するため巨石を組んで庭を造ってある。日本庭園としては先例のない造園法である。

伝説と和歌に彩られた紀《き》ノ《の》川《かわ》沿いの南海路①

路線が長い和歌山線の中でも印象的なのは、やはり紀ノ川に沿って走る隅田〜下井阪間だろう。この間の道筋は、古代の国道の一つである南海道とも重なっている。先にも述べたように、和歌山線は紀州へ向かう皇族や貴族がたどったルートでもある。それだけに名所も多く、和歌もたくさん残されている。いくつか紹介しよう。

隅田の真《ま》土山《つちやま》は大和と紀州の境にそびえる山。古代の人々にとって、ここを過ぎるのは感慨深いものであったらしい。「白たへに匂ふ真土の山川に　我《あ》が馬なづむ家恋ふらしも」という歌が『万葉集』に載せられている。古道沿いの国境には「飛び越え石」という名所もある。

写真提供:和歌山県広報課

門前沿線探訪

熊野古道
―JR福知山線（布施屋駅）

熊野古道は熊野三山の参詣路の総称で、主要なものに紀《き》伊《い》路《じ》・大《おお》辺《へ》路《ち》・中《なか》辺《へ》路《ち》・小《こ》辺《へ》路《ち》がある。このうち紀伊路が布《ふ》施《せ》屋《や》で和歌山線と交差する。駅前を横切る古道を南に歩けば、和歌山電鐵の伊《い》太《だ》祈《き》曽《そ》駅に出る。伊太祁曽神社もすぐ近くだ。逆に北に進めばJR阪和線と合流し、山《やま》中《なか》渓《だに》駅に着く。

川端《かわばた》王子跡…王子は熊野古道沿いに造られた小祠。布施屋には川端王子と吐前《はんざき》王子がある。
和歌山県和歌山市布施屋708

榮山寺《えいさんじ》

- 薬師如来
- 奈良県五條市小島町503
- 0747-22-4001（五條市産業環境部 企業観光戦略課）
- JR和歌山線五条駅よりバス約15分「栄山寺前」下車すぐ

養老《ようろう》3年（719）に藤原武智麻呂《ふじわらのむちまろ》が創建。法隆寺《ほうりゅうじ》の夢殿《ゆめどの》に似た国宝の八角堂は、武智麻呂の子、仲麻呂《なかまろ》が父母の追善供養のため天平宝字《てんぴょうほうじ》年間（757～765）に建立したもの。

伝説と和歌に彩られた紀ノ川沿いの南海路②

南海道の旅を続けよう。

笠田駅の西にある寶來山《ほうらいさん》神社は和気清麻呂《わけのきよまろ》が宝亀《ほうき》4年（773）に八幡神を勧請して創建したという古社。

高野口駅近くにそびえる妹背山（背山《せやま》・妹山《いもやま》）は『万葉集』に詠われた名所であるが、歌舞伎の『妹背山婦女庭訓《いもせやまおんなていきん》』を思い出す人も多いだろう。この話もここが舞台ということになっている。『万葉集』では都に残してきた恋しい人を偲ぶ場所として詠われている。

長田観音は、正しくは如意山《にょいざん》厄除観音寺《やくよけかんのんじ》。延喜《えんぎ》21年（921）念仏上人により開創され、厄除けの霊験で信仰を集めてきた。紀伊長田駅は長田観音参詣のために設けられた駅だ。

鴨都波神社《かもつばじんじゃ》

- 積羽八重事代主命、下照姫命
- 奈良県御所市宮前町513
- 0745-62-2176
- JR和歌山線御所駅・近鉄御所線近鉄御所駅より徒歩約10分

葛城地域に本拠を置いた鴨《かも》氏が奉斎した神社の一つ。崇神《すじん》天皇の御代に大賀茂都美命《おおかもつみのみこと》が創建したという。かつては高鴨《たかかも》神社（上鴨社）に対して下鴨社と呼ばれていた。

門前沿線探訪

柿の葉すし
―JR和歌山線（五条駅）

柿の葉すしは塩鯖や鮭の切り身をすし飯にのせ、柿の葉で包み押し寿司にしたもので、奈良・五條吉野地方の郷土料理。夏祭りのご馳走として古くから親しまれている。もとは保存食として作られていたもので、柿の葉で乾燥を防ぎつつ塩鯖と柿の葉の香りをすし飯に馴染ませ、熟成させていた。柿の葉には抗菌・抗酸化作用もあるという。

柿の葉すし本舗たなか…柿の葉すし本舗たなかの原点は五条駅前の食堂。夏場の柿の葉すしが評判で専門店に。

- 奈良県五條市住川町１４９０

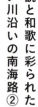

専立寺《せんりゅうじ》

- 阿弥陀如来
- 奈良県大和高田市内本町10-19
- 0745-52-5180
- JR和歌山線・桜井線高田駅より徒歩約10分、または近鉄大阪線大和高田駅より徒歩約15分

高田御坊《たかだごぼう》ともいう。慶長《けいちょう》5年（1600）、本願寺《ほんがんじ》12世准如《じゅんにょ》によって創建される。大和五ヶ所御坊の一つとして布教の拠点となり、その門前町は寺内町へと発展した。

写真提供:大和高田市 産業振興課

門前沿線探訪

大和高田《やまとたかだ》の寺内町《じないちょう》 ―JR和歌山線（高田駅）

寺内町とは浄土真宗《じょうどしんしゅう》などの寺院を中心に造られた集落で、周囲を環濠や塀などで囲って防御したものをいう。戦国後期に成立し、浄土真宗が広まった北陸や大阪に多いが、奈良県でも橿原《かしはら》市の今井《いまい》町《ちょう》など数カ所存在している。

大和高田の寺内町は専立寺を核として慶長5年（1600）頃に形成された。

写真提供:大和高田市 産業振興課

寺内町の町並み…町の発展に伴い寺内町の境界が曖昧になってしまったが、それでも200軒を超す古民家があるという。

伝説と和歌に彩られた紀ノ川沿いの南海路③

長田観音に寄る前に触れるのを忘れていたが、粉河《こかわ》は聖武天皇が行幸された時に行宮《あんぐう》（行幸中の仮宮）が置かれた場所だ。称徳《しょうとく》天皇も1泊している。

下井阪駅付近は古代紀伊国の中心地。紀伊国分寺も近い。

岩出駅徒歩7分の大宮《おおみや》神社は、和銅《わどう》5年（712）に熱田《あつた》神宮《じんぐう》より日本武尊《やまとたけるのみこと》の神霊を勧請して創建されたという古社。

さて、終点の和歌山には和歌《わかの》浦《うら》という名所がある。聖武天皇の行幸に随行した山部赤人《やまべのあかひと》は「若の浦に潮満ち来れば潟《かた》をなみ　葦辺《あしへ》をさして鶴《たづ》鳴き渡る」（若の浦に潮が満ちてくると干潟が無くなるので、葦の生える岸辺に向かって鶴が鳴きながら飛んで行くことよ）と詠んだ。

志都美神社《しずみじんじゃ》

- 天児屋根命、中筒男命、誉田別命
- 奈良県香芝市今泉592
- 0745-77-5069
- JR和歌山線志都美駅より徒歩約5分

武烈《ぶれつ》天皇陵に隣接して鎮座し、天児屋根命《あめのこやねのみこと》などを祀る。弘仁《こうにん》4年(813)藤原鎌足《ふじわらのかまたり》の４世の孫・片岡綱利が創建したという。境内の森は『万葉集』にも詠まれている。

近鉄の歴史

2府3県508・2km JRに次ぐ路線規模

近畿日本鉄道（以下、近鉄）の総営業キロ数は508・2キロ、路線の範囲は2府3県に及んでいる。こう書いていてもぴんとこないかもしれないが、東海道新幹線が552・6キロだといえば、その長さが実感できるだろうか。文句なく日本最大の私鉄である。

金森又一郎《かなもりまたいちろう》…1873～1937。大阪電気軌道・参宮急行電鉄の社長を務めた、近鉄の実質的な創業者。

もちろん最初からこれほど大きかったわけではない。中小の鉄道を呑み込んで現在の規模を達成したのである。近鉄の前身、大阪電気軌道（以下、大軌）の最初の路線は、30・8キロほどだった。

『大阪商工大観 昭和4年版』（国立国会図書館蔵）より大軌《だいき》ビルディング。大阪電気軌道が大正15年（1926）に上本町《うえほんまち》に建てた日本初の駅ビル。

合併によって乗り切った経営の危機

大軌の最初の路線、上本町《うえほんまち》～奈良間は生駒《いこま》トンネルという鉄道史に残る難工事の末にできたものであったが、その経営は不安定だった。大軌はその打開を路線拡大に求めた。

天理軽便鉄道・生駒鋼索鉄道など聖地鉄道を積極的に合併していったが、その一方で参宮急行電鉄を設立して伊勢神宮への参詣路線を確立した。

延伸と合併で巨大化した大軌（当時は関西急行鉄道）は、戦時体制下で南海と合併して近鉄となった。この結婚は終戦とともに破談となったが、万博を機に難波線建設など路線の強化を行った。

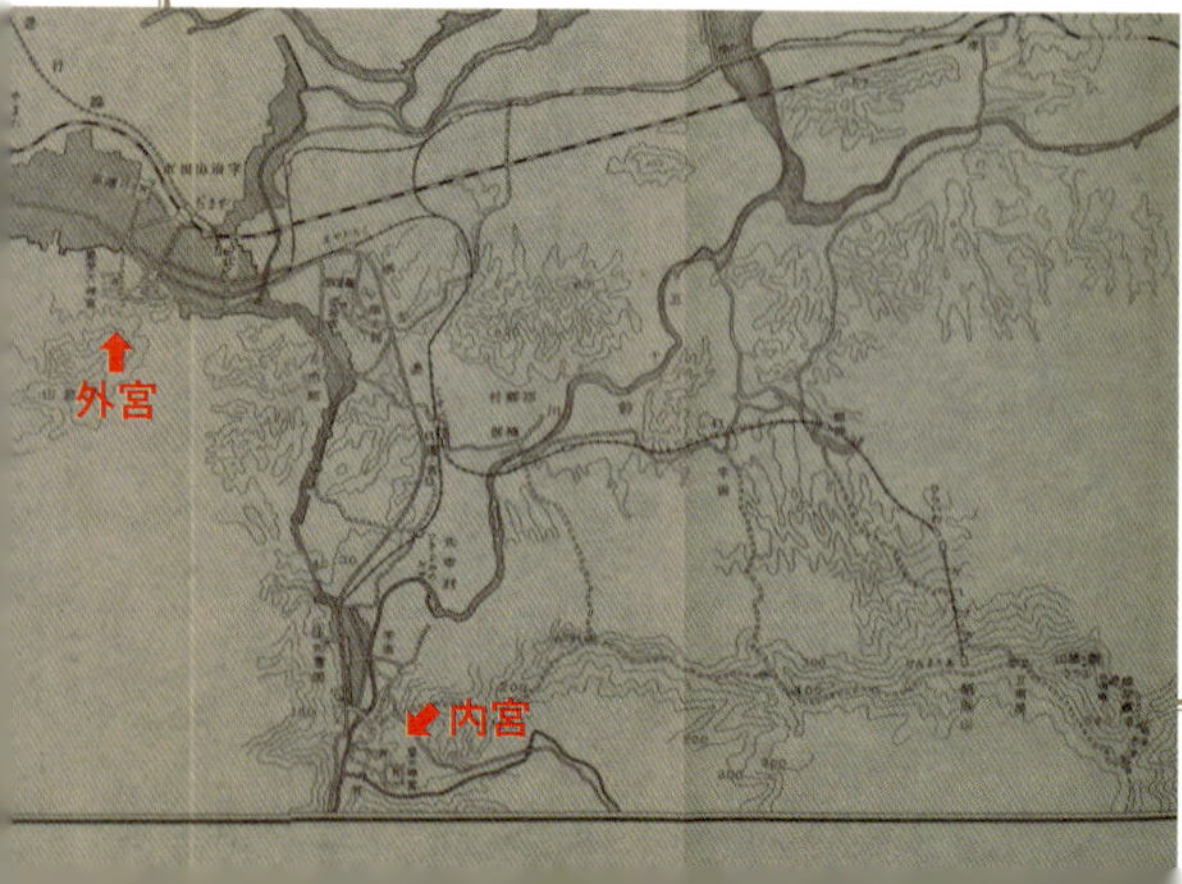

『新近畿行脚 史蹟と地理伝説を尋ねて』（国立国会図書館蔵）より「宇治山田・二見鳥羽付近之圖」。近鉄が他社と熾烈な乗客獲得競争を繰り広げた伊勢《いせ》の地図。外宮《げくう》と内宮《ないくう》や二見浦《ふたみがうら》を結んでいた路面電車の神都《しんと》線は記載されているが、外宮前に伊勢電気鉄道の大神宮前《だいじんぐうまえ》駅がないので、昭和5年（1930）以前のものだと思われる。

第4章

その他の地方

JR仙石線／JR弥彦線／富山地鉄（立山線）／JR身延線／富士急行（大月線）
名鉄（名古屋本線・豊川線・津島線）／JR参宮線／JR吉備線／一畑電車（北松江線・大社線）
JR土讃線／ことでん（琴平線・長尾線・志度線）／西鉄（天神大牟田線・太宰府線）
JR鹿児島本線／JR日豊本線／JR日南線

JR仙石線

SENSEKI LINE

宮城県

仙石線は東日本大震災で甚大な被害を受けたが、平成27年(2015)の高城町《たかぎまち》～陸前《りくぜん》小野《おの》間の復旧により全線再開した。

参詣路線が少ない東北の隠れた聖地鉄道

土地柄なのか、鉄道発展の歴史の結果なのか、東北にはJR弥彦線や南海高野線のような自他共に認める参詣路線はない。もちろん、彌彦《やひこ》神社や高野山《こうやさん》に匹敵するような聖地はあるのだが、そこだけを目指す路線は残されていない。

あえて一つあげるとすると、このJR仙石線ということになる。前身の宮城電気鉄道は、志波彦《しわひこ》神社・鹽竈《しおがま》神社が鎮座する塩釜《しおがま》（鹽竈）を経て松島《まつしま》まで電車を通すことを目的として設立されたからだ。

塩釜が聖地であるのはわかるが、松島は名所であって聖地ではないと思われるかもしれない。しかし、松島はもともと死者の霊が集まると信じられた聖なる場所であった。

遺骨の一部をここに埋葬する習俗が古くからあり、骨のぼりという同じような習俗がある高野山になぞらえて「奥州《おうしゅう》の高野」と呼ばれたこともあった。

東日本旅客鉄道（仙石線）

▶East Japan Railway Company

大正14年(1925)開業

仙石線 あおば通▶石巻 49.0km

大正14年（1925）、宮城電気鉄道が仙台《せんだい》～西塩釜間で開業。昭和2年（1927）、松島公園（現・松島海岸）まで延伸。翌年、石巻《いしのまき》まで全通。同19年、国有化され路線名が仙石線と決まる。同62年、国鉄民営化。平成23年（2011）、東日本大震災により一時全線不通。同27年、不通箇所がなくなり全線運転再開。

写真提供:日本の旅・鉄道見聞録

榴岡天満宮《つつじがおかてんまんぐう》

菅原道真公(天満大自在天神)
宮城県仙台市宮城野区榴ケ岡105-3
022-256-3878
JR仙石線榴ヶ岡駅より徒歩約3分

天延《てんえん》2年 (974)に山城国《やましろのくに》で創建。その後、平将春《たいらのまさはる》が陸奥国《むつのくに》に勧請。寛文《かんぶん》7年 (1667)、仙台藩三代藩主・伊《だ》達《て》綱宗《つなむね》の意志により、丹塗りの社殿・唐門を榴ヶ岡《つつじがおか》の地に造営し神霊を遷座した。

日本初の地下鉄道・地下駅を造った宮電

どちらかというと地味な印象の仙石線だが、そのデビューは二つの日本初に彩られていた。

その二つの日本初とは、地下鉄道と地下駅である。日本初の地下鉄道が宮城県にあったとはにわかに信じがたいかもしれないが、これには理由がある。

直接的な理由は先に敷設されていた東北本線と交差するためであるが、招聘していた外国人技術者の意見が強く働いたのだという。

当初宮電は交差を避けて仙台駅の東側に駅を設けることを考えていたのだが、件の技術者が地下鉄道にすることを主張。仙台の市街地が西側に広がっていたこともあって、地下鉄道・地下駅が採用されることになった。

多賀神社《たがじんじゃ》

武甕槌命
宮城県多賀城市高崎1-14-13
022-362-0732
JR仙石線多賀城駅より徒歩約21分、またはJR東北本線国府多賀城駅より徒歩約11分

平安時代以前に創建された古社で、陸奥国守が近江《おうみ》の多賀大社の神霊を勧請したと伝えられる。多賀城廃寺に鎮座していたが特別史跡指定にともなって現在地に遷座した。

多賀城跡…政庁跡・南門跡などが見学できる。出土物などは東北歴史博物館に保存されている。
宮城県多賀城市市川字城前

門前沿線探訪

多《た》賀《が》城《じょう》跡 ―JR仙石線(多賀城駅)

城とつくので城砦のイメージが強いが、実際には地方行政の政庁が置かれた国府である。一辺約1キロの四角形をしており、周囲を築地で囲っていた。中には政庁を中心にいくつもの役所があり、防衛を担当する鎮守府もあった。神亀《じんき》元年(724)の創設以来重要な役割を果たしてきたが、11世紀には衰退した。

⛩ 志波彦神社《しわひこじんじゃ》・鹽竈神社《しおがまじんじゃ》

- 志波彦大神、塩土老翁神、武甕槌神、経津主神
- 宮城県塩竈市一森山1-1
- 022-367-1611
- JR仙石線本塩釜駅より徒歩約15分

ともに創建が平安時代以前にさかのぼる古社であるが、志波彦神社は近世になって衰微し、明治7年（1874）に鹽竈神社に遷祀した。鹽竈神社は陸奥国一宮。

1 楼門…202段の表参道を上ったところにある。随身門ともいう。この奥にさらに唐門がある。

2 社殿…鹽竈神社の左右宮拝殿。一つの建物であるが、左宮・右宮それぞれの拝殿になっている。

『延喜式《えんぎしき》』に記載されなかった鹽竈神社の謎

宮城電気鉄道（宮電）の開業時の終着駅があった塩釜は、鹽竈神社にちなむ地名である。鹽竈神社は彦火火出見命《ひこほほでみのみこと》（山幸《やまさち》彦《ひこ》）や神武《じんむ》天皇に進むべき道を教えた塩土老翁神《しおつちのおじのかみ》を祀り、国司や藩主から崇敬を受けた古社であるが、多くの謎を秘めている。

その一つが『延喜式』神名帳《じんみょうちょう》に名が記されていないことだ。『延喜式』は10世紀初めに編纂された法令集で、神名帳には当時の主要神社が列挙されている。志波彦神社の記載もある。『弘仁式《こうにんしき》』（9世紀）には鹽竈神社が朝廷より超破格な祭祀料を受けていたことが記されており、『延喜式』の掲載要件は満たしていたはずなのだが、その真相は謎である。

瑞巌寺《ずいがんじ》

- 聖観音菩薩
- 宮城県宮城郡松島町松島字町内91
- 022-354-2023
- JR仙石線松島海岸駅より徒歩約5分、またはJR東北本線松島駅より徒歩約20分

正しくは松島青龍山瑞巌円福禅寺《しょうとうせいりゅうざんずいがんえんぷくぜんじ》。天長《てんちょう》5年（828）に円仁《えんにん》が淳和《じゅんな》天皇の勅命により創建した寺院が前身と伝わる。戦国時代に衰退したが伊達政宗《だてまさむね》が再興。国宝の本堂（写真）などを建てた。

門前沿線 探訪

石ノ森萬画館《いしのもりまんがかん》 —JR仙石線（石巻駅）

『サイボーグ009』や『仮面ライダー』などの作品で知られる宮城県出身のマンガ家・石ノ森章太郎《しょうたろう》の記念館。萬画（マンガ）はあらゆるものを表現できるという石ノ森章太郎の作品世界を、さまざまな形で体験できる。約6千冊の蔵書をほこるライブラリーやデジタルアーカイブもある。

石ノ森萬画館…宇宙船のような建物は石ノ森章太郎自身のデザイン。玄関前には「石ノ森の手」がある。

宮城県石巻市中瀬2-7

仙石線でたどる芭蕉《ばしょう》『おくのほそ道』

仙石線が全通する240年ほど前、この道筋をたどった者がいる。松尾《まつお》芭蕉である。芭蕉は西行《さいぎょう》の足跡を訪ねて、仙台・塩釜・松島・石巻と歩いている。

同行した曽良《そら》の日記によれば、仙台を出発したのは旧暦の5月8日、鹽竈神社・瑞巌寺を参詣し松島を見物したのは9日、そして石巻に到着したのは10日と、1日ずつで予定をこなしている。徒歩での移動込みなので、驚くべきスピードだ。

こんなに急ぎ足の旅では句を詠む時間などないのではないかと思ってしまう。そのせいなのか『おくのほそ道』の該当箇所には、松島で曽良の句を載せるばかりで、芭蕉の句は一つも記されていない。

金華山黄金山神社《きんかさんこがねやまじんじゃ》

金山毘古神、金山毘賣神
宮城県石巻市鮎川浜金華山5
0225-45-2301
JR仙石線・石巻線石巻駅よりバスで約90分「鮎川港」下車、「鮎川港」より船で「金華山桟橋」下船、神社所有車で神社まで送迎

天平《てんぴょう》21年（749）に陸奥で大仏造営に用いる金が産出した。この祝事にちなみ牡鹿連宮麿《おしかのむらじみやまろ》らが金を司る金山毘古神《かなやまびこのかみ》・金山毘賣神《かなやまびめのかみ》を金華山に祀ったのが起源という。

1 拝殿…明治後半の再建。拝殿前に立つ一対の常夜燈は高さが4.8mあり、日本三大燈籠の一つに数えられている。

2 天柱石《てんちゅうせき》…金華山は島全体が神域とされる。中腹に立つ天柱石は高さが15mある白石英の巨石。

JR弥彦線

YAHIKO LINE

⛩ 彌彦神社《やひこじんじゃ》

- 天香山命
- 新潟県西蒲原郡弥彦村弥彦2887-2
- 0256-94-2001
- JR弥彦線弥彦駅より徒歩約15分

越後《えちご》を開拓した天香山命《あめのかごやまのみこと》を祀る。社伝によると、第10代崇神《すじん》天皇の御代に勅命によって社殿を造営したという。『万葉集』にも当社のことを詠んだ歌がある。越後国一宮。

新潟県

3段階で楽しめる聖地鉄道・弥彦線

聖地鉄道が好きな者にとって弥彦線は三度楽しめる路線だ。

まずは上越新幹線との接続駅である燕三条《つばめさんじょう》駅の乗り換え口。ここに彌彦神社の一の鳥居を模した朱の鳥居が立っている。

これはあくまでも参詣気分を盛り上げるためのディスプレイで、正式の鳥居ではないが、鉄道で参詣する者にとっては事実上の一の鳥居となっている。

次は車窓だ。列車が矢作《やはぎ》駅に着く少し前、進行右側に大鳥居が見えてくる。これもまた朱色の両部《りょうぶ》鳥居だ。

最後は弥彦駅の駅舎。瓦葺きの社寺風駅舎になっている。瓦葺きの屋根に千鳥破風、白壁に朱色の柱や梁、待合室には格天井など、凝った造りだ。

弥彦駅…社寺風駅舎は大正5年(1916)の竣工。もらい火で焼けた彌彦神社の社殿が再建されたのを記念して造られた。

東日本旅客鉄道(弥彦線)

▶East Japan Railway Company

大正5年(1916)開業

弥彦線 弥彦▶東三条 17.4km

大正5年(1916)、越後鉄道が西吉田(現・吉田)～弥彦間で開業。昭和2年(1927)、越後長沢《ながさわ》まで全通。同年、国有化される。同57年、上越新幹線開業。燕三条駅で接続。同59年、弥彦～東三条間電化。同60年、東三条～越後長沢間廃止。なお、弥彦線は弥彦駅行きが「上り」となる。

富山地鉄

TOYAMA CHITETSU

立山線

富山県

霊峰立山《たてやま》の麓をゆく富山地鉄立山線。日本三霊山の一つに数えられる立山の頂は地獄とも極楽ともいわれた。

富山地方鉄道(立山線)

▶Toyama Chihou Tetsudou

大正10年(1921)開業

立山線 寺田▶立山 24.2km

現在の立山線のうち寺田《てらだ》～岩峅寺《いわくらじ》は立山鉄道、岩峅寺～立山は富山県営鉄道が建設。その後富山地鉄と合併。昭和46年（1971)、立山黒部アルペンルートが開通し国鉄のスキー列車が乗り入れを開始。

霊が集まる立山地獄と富山の薬売り

立山線には岩峅寺《いわくらじ》という難読の駅があるが、ここで下車しても岩峅寺というお寺はない。これは雄山神社前立社壇《まえだてしゃだん》の神仏分離以前の呼び名なのだ。

立山についての記述はすでに『万葉集』に見られているので、その信仰は飛鳥時代以前にさかのぼることがわかる。平安時代には霊が集まる場所（地獄）と信じられ、ここで故人と再会したといった説話が広まった。

また立山は女人禁制でありながら女人救済の山でもあった。姥堂《うばどう》から遙拝すると極楽往生できると信じられた。

こうした信仰は御師《おし》や修験者などによって全国に広められた。彼らは薬も売り歩き、これが富山の薬売りの起源だという。

雄山神社《おやまじんじゃ》（峰本社《みねほんしゃ》）

伊邪那岐神(立山大権現雄山神)、天手力雄神(刀尾天神剱岳神)

富山県中新川郡立山町芦峅寺立山峰1

076-483-1148(雄山神社前立社壇)

富山地方鉄道立山線立山駅より立山ケーブルカー約7分「美女平」下車、バス約50分「室堂」下車、徒歩約120分

雄山神社は立山の神（伊邪那岐神《いざなぎのかみ》・天手力雄神《あめのたぢからおのかみ》)を祀る神社で、頂上の峰本社、中腹の中宮《ちゅうぐう》祈願殿、麓の里宮前立社壇の3社から成る。峰本社は夏期（7月1日～9月30日)のみ参拝できる。

身延線は身延道《みのぶみち》に沿う路線であり、
富士川をさかのぼる路線でもあるが、
富士山西麓をめぐる路線でもある。

JR身延線

MINOBU LINE

静岡県
山梨県

写真提供:JR東海

秘境ではなかった鰍沢《かじかざわ》と富士身延鉄道の苦戦

落語の「鰍沢」は身延山《みのぶやま》参詣の者が鰍沢付近で吹雪に遭って道に迷うところから始まる。話の様子からすると山奥の秘境に思えてしまうが、実はそうではなかった。

富士山の西麓を流れる富士川は日本三大急流の一つといわれるほど流れが速い川で、難所も多かった。しかし、京の豪商・角倉了以《すみのくらりょうい》が幕府の命で河川改修を行い、甲府《こうふ》から駿河岩淵《するがいわぶち》までの通船を可能にした。

これによって富士川の舟運《しゅううん》が盛んになり、鰍沢・黒沢《くろさわ》・青柳《あおやぎ》は甲州三河岸と呼ばれて大いに賑わったそうだ。

曲折の末に富士駅から甲府駅まで全通した富士身延鉄道が経営に苦しんだのも、舟運に客をとられたからだ。

富士馬車鉄道・富士軌道といった聖地鉄道を駆逐した富士身延鉄道であったが、結局は国に買収され、身延線として再出発することになった。

東海旅客鉄道（身延線）

▶Central Japan Railway Company

大正2年(1913)開業
富士▶甲府 88.4km

大正2年（1913)、富士身延鉄道が富士〜大宮《おおみや》（現・富士宮)間で開業。この区間の馬車鉄道を廃止。同9年、甲《か》斐《い》大島《おおしま》〜身延、延伸開業。昭和3年（1928)、市川大門《いちかわだいもん》〜甲府間が延伸開業し、全通。同13年、路線が鉄道省借り上げとなる。同16年、国有化され、身延線という路線名が決まる。

甲斐善光寺《かいぜんこうじ》

善光寺如来
山梨県甲府市善光寺3-36-1
055-233-7570
JR身延線善光寺駅より徒歩約7分、またはJR中央本線酒折駅より徒歩約15分

永禄《えいろく》元年（1558）に武田信玄《たけだしんげん》が信濃善光寺《しなのぜんこうじ》の本尊を奉遷したことに始まる。その後、本尊は織田《おだ》氏に奪われたが、前立仏《まえだちぶつ》（※）を本尊とし徳川家の位牌所として大伽藍を構えた。

※平常公開されない秘仏の身代わりとして安置される仏像。

酒折宮《さかおりのみや》

日本武尊
山梨県甲府市酒折3-1-13
055-231-2690
JR身延線甲府駅よりJR中央本線に乗り換え、酒折駅より徒歩約5分

東征の折に当地に立ち寄った日本武尊《やまとたけるのみこと》が、塩海足尼《しおのみのすくね》に託した火打《ひうち》嚢《ぶくろ》を御神体とする。日本武尊の歌に御火焚《みひたき》の翁が返歌したという逸話から連歌発祥の地ともいう。

意外に多い？身延線沿線の聖地

身延線という名前から日蓮宗《にちれんしゅう》総本山の身延山久遠寺《みのぶさんくおんじ》の印象が強いが、それ以外にも聖地は多い。静岡側から順に見ていこう。

まず起点が富士駅ということからして象徴的だ。言うまでもなく富士山は日本一の霊山であり、富士宮《ふじのみや》の富士山本宮浅間大《ふじさんほんぐうせんげんたい》社《しゃ》など、この周辺には富士山信仰に関わる社寺が多い。

身延駅周辺は日蓮宗の寺院が多いが、最恩寺《さいおんじ》（井出《いで》駅）と円《えん》蔵院《そういん》（内船《うつぶな》駅）は臨済宗《りんざいしゅう》の古刹、八日市場《ようかいちば》（甲斐常葉《ときわ》駅）の大聖《だいしょう》寺《じ》は真言宗醍醐《しんごんしゅうだいご》派だ。市川本町《いちかわほんまち》駅前の宝寿院《ほうじゅいん》は高野山真言宗《こうやさんしんごんしゅう》だが夢窓疎石《むそうそせき》出家の寺と伝える。

さらに甲府駅周辺には甲斐善光寺や酒折宮ほか、数多くの古社名刹が点在している。

門前沿線探訪

武田《たけだ》神社
―JR身延線・中央本線（甲府駅）

甲府駅の北、バスで8分ほどのところに鎮座する武田神社は、戦国の名将・武田信玄《たけだしんげん》を祀っている。この場所は信玄の父・信虎《のぶとら》が築き、信虎、信玄、勝頼《かつより》の武田氏三代の居館となった「躑躅ヶ崎《つつじがさき》館」があったところで、今も当時の堀や石垣が遺されている。

平成31年（2019）には御鎮座100年を迎える。

武田神社…武田信玄に従三位が追贈されたのを機に創建され、大正8年（1919）に社殿が竣工した。
山梨県甲府市古府中町2611

身延山久遠寺《みのぶさんくおんじ》

三宝尊
山梨県南巨摩郡身延町身延3567
0556-62-1011
JR身延線身延駅よりバスで約12分「身延山」下車、徒歩約5分

日蓮宗《にちれんしゅう》総本山。文永《ぶんえい》11年（1274）に日蓮が草庵を結んだことに始まる。日蓮はここで晩年を過ごし、滅後はその遺言によってこの地に葬られた。日蓮留魂の法華経《ほけきょう》の霊山。

門前沿線探訪

しょうにん通り商店街
―JR身延線（身延駅）

しょうにん通り商店街は身延駅から久遠寺に続く参道の一部で、600mほど続く。

かつては身延駅前通り商店街と称していたが、店舗の全面的な建て替え、電線の地中化、バリアフリー化などを行ってリニューアルした。

景観が統一され歩きやすくなったと好評で、各地の商店街からも注目されている。

しょうにん通り商店街…身延山の参道にはこのほか総門前の門内商店街、中間の梅平商店街などがある。

駿河《するが》と甲斐から身延を目指す道

身延線は身延道という街道にほぼ沿っている。身延道は駿州往還ともいい、駿河と甲斐を結ぶ物流の道でもあったが、その名が示すように身延山久遠寺への参詣路であった。

当時の賑わいを今に伝えてくれるものに、十返舎一九《じっぺんしゃいっく》の『身延道中記』（1898年）がある。たとえば鰍沢のところでは、「鰍沢、甲府より三里あり。よき町にて、宿屋もよし。この所より身延へ乗合の舟あり」と書かれている。

面白いのは煙草を運ぶ舟に便乗して富士川を下った一節で、途中に舟の乗客を改める番所があるとしている。よく水死する者があるので事後処理のために記録しておくのだそうだ。

富士山本宮浅間大社《ふじさんほんぐうせんげんたいしゃ》

木花之佐久夜毘売命（浅間大神）、瓊々杵尊、大山祇神
静岡県富士宮市宮町1-1
0544-27-2002
JR身延線富士宮駅より徒歩約10分

第7代孝霊《こうれい》天皇の御代に富士山が大噴火し、それ以来周辺が荒れ果てたままであることを憂えた第11代垂仁《すいにん》天皇が、浅間大神《あさまのおおかみ》を祀ったことを起源とする。

富士急行

FUJIKYU

大月線

東京都

金鳥居《かねのとりい》をくぐっていた都留《つる》馬車鉄道

金鳥居は富士吉田のシンボルである。10メートルほどある青銅製の鳥居の向こうに富士山がそびえる景色は、富士信仰の象徴でもある。

かつてはここから内は富士山の霊域とされていたのだが、驚くべきことに、この鳥居をくぐって馬車鉄道が走っていた時期がある。

走っていたのは都留馬車鉄道で、小沼《おぬま》(今の三つ峠付近)で富士馬車鉄道と接続して大月《おおつき》まで続いていた。

富士山に向かう聖地鉄道・富士急行の前身である。

富士急の列車を撮るのなら、やはり背景に富士山が欲しいところ。寿《ことぶき》～三つ峠が有名だが、下吉田《しもよしだ》～月江寺《げっこうじ》、月江寺～富士吉田でも撮れる。

富士急行(大月線)

▶Fuji Kyuko

明治36年(1903)開業

大月▶富士山 23.6km

明治36年(1903)、富士馬車鉄道が大月～小沼(現在の三つ峠付近)で開業。同年、都留馬車鉄道が小沼～下吉田間で開業。両鉄道は富士電気軌道に譲渡され、さらに昭和3年(1928)、富士急の前身、富士山麓電気鉄道に譲渡された。

水上山月江寺《すいじょうさんげっこうじ》

- 地蔵菩薩
- 山梨県富士吉田市下吉田869
- 0555-23-4000
- 富士急行月江寺駅より徒歩約4分

応永《おうえい》2年（1395）、甲州《こうしゅう》市塩山《えんざん》の向嶽寺《こうがくじ》8世・絶学祖能《ぜつがくそのう》が上吉田《かみよしだ》に創建。元亀《げんき》3年（1572）に現在の場所に移る。寛《かん》永《えい》年間（1624～1644）に妙心寺《みょうしんじ》派に転属。最盛期には22の末寺を持つ有力寺院であった。

最初の富士登山者は馬に乗った聖徳太子？

半ばこじつけであるが、富士山を初めて走った鉄道が馬車鉄道であったことに、因縁めいたものを感じる。というのは、富士山の最初の登山者は馬に乗った聖徳太子《しょうとくたいし》だとされるからだ。

伝説によると、太子は甲斐から献上された黒駒に乗って空を駆け、富士山頂に至ったのだという。

実際に富士山に登ったと知られる最古の人物は、平安後期に富士信仰を広めた末代《まつだい》（富士上人）である。山頂から末代の名を記した写経などが出土しているので、ほぼ確実視されている。

しかし、11世紀頃まで富士山は噴火活動が盛んであったので、登山が広まるのは室町時代になってからのことだった。

小室浅間神社《おむろせんげんじんじゃ》

- 木花咲耶姫命
- 山梨県富士吉田市下吉田3-32-18
- 0555-22-1025
- 富士急行下吉田駅より徒歩約4分

木花咲耶姫命《このはなさくやひめのみこと》を祀る。坂上田村麻呂《さかのうえのたむらまろ》が東征の折に富士山を遙拝して大勝を得たことを感謝し、大同《だいどう》2年（807）に創建したという。流鏑馬祭《やぶさめまつり》・筒粥神事《つつがゆしんじ》でも知られる。

門前沿線探訪

吉田うどん
—富士急行（富士山駅）

富士吉田の隠れた名物が吉田うどん。太めでコシのある麺、甘辛に煮た馬肉やゆでたキャベツなどのトッピングが特徴的な富士吉田市民のソウルフードだ。

一見すると、どこにでもありそうなうどんに見えるが、食べてみると、どこのうどんにも似ていない、けれど誰の口にも合うような味だとわかる。ぜひお試しあれ。

吉田うどん…馬肉とキャベツという基本はどの店も同じだが、つゆが味噌ベースであったり、薬味にこだわりがあったりで奥が深い。

写真協力：一般財団法人ふじよしだ観光振興サービス

北口本宮富士浅間神社《きたぐちほんぐうふじせんげんじんじゃ》

- 木花開耶姫命
- 山梨県富士吉田市上吉田5558
- 0555-22-0221
- 富士急行富士山駅より富士急行バス約6分「浅間神社前」下車、徒歩すぐ

日本武尊《やまとたけるのみこと》が東征の折、足柄《あしがら》の坂本《さかもと》より酒折宮《さかおりのみや》へ向かう途上で当地の大塚丘より富士山を遥拝し「富士の神山は北方より拝せよ」と仰せになられたことを起源とする。度重なる噴火を鎮めるため、占いにより延暦《えんりゃく》7年（788）に現在の地に社殿を建て、浅間大神をお遷ししたとされる。

拝殿《はいでん》…入母屋造《いりもやづくり》の屋根に千鳥破風《ちどりはふ》と唐破風《からはふ》をつけてあり、多くの棟があるように見えることから八棟造《やつむねづくり》という。

女人禁制がゆるんだ庚申《こうしん》の年

火を噴く富士山の姿は現代のわれわれには想像しにくいが、古代の人々にとっては当たり前の光景であった。

『万葉集』に収録された高橋虫麻呂《たかはしのむしまろ》の歌にも「燃ゆる火を雪もち消ち、降る雪を火もち消ちつつ」（燃える火を雪で消し、降る雪を火で消して）という一節がある。噴火による被害も多く、山麓に富士山の神霊を祀る神社が数多く鎮まるのも、災害が起こるたびに鎮静を願って祭祀を行ったからだ。

そんな記憶も近世になると忘れられ、富士講の登場で団体登山がさかんになった。なお、明治まで富士山は女人禁制であったが、庚申の年だけは途中までの登山が許された。

撮影ポイントガイド

寿～三つ峠（がんじゃ踏切付近）

富士山を背景に撮れるポイントとして有名な場所。午前中に撮るほうが、富士山がきれいに写る。

そのほかの撮影ポイントでは、新町《しんまち》の新倉《あらくら》第2踏切も有名。正面に大きく富士山が撮れる。禾生橋《かせいばし》から第1桂《かつら》橋梁を狙うのもおすすめ。

名鉄

MEITETSU

名古屋本線／豊川線／津島線

愛知県
岐阜県

熱田神宮《あつたじんぐう》

熱田大神、天照大神、素盞嗚尊、日本武尊、宮簀媛命、建稲種命
愛知県名古屋市熱田区神宮1-1-1
052-671-4151
名鉄名古屋本線・常滑線神宮前駅下車、徒歩約3分

皇位継承の御璽《みしるし》である三種の神器の一つ、草薙神剣《くさなぎのみつるぎ》をお祀りし、古来、伊勢の神宮に次ぐ格別に尊いお宮として崇敬を集めている。

愛知電気鉄道は豊川稲荷《とよかわいなり》を目指す

近鉄ほどではないが名鉄も中小の鉄道を合併して大きくなった会社なので、その歴史は複雑だ。ここでは神宮前《じんぐうまえ》～豊川稲荷に絞って述べることにする。

名鉄名古屋本線のうち神宮前から西、豊橋《とよはし》に至るまでの路線は愛知電気鉄道によって建設された。その開業は大正6年（1917）、神宮前～笠寺《かさでら》間（現・本笠寺《ほんかさでら》）でのことであった。

愛電の聖地鉄道志向は当初の路線が熱田神宮と笠寺を結ぶものであったことからもわかる。こうした鉄道が、熱田神宮に次いで参詣者を集める豊川稲荷を目指さないはずがない。

念願の豊川まで列車を通すことができるようになったのは、大正15年（1926）のこと。小坂井《こざかい》から豊川鉄道に乗り入れて豊川まで走った。

しかし、昭和18年（1943）に豊川鉄道が国有化されると直通運転が難しくなり、自前の路線が必要になった。

名古屋鉄道（名古屋本線／豊川線／津島線）

▶Nagoya Railroad

大正3年（1914）開業

名古屋本線 豊橋▶名鉄岐阜 99.8km
豊川線 国府▶豊川稲荷 7.2km
津島線 須ヶ口▶津島 11.8km

大正6年（1917）、愛知電気鉄道が神宮前～笠寺（現・本笠寺）で開業。同15年、豊橋線豊川までの乗り入れ運転開始。昭和20年（1945）、豊川線、国府《こう》～市役所前（現・諏訪町《すわちょう》）で開業。同29年、新豊川（現・豊川稲荷）まで全通。

真清田神社《ますみだじんじゃ》

天火明命
愛知県一宮市真清田1-2-1
0586-73-5196
名鉄名古屋本線・尾西線一宮駅・JR東海道本線尾張一宮駅より徒歩約8分

天火明命《あめのほあかりのみこと》を祀る。社伝によると、天火明命の御子・天香山命《あめのかぐやまのみこと》が尾張《おわり》の開拓を行い、父神を祀ったことに始まるという。尾張国一宮として国司や藩主の崇敬を受けてきた。

2

1

1 服織《はとり》神社…摂社で萬幡豊《よろずはたとよ》秋津師比賣命《あきつしひめのみこと》を祀る。機織り・衣服の神として信仰されており、七夕には御衣《おんぞ》奉献祭が斎行される。

2 社殿…旧社殿は空襲で全焼。現在の建物は昭和32年（1957）の再建。本殿・祭文殿・拝殿を回廊でつないだ、この地方独特の尾張造《おわりづくり》になっている。

熱田神宮と真清田神社 尾張国一宮制度の謎

熱田神宮は三種の神器の一つ草薙神剣を御神体としている。草薙神剣は日本武尊が東征の際に帯びていた霊剣で、草原で焼き打ちにあった時、草を刈って身を守るのに用いたという。

日本武尊の薨去《こうきょ》後、妃の宮簀《みやず》媛《ひめ》が神剣を熱田で祀り、これが熱田神宮の起源とされる。こうした由緒から熱田神宮は伊勢神《いせじん》宮《ぐう》に次ぐ別格の神社として扱われてきた。しかし、一宮制においては三宮なのである。

では、どこが尾張国の一宮かというと、名古屋本線の名鉄一宮駅近くに鎮座する真清田神社なのである。

真清田神社は国人の信仰を集めていたため一宮に選ばれたという説もあるが、謎は深い。

門前沿線探訪

妙興寺《みょうこうじ》を歩く
—名鉄名古屋本線（妙興寺駅）

駅名の妙興寺は臨済宗《りんざいしゅう》の名刹・妙興寺にちなむもの。貞《じょう》和《わ》4年（1348）の創建と伝わる寺で、数多くの寺宝を所蔵する。隣には一宮市博物館があるので、参詣の後に寄ってみよう。

名鉄尾西《びさい》線方面に歩くと、真清田神社とともに一宮だったともいわれる大神《おおみわ》神社がある。ここまで来れば、名鉄一宮駅も近い。

一宮市博物館…市の歴史や文化を遺物や模型で学べる。機織り・糸紡ぎなどの体験コーナーもある。

笠覆寺《りゅうふくじ》（笠寺観音《かさでらかんのん》）

十一面観世音菩薩
愛知県名古屋市南区笠寺町上新町83
052-821-1367（8時～16時）
名鉄名古屋本線本笠寺駅より徒歩約3分、または
JR東海道本線笠寺駅より徒歩約20分

天平《てんぴょう》5年（733）、僧・善光《ぜんこう》が霊木で十一面観音像を彫ったことに始まるという。雨ざらしになった観音像に笠をかぶせた娘が藤原兼平《ふじわらのかねひら》の妃となった霊験から笠寺と称された。

一宮から三宮へ 名古屋本線聖地めぐり

熱田神宮が三宮となったのは、もともとは別格とされていたことが忘れられたためという説もある。すでに一宮・二宮が社会的に認知されていたので、三宮とせざるをえなかったというものだ。この説の当否はわからないが、奇しくも名古屋本線は真清田神社と熱田神宮を結ぶ路線となっている。

沿線の聖地はこれだけではない。ざっと見てみよう。

まず知立《ちりゅう》駅近くには知立神社がある。本笠寺駅には笠覆寺、大神宮駅には熱田神宮、そして国府宮《こうのみや》駅近くには尾張大国霊《おわりおおくにたま》神社がある。妙興寺駅には妙興寺、名鉄一宮駅には真清田神社、そして美濃国《みののくに》三宮の伊奈波《いなば》神社は名鉄岐阜駅から車で10分だ。

知立神社《ちりゅうじんじゃ》

鸕鷀草葺不合尊、彦火火出見尊、玉依比売命、神日本磐余彦尊、青海首命、聖徳太子
愛知県知立市西町神田12
0566-81-0055
名鉄名古屋本線・三河線知立駅より徒歩約12分

景行《けいこう》天皇の頃の創建という。三河国《みかわのくに》二宮として国司の祭祀を受け、江戸時代には三嶋大社《みしまたいしゃ》・熱田神宮と並んで東海道三社の一社に数えられた。まむし除けでも有名。

門前沿線探訪

岡崎公園（岡崎城址）
―名鉄名古屋本線（岡崎駅）

徳川家康《とくがわいえやす》が生まれた場所として知られる岡崎城跡を整備した公園。昭和34年（1959）に復興された天守閣（内部は歴史資料館となっている）のほか、三河武士のやかた家康館、二の丸能楽堂、茶室美松庵、昇竜伝説が伝えられる龍城《たつき》神社、家康公が能を舞うからくり時計などがある。桜や藤の名所でもある。

岡崎城…家康の祖父の松平清康が西郷氏より奪って持ち城とした。もとは平山城だが平城に改造された。

愛知県岡崎市康生町

妙厳寺《みょうごんじ》（豊川稲荷《とよかわいなり》）

千手観世音菩薩
愛知県豊川市豊川町1
0533-85-2030
名鉄豊川線豊川稲荷駅より徒歩約5分、またはJR飯田線豊川駅より徒歩約5分

正しくは円福山妙厳寺《えんぷくざんみょうごんじ》という曹洞宗《そうとうしゅう》の寺院。嘉吉《かきつ》元年（1441）に東海義易《とうかいぎえき》が創建。豊川稲荷は当寺の鎮守で、道元の弟子の寒巖義尹《かんがんぎいん》を守護した吒枳尼眞天《だきにしんてん》をいう。右の写真は本殿。

1 山門…天文《てんぶん》5年（1536）に今川義元《いまがわよしもと》が寄進した楼門で、当寺に現存する建物の中で最古。仁王像は篤信者から奉納されたもの。

2 霊狐塚…豊川稲荷に願い事をし、無事成就した篤信者が報恩のために奉納した霊狐像が林立している。大小合わせて800体ほどあるという。

2

1

もう一つの稲荷信仰
もう一つの祇園《ぎおん》信仰

お稲荷さんといえば、京都の伏見稲荷大社《ふしみいなりたいしゃ》の分社であることが多い。しかし、豊川稲荷と呼ばれているものは違う。

伏見稲荷で祀られるのは宇迦《うか》之《の》御魂神《みたまのかみ》（異説もある）であるが、豐川吒枳尼眞天《とよかわだきにしんてん》という天部の仏である。曹洞宗の高僧・寒巖義尹《かんがんぎいん》に、信者の守護を約束したと伝えられる。

いっぽう祇園信仰といえば、京の八坂神社を発祥とするのが一般的だ。しかし、全国に広まった牛頭《ごず》天王（祇園）信仰の中には津島神社系統のものも少なくない。近世には「西の祇園社（八坂神社）、東の津島社」と並び称されていた。

なお、津島線は津島神社の参詣路（上街道）と重なっている。

津島神社《つしまじんじゃ》

建速須佐之男命、大穴牟遅命（大国主命）
愛知県津島市神明町1
0567-26-3216
名鉄津島線・尾西線津島駅より徒歩約15分

欽明《きんめい》天皇元年（540）に対馬《つしま》より建速須佐之男命《たけはやすさのおのみこと》が来臨し鎮座したのが始まりとする。弘仁《こうにん》元年（810）に神階正一位と日本総社の号を賜った。全国天王総本社。

JR参宮線

SANGU LINE

三重県

⛩ 皇大神宮《こうたいじんぐう》（内宮《ないくう》）

天照坐皇大御神

三重県伊勢市宇治館町1

0596-24-1111（神宮司庁）

JR参宮線・近鉄山田線伊勢市駅よりバスで約20分「内宮前」下車すぐ、または近鉄鳥羽線五十鈴川駅より徒歩約30分

天照坐皇大御神を祀る。垂仁《すいにん》天皇の御代に倭 姫《やまとひめの》命《みこと》が大御神の神霊を奉じて各地をめぐり、大御神が望まれた伊勢《いせ》に祀ったとされる。

「せめて一生に一度でも」近世に伊勢参宮が一大ブームに

伊勢神宮（正式には神宮）は皇祖神たる天照大御神を祀るお宮であり、皇位に関わるお宮であったので、かつては皇后・皇太子といえども天皇の許可がなければ供え物をすることはできなかった。

ところが、中世になって朝廷が政治的にも経済的にも弱体化すると、庶民の伊勢神宮への信仰が少しずつ広がり始めた。

さらに御師《おんし》と呼ばれる伊勢神宮の神職が各地をめぐって御札を配り参拝を勧めたので、近世には伊勢参宮が一大ブームとなった。

享保《きょうほう》3年（1718）に山田《やまだ》奉行所が作った報告書によれば、元日からの3カ月余りの間に42万7千人もの参拝者があったという。お蔭参りの年ともなれば、50日間で360万人もが押し寄せた。

このような聖地を鉄道会社が見逃すはずはない。

東海旅客鉄道（参宮線）

▶Central Japan Railway Company

明治26年（1893）開業

多気▶鳥羽 29.1km

明治26年（1893）、参宮鉄道が津《つ》～宮川《みやがわ》間で開業。同30年、山田（現、伊勢市）まで延伸開業。同40年、参宮鉄道が国有化され、路線名が参宮線と決まる。同44年、鳥羽《とば》まで延伸開業。昭和34年（1959）、亀山《かめやま》～相可口《おうかぐち》が紀勢本線に編入される。同年、相可口を多気《たき》、山田を伊勢市に改称。

写真提供:JR東海

豊受大神宮《とようけだいじんぐう》（外宮《げくう》）

- 豊受大御神
- 三重県伊勢市豊川町279
- 0596-24-1111（神宮司庁）
- JR参宮線・近鉄山田線伊勢市駅よりバスで約3分「外宮前」下車すぐ

豊受大御神《とようけのおおみかみ》を祀る。雄略《ゆうりゃく》天皇の御代に豊受大御神を丹波《たんば》より天照大御神の御饌都神《みけつのかみ》（食べ物の神）として迎えたことに始まる。豊受宮《とようけのみや》・度会宮《わたらいのみや》とも呼ばれた。

路面電車もあった明治・大正の伊勢

伊勢に最初に鉄道を敷いたのは参宮鉄道であった。明治26年（1893）に宮川まで、明治30年には山田（現・伊勢市）まで線路を延ばした。参宮鉄道は津で関西鉄道に接続したので、関西圏からの参宮がぐっと楽になった。

明治36年には宮川電気が開業し、山田と内宮や二見浦を結ぶ路面電車を走らせた。

当時は伊勢へ旅客を運ぶのは参宮鉄道に限られていたので一人勝ちの状態であったが、明治40年に国有化されてしまった。これが参宮線の起源だ。

これで国鉄の天下かと思われたが、昭和6年（1931）に参宮急行電鉄（現・近鉄）が参入し、厳しい競争が勃発した。

二見興玉神社《ふたみおきたまじんじゃ》

- 猿田彦大神、宇迦御魂大神、綿津見大神
- 三重県伊勢市二見町江575
- 0596-43-2020
- JR参宮線二見浦駅より徒歩約15分、またはJR参宮線・近鉄山田線伊勢市駅よりバス約20分「夫婦岩東口」下車、徒歩約5分

猿田彦大神《さるたひこのおおかみ》などを祀る。夫婦岩の沖合約700メートルの海中にある霊石を猿田彦大神縁の興玉神石《おきたましんせき》として崇める。夫婦岩（写真）に掛かる大注連縄の張り替え神事で有名。

門前沿線探訪

宇治山田駅…設計は鉄道省の初代建築課長を務め、東武浅草駅や南海難波駅、蒲郡ホテルなども手がけた久野節《くのみさお》。国の登録文化財。

宇治山田《うじやまだ》駅
―近鉄山田線（宇治山田駅）

全面を覆ったクリーム色のテラコッタ・タイルと茶色いスペイン瓦が印象的な宇治山田駅舎は、近鉄の前身の一つ参宮急行電鉄が昭和6年（1931）に建設した。

この場所は度会《わたらい》府庁があったところで、開業前年には御《ご》遷宮奉祝神都《せんぐうほうしゅくしんと》博覧会《はくらんかい》（第58回式年遷宮を記念したイベント）が行われていた。新しい伊勢の玄関口にふさわしい場所であった。

JR吉備線（桃太郎線）

KIBI LINE

岡山県

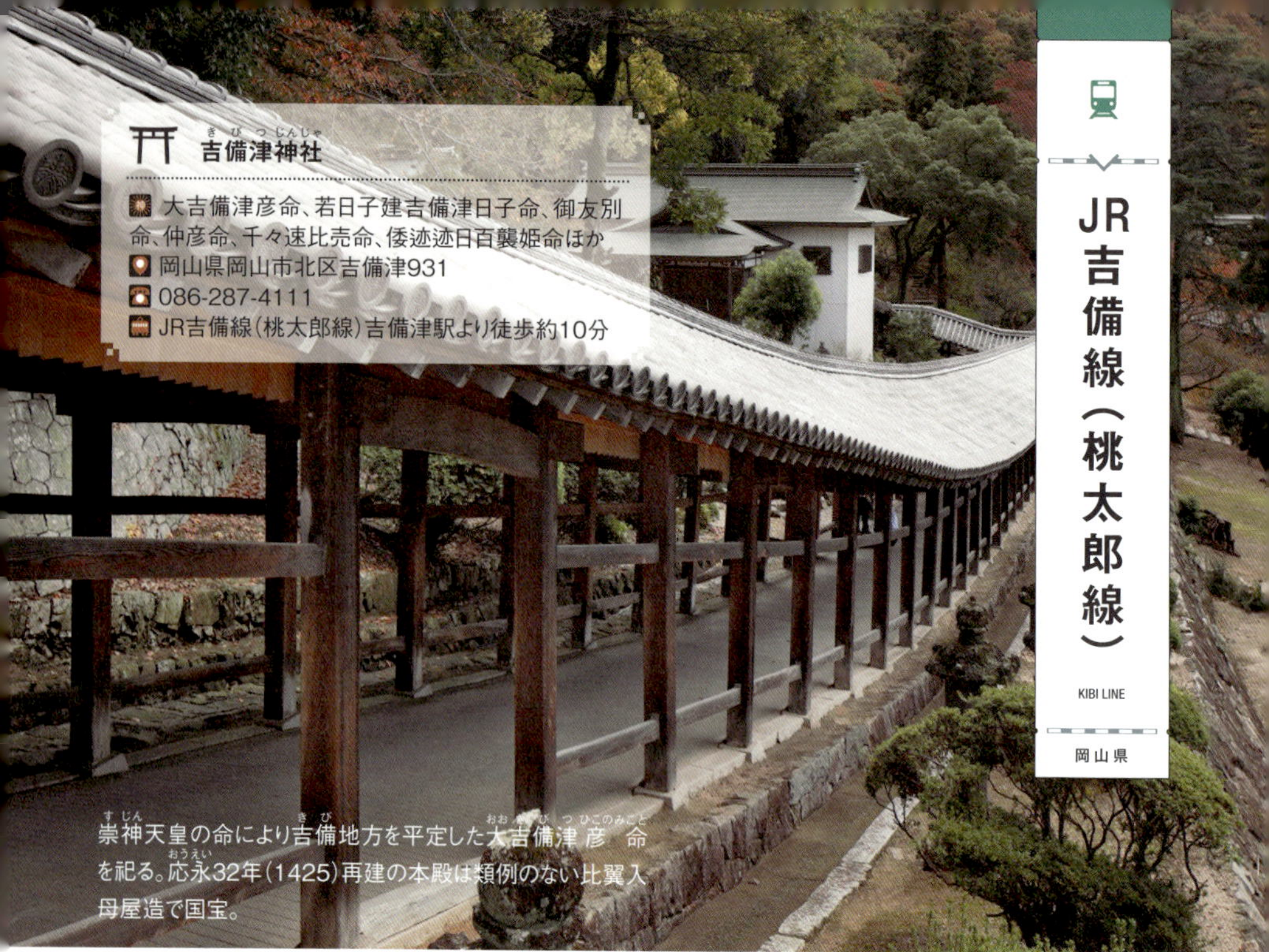

吉備津神社《きびつじんじゃ》

- 大吉備津彦命、若日子建吉備津日子命、御友別命、仲彦命、千々速比売命、倭迹迹日百襲姫命ほか
- 岡山県岡山市北区吉備津931
- 086-287-4111
- JR吉備線（桃太郎線）吉備津駅より徒歩約10分

崇神《すじん》天皇の命により吉備《きび》地方を平定した大吉備津彦命《おおきびつひこのみこと》を祀る。応永《おうえい》32年（1425）再建の本殿は類例のない比翼入母屋造で国宝。

3つの吉備津神社と桃太郎の関係

吉備線は沿線に2社の一宮、1社の総社があり、一宮総社制度を象徴するような聖地鉄道となっている。

一宮はその国でもっとも格式が高い神社、総社はその国の神をすべて祀る神社のことをいう。この制度がどのように成立したのか不明な点が多いが、国司の重要な役割である国内の神の祭祀を助けるものであったようだ。

吉備線沿線にある二つの一宮とは、備前国《びぜんのくに》一宮の吉備津彦神社と備中国《びっちゅうのくに》一宮の吉備津神社のことをいう。この2社、最寄り駅が備前一宮駅・吉備津駅と隣り合っていることからもわかるようにごく近くに鎮座している。一宮同士がこれほど接近している場所はほかにはない。

実は備後国《びんごのくに》一宮も吉備津神社という。これはこの3国がもとは吉備国《きびのくに》という一国であったためといわれる。そして、この地の守護神が桃太郎のモデルとされる大吉備津彦命《おおきびつひこのみこと》なのである。

西日本旅客鉄道（吉備線）

▶West Japan Railway Company

明治37年（1904）開業
岡山▶総社 20.4km

明治37年（1904）、中国鉄道が吉備線として岡山《おかやま》～湛井《たたい》（廃止）を開業。同44年、稲荷山《いなりやま》線・稲荷《いなり》（現・備中高松《びっちゅうたかまつ》）～稲荷山（廃止）を開業。大正14年（1925）、総社《そうじゃ》（現・東総社）～西総社（現・総社）間延伸、国鉄に乗り入れを開始。昭和19年（1944）、稲荷山線休止、中国鉄道が国有化される。

吉備津彦神社《きびつひこじんじゃ》

- 大吉備津彦命
- 岡山県岡山市北区一宮1043
- 086-284-0031
- JR吉備線(桃太郎線)備前一宮駅より徒歩約3分

大吉備津彦命《おおきびつひこのみこと》を祀る備前国一宮。清水白桃の産地で有名な一宮地域に鎮座。大吉備津彦命と温羅《うら》との戦いの様子が昔話「桃太郎」のもとになったといわれており、桃太郎伝説発祥の地とされている。

幻の聖地鉄道 中国鉄道稲荷山線

吉備線は結果として聖地鉄道になった路線であるが、前身の中国鉄道には生粋の聖地鉄道もあった。稲荷山線である。

吉備線の撮影ポイントの一つに備中高松駅付近の大鳥居がある。これは最上《さいじょう》稲荷(日蓮宗妙《にちれんしゅうみょう》教寺《きょうじ》)のもので、参道がここから続いていることを示している。稲荷山線も備中高松駅(当時は稲荷駅といった)から分岐して最上稲荷門前の稲荷山駅までの2・4キロを結んでいた。

それだけではなく、中国鉄道は最上稲荷の境内から奥の院までの400メートルほどの距離を結ぶ鋼索線も経営していた。

しかし、いずれも不要不急路線とされ、昭和19年(1944)に休止に追い込まれた。

備中国総社宮《びっちゅうのくにそうじゃぐう》

- 大名持命、須世理姫命、宮中八神、備中国内式内式外324の神々
- 岡山県総社市総社2-18-1
- 0866-93-4302
- JR吉備線(桃太郎線)東総社駅より徒歩約5分、またはJR伯備線・井原鉄道井原線総社駅より徒歩約20～30分

創建年代は不詳だが平安末期に国司が備中国内324の神社を国府近くに勧請した神社。室町時代には細川《ほそかわ》家・毛利《もうり》家が氏神に準じて崇敬した。

門前沿線探訪

鬼ノ城《きのじょう》 ―JR吉備線(総社駅)

大吉備津彦命は吉備で温羅《うら》という鬼を退治したと伝えられており、これが昔話の桃太郎の原話だともいわれる。

その温羅が立て籠もっていたといわれるのが鬼ノ城。ここで温羅と大吉備津彦命との決戦が行われたと伝えられるが、実際には古代の山城。7世紀頃のものと考えられる貴重な遺構だ。

鬼ノ城…鬼城山頂に高さ6mの土塁や石塁が2.8kmにわたって巡らされている。一部復元されている。

- 岡山県総社市黒尾1101-2

一畑電車

BATADEN

北松江線
大社線

島根県

撮影ポイントガイド

粟津《あわつ》稲生《いなり》神社（大社線　高浜《たかはま》～遥堪《ようかん》）

ばた電（一畑電車）の代表的な撮影ポイント。鳥居の朱、田圃の緑、空の青に車両がよく映える。鉄道が参道を分断した悲劇の場所であるのだが……。

スイッチバックに秘められた聖地の悲話

途中で進行方向変えるスイッチバックは、箱根登山鉄道のような登山電車で用いられることが多い。ところが、一畑電車は必要性がまるでない平地の場所でスイッチバックを行う。ここに聖地鉄道・一畑電車の悲話が秘められているのだが、それを語るには一畑電気鉄道という社名の由来から説明しなければならない。

一畑電車は電鉄出雲市《いずもし》～松江《まつえ》しんじ湖温泉間の北松江線と、川跡《かわと》～出雲大社前《いずもたいしゃまえ》間の大社線の2路線から成る。この路線図を見ると出雲大社《いづもおおやしろ》へ向かう聖地鉄道として建設されたように思えるがそうではない。

一畑とは目の薬師様として有名な一畑寺《いちばたじ》（一畑薬師）のことを指す。もともと一畑電車は一畑寺の麓と出雲今市《いまいち》（現・電鉄出雲市）を結ぶ鉄道で、その資本金は一畑寺が25パーセントも負担していた。寺にとって参詣路線開設は悲願であったのだ。

一畑電気鉄道（北松江線／大社線）

▶Ichibata Electric Railroad

大正3年（1914）開業

北松江線 電鉄出雲市▶松江しんじ湖温泉 33.9km

大社線 川跡▶出雲大社前 8.3km

大正3年（1914）、一畑軽便鉄道が出雲今市（現・電鉄出雲市）～雲州平田《うんしゅうひらた》間で開業。翌年、一畑（廃止）まで延伸。同14年、社名を一畑電気鉄道に変更。昭和3年（1928）、小境灘《こざかいなだ》（現・一畑口《いちばたぐち》）～北松江（現・松江しんじ湖温泉）開業。同5年、川跡～大社《たいしゃ》神門《しんもん》（現・出雲大社前）開業。

出雲大社《いづもおおやしろ》

大国主大神
島根県出雲市大社町杵築東195
0853-53-3100
一畑電車大社線出雲大社前駅より徒歩約10分、またはJR山陰本線出雲市駅よりバスで約25分「正門前」下車、徒歩約1分

豊葦原瑞穂国《とよあしはらみずほのくに》を開拓した国造りの神・大国主大神《おおくにぬしのおおかみ》を祀る。天照大《あまてらすおお》神《みかみ》に国譲りをする代償として、天照大神の宮殿と同じように建てた宮（神社）が始まりとされる。右写真中央が本殿。

1 参道…出雲には神話の舞台が今も数多く残る。参道から西に行けば、神代に国譲りが行われたという稲佐《いなさ》の浜に出る。

2 神楽殿…国造《くにのみやつこ》家の大広間であるとともにさまざまな祭事行事が執り行われる神殿。大注連縄は長さ約13メートル、重さ約4.5トンある。

2

1

不要不急路線…ばた電合理化で廃線…大社線

昭和5年（1930）、一畑電車は大社神門《たいしゃしんもん》（現・出雲大社前）まで路線を敷き、二つの聖地を結ぶ鉄道となった。当初は出雲今市（現・電鉄出雲市）から北進するルートを計画したのだが、国鉄の出雲線と競合することから許可が出ず、川跡から分岐する形になった。

だが、一畑電車も戦争によって運命を狂わされてしまう。昭和19年に小境灘《こざかいなだ》（現・一畑口《いちばたぐち》）～一畑間が不要不急路線とされ、線路を供出させられたのだ。一畑口の不自然なスイッチバックは、路線が撤去された跡なのである。一方、国鉄の大社線は民営化後まで残ったが、乗客減少のため平成2年（1990）に廃線となった。

門前沿線探訪

宍道湖《しんじこ》 ――一畑電車北松江線沿線

一畑電車は松江しんじ湖温泉駅から園駅《そのえき》まで宍道湖の畔を走り続ける。その間18キロ。北松江線の半分以上の距離だ。初めての乗客はその大きさに驚くかもしれない。

宍道湖には240種類もの鳥類が生息し、ラムサール条約にも登録されている。汽水湖なのでシジミや鰻など珍味も豊富。夕日の名所でもある。

宍道湖畔を走る一畑電車。

JR土讃線

DOSAN LINE

香川県
徳島県
高知県

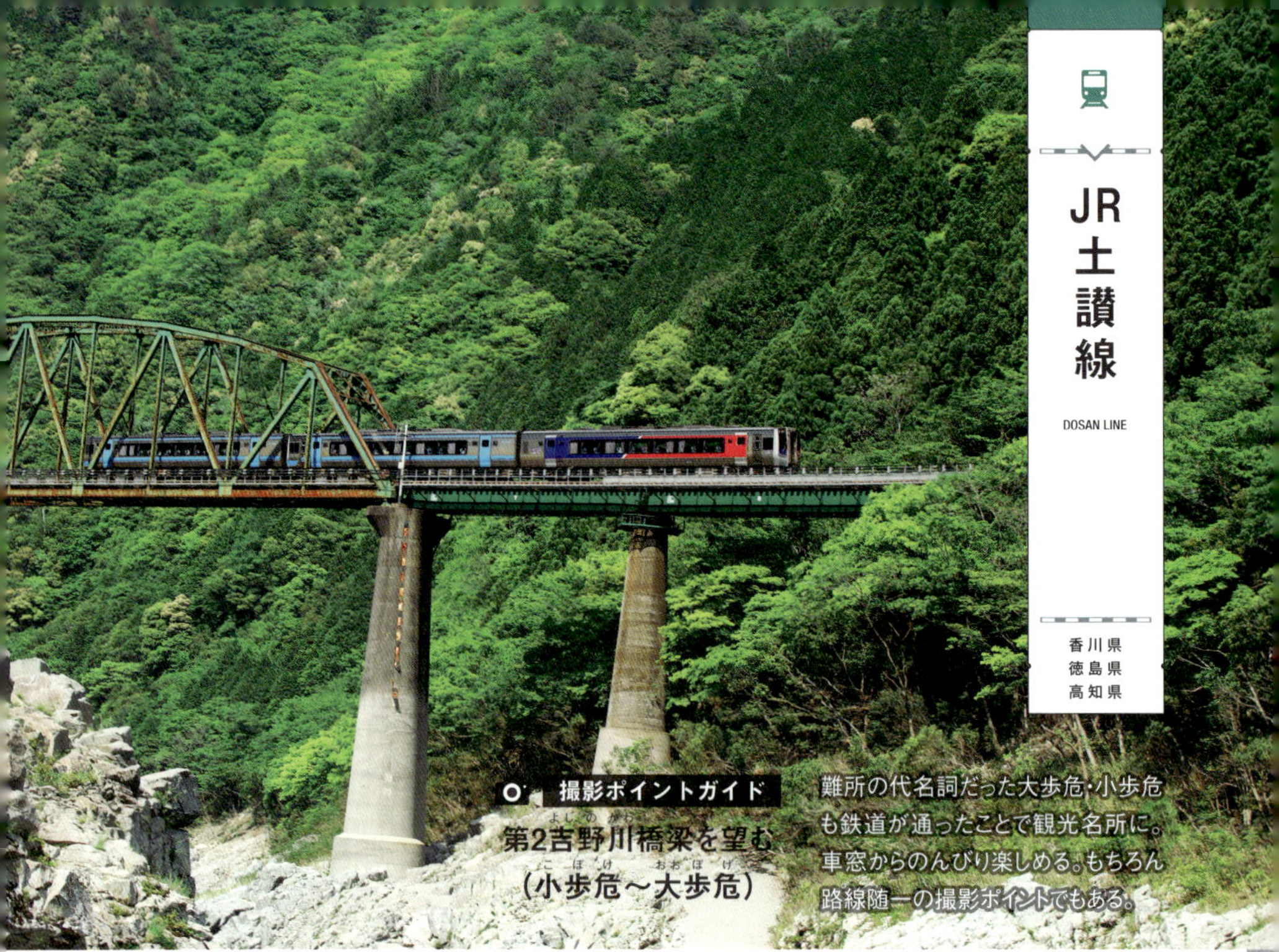

撮影ポイントガイド

第2吉野川《よしのがわ》橋梁を望む
（小歩危《こぼけ》～大歩危《おおぼけ》）

難所の代名詞だった大歩危・小歩危も鉄道が通ったことで観光名所に。車窓からのんびり楽しめる。もちろん路線随一の撮影ポイントでもある。

女ボーイもいた讃岐《さぬき》鉄道の食堂車

くわしくは琴電のところで述べるが、四国では金刀比羅宮《ことひらぐう》が鎮座する琴平《ことひら》において鉄道敷設競争が起こった。伊勢神宮《いせじんぐう》に次ぐ集客力に鉄道事業者が群がったわけだが、一番乗りをしたのは讃岐鉄道であった。

讃岐鉄道の創業者は多度津《たどつ》の廻船問屋（廻船による物資輸送業者）・景山甚右衛門《かげやまじんうえもん》であった。上京した際に見た鉄道に感銘を受け、金刀比羅宮の参詣者の利用を当て込んで鉄道会社を設立したという。景山はなかなか目先がきく人物であったようで、讃岐鉄道に食堂車をつけて女性接客員（女ボーイ）を乗せるなど当時としては先駆的なサービスを展開している。

讃岐鉄道は丸亀《まるがめ》から高松《たかまつ》まで延伸し、さらに宇高《うこう》連絡船の構想も立てていたが、不況の影響もあって経営が苦しくなり、山陽鉄道に吸収合併された。さらにその2年後には山陽鉄道も国有化された。

四国旅客鉄道（土讃線）

▶Shikoku Railway Company

明治22年（1889）開業
多度津▶窪川 198.7km

明治22年（1889）、讃岐鉄道が丸亀～琴平間で開業。同30年、高松まで延伸。同37年、山陽鉄道と合併。同39年、山陽鉄道国有化、高松～琴平間を讃岐線とする。大正13年（1924）、高知線の須崎《すさき》～日下《くさか》間開業。昭和10年（1935）、高知線と接続、多度津～須崎間を土讃線とする。同26年、全通。

善通寺《ぜんつうじ》

薬師如来
香川県善通寺市善通寺町3-3-1
0877-62-0111
JR土讃線善通寺駅より徒歩約20分、またはバスで約8分「郷土館前」下車、徒歩約3分

真言宗《しんごんしゅう》善通寺派総本山。空海《くうかい》生誕の地。空海が大同《だいどう》2年（807）に長《ちょう》安《あん》の青龍寺《せいりゅうじ》を模して建立したもので、父の諱《いみな》「善通《よしみち》」から「善通寺」と号したと伝えられる。

1 五重塔…総高43m。善通寺市のシンボル的存在。現在の建物は弘化《こうか》2年（1845）から57年かけて再建されたもの。

2 御影《みえ》堂…空海が生まれた佐伯家の邸宅地に建てられたお堂で、奥殿には空海の自作と伝わる本尊・瞬目大師《めひきだいし》像を安置。現在の建物は天保2年（1831）の建立。

平成20年に仲間入りした新しい聖地駅

土讃線も路線が長いことに加えて一部が四国八十八箇所霊場の遍路道と重なっていることもあって、沿線には寺社などの聖地が多い。

多度津駅は道隆寺《どうりゅうじ》、金蔵寺《こんぞうじ》駅は金倉寺《こんぞうじ》、善通寺《ぜんつうじ》駅は善通寺に近い。みな四国霊場の札所だ。

琴平駅は金刀比羅宮、箸蔵《はしくら》駅は箸蔵寺《はしくらじ》、土佐一宮《とさいっく》駅は土佐国一宮の土佐神社の最寄り駅となっている。

そして、終着の窪川《くぼかわ》は37番札所の岩本寺《いわもとじ》に近い。

こうした〝聖地駅〟に平成20年（2008）、新たな仲間が加わった。高知駅の9駅先の小村《おむら》神社前駅だ。その名の通り、土佐国二宮で国常立命《くにとこたちのみこと》を祀る小村神社のすぐ近くの駅だ。

土佐神社《とさじんじゃ》

味鋤高彦根神、一言主神
高知県高知市しなね2-16-1
088-845-1096
JR土讃線土佐一宮駅より徒歩約15分

味鋤高彦根神《あじすきたかひこねのかみ》と一言主神《ひとことぬしのかみ》を祀る。境内の礫石《つぶていし》への信仰を起源とする古社で、『日本書紀』天武《てんむ》天皇4年（675）の条にも土左大神《とさのおおかみ》の記述がある。土佐国一宮。

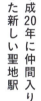

ことでん（琴電）

KOTODEN

琴平線／長尾線／志度線

香川県

ことでんの沿線は鉄道模型みたいに風景が変化する。都市から田園へ、山から海辺へ。日常的な場所から観光地へ。短編成なのも模型っぽい。

聖地鉄道前史は金毘羅船《こんぴらぶね》だった

すでに何度か述べたことであるが、参詣者を多く集める有名な聖地には鉄道が複数敷かれ、乗客獲得競争が激しく行われた。しかし、これは鉄道の登場によって新たに生じた社会現象ではない。その前史というべきものが江戸時代に起こっていた。

それは大坂で繰り広げられた金毘羅参詣船の集客争いだ。

江戸時代、大坂から金毘羅詣でをするには、船旅をメインにするコースと陸路中心のコースがあった。いずれにしろ船には乗らなければいけないのだが、船路を長くとって楽をするか、天候に左右される船の利用をなるべく短くするかという選択肢があった。

気楽な船旅に人気が集まるのは自然なことで、淀屋橋《よどやばし》・長堀《ながほり》・道頓堀《どうとんぼり》には金毘羅船の船宿や出船所がずらりと並んで客を奪い合った。業者同士の連携も進み、荷物を宿に別送するといったサービスも行われていた。

高松琴平電気鉄道（琴平線／長尾線／志度線）

▶Takamatsu-Kotohira Electric Railroad

明治44年（1911）開業

琴平線 高松築港▶琴電琴平 32.9km

長尾線 瓦町▶長尾 14.6km

志度線 瓦町▶琴電志度 12.5km

明治44年（1911）、東讃《とうさん》電気軌道が今橋《いまばし》～志度《しど》（現・琴電志度）間で開業。翌年、高松電気軌道が出晴《ではれ》～長尾《ながお》間で開業。大正15年（1926）、琴平電鉄が栗林《りつりん》公園～清滝間で開業。昭和2年（1927）、清滝《きよたき》～琴平《ことひら》（現・琴電琴平）延伸開業。同18年、国策により3社合併、高松琴平電気鉄道設立。

⛩ 金刀比羅宮《ことひらぐう》

大物主命、崇徳天皇
香川県仲多度郡琴平町892-1
0877-75-2121（社務所）
高松琴平電鉄（ことでん）琴平線琴電琴平駅より徒歩約15分、またはJR土讃線琴平駅より徒歩約20分

大物主神《おおものぬしのかみ》を主祭神とし相殿《あいどの》に崇徳《すとく》天皇を祀る。古くは琴平《ことひら》神社であったが神仏習合により金毘羅《こんぴら》大権現と呼ばれた。船乗りの信仰が篤く、海上安全、大漁満足の神様として全国に知られている。

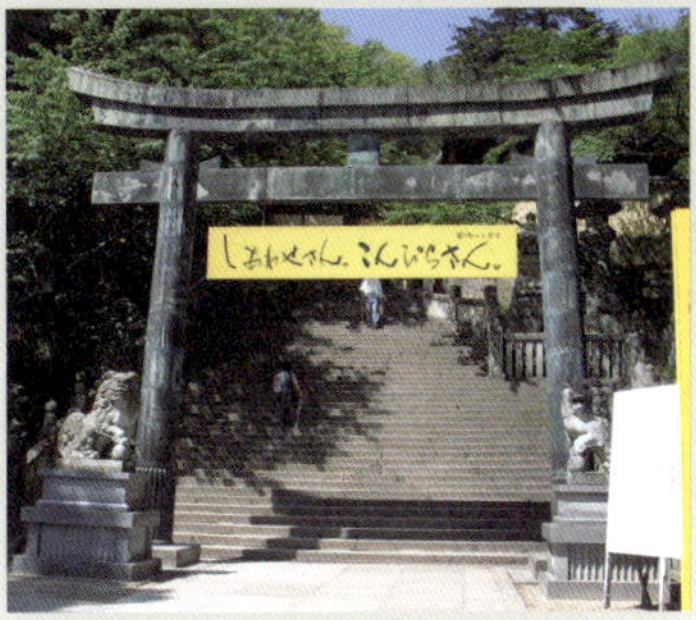

1 桜花祭《さくら》…毎年4月10日に行われる祭で疫病の流行を防ぐもの。鎮花祭《ちんかさい》ともいう。神職は冠に桜を挿し、巫女は桜の枝を持つ。

2 本宮…785段の石段を上ったところに鎮座する。海抜251m。本宮横の展望所からは讃岐平野が一望できる。

讃岐のこんぴらさんに参詣者が集まった理由

いくら楽にお参りに行けるといっても、魅力のない社寺には参詣者は集まらない。人々は何を求めて四国の琴平まで旅をしたのだろうか。

金刀比羅宮の起源ははっきりとしない。琴の音で雷を防ぐという呪術「コトヒキ」との関係を指摘する研究者もいるが明確なことはわかっていない。

ただ漁師など海に携わる者たちの信仰を集めていたようで、北前船の船乗りにもそれが受け継がれ、全国に広められた。

近世には「一生に一度はお参りしたい」といわれる聖地となり、それが叶わぬ者は樽に初穂《はつほ》料《りょう》を納めて流したり、犬に代参（※）を託したりもした。参詣講も各地で結成された。

※ある人に代わって参詣すること。

門前沿線探訪

金刀比羅宮参道・門前町 ―ことでん（琴電琴平駅）

金刀比羅宮の境内も一日では足りないほど見どころが多いのだが、参道や門前町もそれ目当てでに訪れたくなるほど面白い。

酒の資料館の金陵《きんりょう》の郷《さと》はぜひ寄っておきたいところ。「こんぴら歌舞伎」が行われる旧金《こん》比《ぴ》羅《ら》大芝居（金丸座《かなまるざ》）も必見だ。屋根付きの橋・鞘橋《さやばし》（登録有形文化財）は穴場。名物のこんぴらうどんもお忘れなく。

旧金比羅大芝居（金丸座）…天保《てんぽう》6年（1835）に建てられた木造2階建の劇場。重文。
香川県仲多度郡琴平町1241

滝宮天満宮《たきのみやてんまんぐう》

菅原道真公、野見宿禰命、島田忠臣命、渡會春彦命
香川県綾歌郡綾川町滝宮1314
087-876-0199
高松琴平電鉄（ことでん）琴平線滝宮駅より徒歩約5分

菅原道真公《すがわらのみちざね》は仁和《にんな》2年（886）から4年間、讃岐守として讃岐に赴任しており、民のために身を挺して務めたとされる。その由緒から天暦《てんりゃく》2年（948）に創建された。

相次ぐ新規参入で過当競争が激化

江戸時代から参詣者輸送が大きな事業になっていた琴平に、鉄道が敷かれるのは時間の問題であった。土讃線の項で述べたが、最初の参入者は丸亀と琴平を結んだ讃岐鉄道であった。

人力車や馬車などの反発も強かったが、鉄道進出の波は勢いを増すばかりだった。

大正12年（1923）に琴平参宮鉄道が、昭和2年（1927）に琴平電鉄（ことでんの前身）が、同5年には琴平急行電鉄が、琴平へ鉄路を敷いた。

さすがにこれは過当競争で、間もなく淘汰が起こった。琴平急行電鉄は不要不急路線とされ休止、琴平参宮鉄道は鉄道事業から撤退、讃岐鉄道と琴平電鉄は他社との合併で生き残った。

法然寺《ほうねんじ》

阿弥陀如来
香川県高松市仏生山町甲3215
087-889-0406
高松琴平電鉄（ことでん）琴平線仏生山駅より徒歩約20分

浄土宗《じょうどしゅう》開祖の法然《ほうねん》が讃岐に流罪になった時に滞在した生福寺《しょうふくじ》を、高松藩初代藩主松平頼重《まつだいらよりしげ》が寛文《かんぶん》8年（1668）に復興。法然作と伝える阿弥陀如来像を本尊とする。

門前沿線探訪

田村《たむら》神社と一宮寺《いちのみやじ》
―ことでん琴平線（一宮駅）

一宮はその国で一番の格式を認められた神社であるが、一宮寺はその別当寺。神社の経営権を握っていた。明治の神仏分離の時に別当寺は廃寺になったところが多かったが、高松藩では藩主の命により17世紀初めに経営が分離されたので、逆に当時の姿を残すことになった。一宮寺は四国八十八箇所霊場第83番札所。

一宮寺

田村神社

讃岐国一宮の田村神社は水神信仰と関わりが深い。奥殿の床下には深淵があり龍が棲むとも伝えられる。一宮寺境内には、頭を入れると地獄の釜の音が聞こえるという石の祠がある。
香川県高松市一宮町286

長尾寺《ながおじ》

聖観世音菩薩
香川県さぬき市長尾西653
0879-52-2041
高松琴平電鉄（ことでん）長尾線長尾駅より徒歩約3分

四国八十八箇所霊場第87番札所。行基《ぎょうき》が柳の木で聖観音菩薩像を彫って安置したことに始まるとされ、その後、空海《くうかい》が護摩祈祷《ごまきとう》を行ったと伝えられる。源 義経《みなもとのよしつね》の愛妾・静御前《しずかごぜん》剃髪の地ともいう。

ことでんで巡れる ミニお遍路

四国八十八箇所霊場の起源には諸説あって、空海が修行を積んだ跡とも空海に無礼をはたらいた衛門三郎《えもんさぶろう》が謝罪でめぐった道ともいわれるが、四国の海岸べりや霊山で修行を積む「辺土《へんど》」に由来すると思われる。空海も辺土の修行を積んでいる。

札所の数が88カ所になったのは15世紀頃だが、札所寺院には変遷があった。

ことでんの沿線には四国霊場の第83番から第87番の札所があるので、一日フリーきっぷでお遍路体験ができる。寺院と降車駅は次の通り。

一宮寺（一宮駅）、屋島寺（琴電屋島駅）、八栗寺《やくりじ》（八栗駅）、志度寺（琴電志度駅）、長尾寺（長尾駅）。

屋島寺《やしまじ》

十一面千手観世音菩薩
香川県高松市屋島東町1808
087-841-9418
高松琴平電鉄（ことでん）志度線琴電屋島駅よりバスで約10分「屋島山上」下車、徒歩約3分

四国八十八箇所霊場第84番札所。屋島山上にある。天平勝宝《てんぴょうしょうほう》6年（754）に鑑真《がんじん》が創建、弟子の恵雲《えうん》が初代住職となった。その後、空海が十一面千手観音坐像を安置し本尊とした。

志度寺《しどじ》

十一面観世音菩薩
香川県さぬき市志度1102
087-894-0086
高松琴平電鉄（ことでん）志度線琴電志度駅より徒歩約10分

四国八十八箇所霊場第86番札所。推古《すいこ》天皇33年（625）に尼の凡園《おおしその》子《こ》が霊木で十一面観音像を彫り堂を建て、その後、藤原不比等《ふじわらのふひと》が妻の墓を造り志度道場と名づけたという。

西鉄

NISHITETSU

天神大牟田線
太宰府線

福岡県

天神大牟田線の撮影地は矢部川橋梁などが有名だが、西鉄二日市駅近くの榎社や塩塚駅近くの住吉神社など鳥居越しに撮影できるところもある。写真は那珂川橋梁（大橋～井尻）。

神話の原郷と消えた聖地鉄道

福岡県の福岡湾あたりから玄《げん》界灘《かいなだ》に沿って遠賀川《おんがかわ》に至るまでの間は、『古事記』『日本書紀』の神話に登場する神社や地名が数多くある。まさに神話の原郷といえる地域だ。

とくに神功《じんぐう》皇后とその皇子の応神《おうじん》天皇にまつわる神話に関わる地がたくさんある。実は神功皇后に関わる神話は、福岡市近辺を中心として中国地方を経て越後や大阪あたりまで分布しており、古代の信仰・文化の広まりが想像されて興味深い。

応神天皇は八幡社の御祭神なので、これに八幡信仰の文化圏（大分県宇佐《うさ》市の宇佐神宮を中心とした北・中部九州）を重ねてみると、まさに西鉄の沿線付近で両者が重なりあっている。

余談だが、この地域の重要な神社の一つ宮地嶽《みやじだけ》神社のそばを通っていた西鉄宮地岳《みやじだけ》線（現・貝塚《かいづか》線）が平成19年（2007）に一部廃線となってしまったのはまことに残念なことだ。

西日本鉄道（天神大牟田線／太宰府線）

▶Nishi-Nippon Railroad

明治34年（1904）開業

天神大牟田線 西鉄福岡（天神）▶大牟田 74.8km

太宰府線 西鉄二日市▶太宰府 2.4km

明治34年（1901）太宰府馬車鉄道（のちの太宰府軌道）が太宰府～二日市駅前で開業。大正13年（1924）、九州鉄道が福岡（現・西鉄福岡）～久留米《くるめ》（現・西鉄久留米）間で開業。昭和9年（1934）、九州鉄道と太宰府軌道が合併。同14年、大牟田《おおむた》線全通。同17年、九州電気軌道に吸収合併される。同年、社名を西日本鉄道に改称。

西鉄天神駅周辺の名社巡拝

福岡でもとくに賑やかな天神《てんじん》界隈には、由緒ある名社が数多く鎮まる。天神という地名は水鏡天満宮《すいきょうてんまんぐう》が由来で、菅原道真《すがわらのみちざね》公が姿を川面に映したとの故事に由来、黒田長政《くろだながまさ》によって当地に遷座された。駅の西側には警固神社があり、やはり黒田長政が社殿を造営した。中州を渡れば博多祇園山笠《ぎおんやまかさ》で有名な櫛田神社がある。

警固神社《けごじんじゃ》

- 八十禍津日神、神直日神、大直日神
- 福岡県福岡市中央区天神2-2-20
- 092-771-8551
- 西鉄天神大牟田線西鉄福岡(天神)駅より徒歩約1分

穢れを祓い正しい道を示す神、八十禍津《やそまがつ》日神《ひのかみ》・神直日神《かんなおびのかみ》・大直日神《おおなおびのかみ》を祀る。黒田長政が福岡城を築く時に、本丸予定地から当所へ神霊を移し、社殿を建てたという。

櫛田神社《くしだじんじゃ》

- 大幡主命、天照大御神、須佐之男命
- 福岡県福岡市博多区上川端町1-41
- 092-291-2951
- 地下鉄空港線祇園駅より徒歩約5分

博多の総鎮守。大幡主命《おおはたぬしのみこと》、天照大御神《あまてらすおおみかみ》、須佐之男命《すさのおのみこと》を祀る、博多っ子の心の拠り所。博多祇園山笠の飾り山笠が常設（6月を除く）されている。

都より最先端だった？ 国際都市・太宰府《だざいふ》

菅原道真が左遷された地として知られているので、どうしても寂れた辺境の街のようなイメージを抱きがちな太宰府（大宰府）だが、当時は平安京・平城京に次ぐ大都市で、外国の要人や商人が行き交う国際都市でもあった。『続日本紀』には「人物殷繁《いんぱん》（非常に賑わうこと）にして天下の一都会なり」と記されている。最近の発掘調査により大宰府も平安京・平城京のように条坊制（碁盤の目状に道を整備すること）が用いられていたことがわかった。その規模は南北22条、東西24坊であったという。大極殿を思わせる政庁が朱雀大路の奥にあり、大寺院のような鴻臚館《こうろかん》（迎賓館）もいくつか建てられていた。

高宮八幡宮《たかみやはちまんぐう》

- 品陀和氣命(応神天皇)、息長帯比売命(神功皇后)、玉依姫命
- 福岡県福岡市南区高宮4-9-34
- 092-522-8435
- 西鉄天神大牟田線高宮駅より徒歩約7分

社伝によると、天智《てんじ》天皇が神功皇后有縁地である当所に行幸され祭祀を行ったのを起源とする。その後、寛仁《かんにん》年間（1017～1021）に大宰府の有力府官・大蔵種直《おおくらたねなお》が社殿を造営したという。

⛩ 太宰府天満宮《だざいふてんまんぐう》

- 菅原道真公
- 福岡県太宰府市宰府4-7-1
- 092-922-8225
- 西鉄太宰府線太宰府駅より徒歩約5分

菅原道真公の御墓所の上に築かれていると伝えられる。延《えん》喜《ぎ》5年（905）に創建されたのち、延喜19年に勅命により荘厳な社殿が新たに建立されという。

1 御神牛《しんぎゅう》…菅原道真公が丑年生まれであったことなどから銅牛・石牛の像が多く奉納された。撫で牛ともいう。

2 飛梅《とびうめ》…道真公の屋敷の梅が、主人を慕って一夜にして京から大宰府に飛来したものと伝えられる。

3 御本殿…天正《てんしょう》19年（1591）再建。桃山時代らしい華麗な装飾が特徴。

道真公の墓所となって意味が変わった太宰府

菅原道真公が左遷された昌《しょう》泰《たい》4年（901）頃、太宰府は最後の栄光の時期であった。天《てん》慶《ぎょう》2年（939）には藤原純友の乱により政庁は焼け落ち、一度は再建されるものの、元寇《げんこう》の影響でその役割を博多に奪われていった。大宰府に赴いた時の道真の肩書きは大宰権帥《だざいのごんのそち》であった。大宰府の副長官、つまりナンバー2で、見かけ上は悪くない。しかし、これはほとんど実権のないポストで、身分の高い左遷者専用の地位であった。

この人事に失望した道真は翌々年に薨去《こうきょ》するのだが、この死をきっかけに大宰府の意味が変わっていった。政治都市から天神信仰の根本聖地へ変貌したのである。

門前沿線探訪

観世音寺《かんぜおんじ》と戒壇院《かいだんいん》
—西鉄太宰府線（五条駅）

太宰府に行ったらぜひ参詣したいのが観世音寺と戒壇院。この2寺はもともと一つの大寺で、戒壇の存在で知られていた。

戒壇は正式な僧となる資格を与える施設で、観世音寺のほかには東大寺《とうだいじ》と下野国《しもつけのくに》の薬師寺《やくしじ》にしかなかった。つまり、西国の者は観世音寺（戒壇院）に行かなければ僧になれなかったのだ。

観世音寺…古い伽藍は残されていないが、馬頭観音立像など平安時代の巨像は一見の価値あり。

福岡県太宰府市観世音寺5-6-1

門前沿線探訪

九州国立博物館
―西鉄太宰府線（太宰府駅）

九州国立博物館は国内4番目の国立博物館として、太宰府天満宮の隣に平成17年（2005）に開館した。

東京・京都・奈良の国立博物館が美術系であるのに対し歴史系の博物館で、福岡（太宰府）という土地柄を反映して国際交流に関する資料の収集展示にも力が入っている。体験型の展示もある。

九州国立博物館…基本的なコンセプトは「日本文化の形成をアジア史的観点から捉える」で、旧石器時代から近世末期（開国）までの日本とアジアの文化交流の歴史を多角的に紹介している。

福岡県太宰府市石坂4-7-2

新宮神社《しんぐうじんじゃ》（下府《しものふ》）

墨江三前神
福岡県糟屋郡新宮町大字下府字浜山892
092-962-5511（新宮町立歴史資料館）
西鉄貝塚線西鉄新宮駅より徒歩約5分

新宮神社は、もとは上府《かみのふ》にある1社で、上府・下府両村の氏神だった。しかし、祭りの仕方などが両村で異なっていたため、明治15年(1882)に産神《うぶがみ》勧請願を出して、上府から現在の地に下府村の氏神として分社された。

天下三戒壇の一つ 観世音寺の光と影

先に「門前沿線探訪」でも触れたが、観世音寺には正式な僧となるための資格を与える戒壇があった。観世音寺のほかには東大寺と下野薬師寺にしかなく、これを天下三戒壇と呼ぶ。

大宰府に隣接して建設された観世音寺は、大宰府の繁栄に伴って大いに栄えた。しかし、観世音寺には陰の部分もあった。左遷先としての役割だ。

天平《てんぴょう》17年（745）、この観世音寺に一人の僧が派遣されてきた。一時は宮中で並ぶ者のない権勢を誇った玄昉《げんぼう》であった。観世音寺別当《べっとう》という見た目は高い位ではあったが、その実態が左遷であったことは菅原道真とよく似ている。玄昉も任地で失意のまま翌年に没している。

大善寺玉垂宮《だいぜんじたまたれぐう》

玉垂命（藤大臣）、八幡大神、住吉大神
福岡県久留米市大善寺町宮本1463-1
0942-27-1887
西鉄天神大牟田線大善寺駅より徒歩約5分、またはJR鹿児島本線・久大本線久留米駅よりバスで約17分「宮前」下車、徒歩約3分

玉垂命《たまたれのみこと》・八幡大神《はちまんおおかみ》・住吉大神《すみよしおおかみ》を祀る。7世紀頃に安泰《あんたい》が玉垂命を祀り寺院を建立。のちに嵯峨《さが》天皇が境内を整備し大善寺と名づけたが、神仏分離で玉垂宮のみが残った。1月7日の追儺祭《ついなさい》（鬼夜《おによ》）で有名。

JR鹿児島本線

KAGOSHIMA LINE

福岡県
佐賀県
熊本県
鹿児島県

JR九州は車両の多彩さで知られる。鹿児島本線にも883系・885系のソニック、787系の有明、キハ72系のゆふいんの森などが走る。写真は813系。

北部九州と南九州を縦貫する鹿児島本線

個人的な感覚の話で申し訳ないのだが、鹿児島本線が福岡県内を走っていることがどうもしっくりこない。とくに福岡県北部の神話の原郷といえるあたりの路線が鹿児島本線というのは納得できない。なぜ福鹿線とか筑薩線とかにしなかったのだろうか。博多っ子でもない私が路線名に不満を感じるのは、それなりに理由がある。北部九州と南九州では文化圏が異なり、その起源は古代にさかのぼると思われるからだ。

大和朝廷は福岡周辺を拠点として南九州を圧迫し征服していった。その過程は海幸《うみさち》・山幸《やまさち》の神話や日本武尊《やまとたけるのみこと》の熊襲《くまそ》討伐の神話に反映されている。

福岡北部が大和朝廷と深く関係していたことは、この地域に神功《じんぐう》皇后神話が広く分布していることや、玄界灘に浮かぶ沖ノ島の祭祀と伊勢神宮の祭祀に共通点が多いことなどからも推測される。

九州旅客鉄道（鹿児島本線）

▶Kyushu Railway Company

明治22年（1889）開業

鹿児島本線 門司港▶八代 232.3km

明治22年（1889）、九州鉄道が博多～千歳川《ちとせがわ》仮駅間で開業。同40年、九州鉄道が国有化される。大正2年（1913）、東市来《いちき》～鹿児島間開業。昭和2年（1927）、八代《やしろ》～鹿児島を鹿児島本線に編入。平成16年（2004）、九州新幹線開業に伴い、八代～川内《せんだい》間を肥薩《ひさつ》おれんじ鉄道に移管。

⛩ 宗像大社《むなかたたいしゃ》

田心姫神、湍津姫神、市杵島姫神
福岡県宗像市田島2331
0940-62-1311
JR鹿児島本線東郷駅よりバスで約12分「宗像大社前」下車すぐ（辺津宮）

沖ノ島《おきのしま》に沖津宮《おきつぐう》、沖合10kmの大島《おおしま》に中津宮《なかつぐう》、宗像市田島《たじま》に辺津宮《へつぐう》が鎮座し、宗像三女神《むなかたさんじょしん》を祀る。全国の宗像神社の総本宮。あらゆる道の神として信仰されてきた。

1 拝殿…辺津宮拝殿。天正《てんしょう》18年（1590）に小早川隆景《こばやかわたかかげ》が再建した。奥の本殿は天正6年の再建。

2 高宮《たかみや》祭場…辺津宮の一隅にある霊地で宗像三女神降臨地とされる。社殿はなく神社の古い姿を残す。

世界遺産となった海の正倉院

宗像大社は二つの島と陸に3柱の女神を祀っている。この三女神は天照大神《あまてらすおおみかみ》と素戔嗚尊《すさのおのみこと》が「誓約《うけい》」（正邪などを占う神判）をした時に生まれた神で、天照大神の神勅により海上交通の要地に鎮座したのだとされる。

沖ノ島は人の立ち入りができないので、古代の祭祀跡がそのまま保存されてきた。そこから海の正倉院と呼ばれ、世界遺産にも認定されることにもなったのだが、出土した遺物は実に興味深い。

とくに注目されるのが伊勢神宮の神宝との共通点だ。宗像大社の祭祀に大和朝廷が関わっていた証拠の一つとされる。ここからも大和朝廷の拠点が福岡県北部にあったことが推測される。

門前沿線探訪

門司港《もじこう》レトロ
―JR鹿児島本線（門司港駅）

門司港駅周辺には大正3年（1914）に建てられた門司港駅舎をはじめ、旧門司三井倶楽部（大正10年）、旧門司税関（明治45年）、九州鉄道記念館（明治24年）など、明治～大正時代のレトロモダンな建物が多く残されている。

デザイナーズホテルとして人気のプレミアホテル門司港（旧門司港ホテル）もおすすめ。

門司港駅…現在、建設当時のネオルネサンス様式の姿に戻す復元工事が進行中。平成31年完成予定。

福岡県北九州市門司区西海岸1-5-31

⛩ 香椎宮《かしいぐう》

- 仲哀天皇、神功皇后、応神天皇、住吉大神
- 福岡県福岡市東区香椎4-16-1
- 092-681-1001
- JR鹿児島本線香椎駅より徒歩約15分、またはJR香椎線香椎神宮駅より徒歩約4分

仲哀《ちゅうあい》天皇廟を起源とする古社。仲哀天皇は神功《じんぐう》皇后を伴い熊襲征伐のため当地に橿日宮《かしいのみや》（香椎宮）を営んだが翌年に崩御。皇后が祠を建て廟を築いたのを始まりとする。

⛩ 筥崎宮《はこざきぐう》

- 応神天皇（八幡大神）、神功皇后、玉依姫命
- 福岡県福岡市東区箱崎1-22-1
- 092-641-7431
- JR鹿児島本線箱崎駅より徒歩約8分、または福岡市営地下鉄箱崎線箱崎宮前駅より徒歩約3分

筥崎八幡宮ともいい、日本三大八幡宮の一つ。創建の時期には諸説あるが、延喜《えんぎ》21年（921）に醍醐《だいご》天皇が「敵国降伏」の宸筆（※）を下賜し社殿を建立したという。

※天子の直筆。

神功《じんぐう》皇后神話と仲哀《ちゅうあい》天皇の謎

神功皇后は日本最初の女傑で、働くシングル・マザーの先駆けともいえる。妊娠中に夫、仲哀天皇を亡くしながら海外遠征を成し遂げ、皇子を政争から守って無事皇位につけている。

神功皇后に関する神話・伝説は各地に分布しており、香椎・箱崎（筥崎）のように地名の由来になっているところもある。

その一方で夫の仲哀天皇の影が薄い。『古事記』では登場するなり神の祟りで崩御してしまう。神功皇后の脇役の印象が拭えないが、かつては独自の神話・伝説があったのかもしれない。

その棺を載せた椎から異香が漂ったという香椎の地名由来譚も、天皇の霊威を語る神話の一部だったのではなかろうか。

香椎線と海の中道《なかみち》線

福岡市周辺の聖地鉄道で忘れてはならないのが香椎線だ。香椎宮（香椎神宮駅）を中間に宇《う》美《み》八幡宮（宇美駅）と志《し》賀《か》海《うみ》神社（西戸崎駅）を結ぶ。西戸崎～香椎間は砂州の海の中道を走るため海の中道線と呼ばれる。

志賀海神社…海の神、綿津見《わたつみ》三神を祀る。志賀島に鎮座し、豊漁・豊作の神としても信仰される。

福岡県福岡市東区志賀島877

宇美八幡宮…神功皇后が応神天皇を出産された聖地であり、ここから「宇美（産み）」と呼ばれた。

福岡県糟屋郡宇美町宇美1-1-1

門前沿線探訪

大興善寺《だいこうぜんじ》の紅葉 ―JR鹿児島本線（基山駅）

養老《ようろう》元年（717）に行基《ぎょうき》が開山した大興善寺は7万5000㎡の境内につつじ園をもち「つつじ寺」と呼ばれるが、紅葉も見事だ。とくに契《ちぎり》山《やま》の麓に造られた山林植物園の契園がすばらしい。

なお、契山は平成24年（2012）に全国115番目の「恋人の聖地」に選定されている。

大興善寺は天台宗別格本山。行基が草庵を結び自刻の十一面観音像を安置したことに始まるという。

佐賀県三養基郡基山町園部3628

高良大社《こうらたいしゃ》

高良玉垂命、八幡大神、住吉大神
福岡県久留米市御井町1
0942-43-4893
JR鹿児島本線・久大本線久留米駅よりバスで約24分「御井町」下車、徒歩約20分、またはJR久大本線久留米大学前駅より徒歩約50分

筑後国《ちくごのくに》一宮。高良玉垂命《こうらたまたれのみこと》・八幡大神・住吉大神を祀る。社伝によると、現在地に鎮座したのは仁徳《にんとく》天皇55年または78年で、履中《りちゅう》天皇元年に社殿を建てたという。

「記紀」に載らない神功皇后の伝承

高良大社や大善寺玉垂宮には、『古事記』『日本書紀』に載っていない神功皇后神話が伝えられている。

それによると、仲哀天皇の御代にこの地が異国の兵に攻められることがあり、神功皇后が神の助力を願って祈ったところ高良玉垂命と住吉大神が出現したというのである。

高良玉垂命がどういう神なのか諸説あって明確ではない。私としてはこの神話が仲哀天皇在世のこととされていることが気にかかる。失われた仲哀天皇神話の一部の可能性もある。

高良大社の境内には神籠石《こうごいし》と呼ばれる古代の山城の遺構があるので、実際にそのような戦いがあったのかもしれない。

八代宮《やつしろぐう》

懐良親王、良成親王
熊本県八代市松江城町7-34
0965-35-2448
JR鹿児島本線八代駅より九州産交バス約10分「八代宮前」下車、徒歩約1分

後醍醐《ごだいご》天皇の皇子で征西将軍として足利軍と戦った懐良《かねなが》親王を祀る。現社地は懐良親王の墓所がここ八代にあった縁から明治13年(1880)に創建された。

JR日豊本線

NIPPOU LINE

大分県
宮崎県
鹿児島県

日豊本線はその名前にふさわしい九州東海岸の陽光に満ちた路線だ。花畑の中をゆく列車も、明るい海を背景とした車両も、どこか神話的だ。

日向《ひむか》神話に彩られた九州東海岸の路線

日豊本線も長い路線なので区間によって性格が異なるが、大ざっぱにいうと、北部は神仏習合の聖地、中部・南部は日向三代の聖地といえる。

北部については次ページで述べるので、ここでは日向三代の神話について説明しよう。

日向三代とは天照大神の命を受けて地上に降下した天孫（天照大神の孫）瓊瓊杵尊《ににぎのみこと》、その皇子で別名を山幸彦という彦火火《ひこほほ》出見尊《でみのみこと》、その皇子で神武天皇の父の鸕鷀草葺不合命《うがやふきあえずのみこと》をいう。

この三代の皇祖神は神と人をつなぐ存在、あるいは神話と歴史を連続させるための存在といえる。

神話ではその舞台を「竺紫《つくし》（筑紫）の日向」などとしているが、具体的にはどこかよくわからない。しかし、「日向」は日に向かう土地、すなわち東海岸の意であるし、日向国は今の宮崎県に相当するので、このあたりのことと思われる。

九州旅客鉄道（日豊本線）

▶Kyushu Railway Company

明治28年（1895）開業

日豊本線 小倉▶鹿児島 462.6km

明治28年（1895）、九州鉄道が小倉《こくら》〜行事《ぎょうじ》間で開業。同30年、豊州鉄道が行橋《ゆくはし》〜長洲《ながす》間を開業。同34年、九州鉄道が豊州鉄道を合併。同40年、九州鉄道が国有化される。大正2年（1913）、谷頭《たにがしら》〜都城《みやこのじょう》が官鉄として開業。同年、宮崎県営鉄道が宮崎〜福島町《ふくしまちょう》で開業。昭和10年（1935）、宮崎県営鉄道が国有化される。

⛩ 宇佐神宮《うさじんぐう》

- 八幡大神、比売大神、神功皇后
- 大分県宇佐市南宇佐2859
- 0978-37-0001
- JR日豊本線宇佐駅よりバスで約10分「宇佐八幡」下車すぐ

全国の八幡宮・八幡神社の総本宮。伊勢神宮に次ぐ第二の宗廟とされる。欽明《きんめい》天皇32年（571）に示現したとされ、神亀2年（725）に社殿が建立された。

1 大楠《おおくす》…上宮本殿前にある樹齢800年以上とされる御神木。触れて祈願すると願いが叶うという。

2 勅使門《ちょくしもん》…南中楼門ともいう。正面5.34m、側面3.17m、総高は10.6mある。

神仏の距離を縮めた宇佐の八幡神

日豊本線の北部が神仏習合の聖地と書いたのは、独特の仏教文化が花開いた国東《くにさき》半島の付け根を横断することと、宇佐神宮の門前を通過するからである。

宇佐神宮はもっとも分社が多いとされる八幡社の総本宮であるが、宗教史においては神仏習合を進めた存在としても重要。宇佐神宮と仏教の関係の深さは御祭神が八幡大菩薩とも呼ばれ、僧形で表されたことからもわかるが、古代社会に大きなインパクトを与えたのは、東大寺《とうだいじ》大仏建立に協力するという託宣をしたことであった。八幡大神は神輿で上京をし、天皇が見守る中、大仏を参拝もしている。これ以降八幡社は寺院の鎮守として勧請されるようになった。

門前沿線探訪

杵築《きつき》の町並み ─JR日豊本線（杵築駅）

杵築駅から車で10分ほどの杵築の町は、杵築藩3万2千石の城下町。時代劇のセットの中に紛れ込んだかと思うほど、情緒ある古い町並みが残されている。

特徴的なのは高台の武家屋敷の間の谷間に町人の町（商店街）があることで、ここからサンドイッチ型城下町などとも呼ばれている。

杵築の町並み…武家屋敷や商人の家が江戸時代のままに残っている。城下町全体が昔の形をとどめており、とても貴重だ。

柞原八幡宮《ゆすはらはちまんぐう》

仲哀天皇、応神天皇、神功皇后
大分県大分市上八幡三組
097-534-0065
JR日豊本線西大分駅よりバスで約13分「柞原」下車、徒歩約5分

豊後国《ぶんごのくに》一宮。仲哀天皇・神功皇后・応神天皇を祀る。天《てん》長《ちょう》4年（827）に僧・金亀《きんき》が宇佐神宮の神霊を柞原山に勧請し、承和《じょうわ》3年（836）に国司が社殿を築いたと伝わる。

門前沿線探訪

大分県の温泉郷
―JR日豊本線沿線ほか

日豊本線が走る大分県には温泉地がひしめいている。なかでも有名なのが別府温泉で、同地区の温泉は源泉数、湧出量ともに日本一といわれている。別府ほど有名ではないが、国東半島も温泉地として広く知られている。別府駅を過ぎて大分駅で久大本線に乗り換えれば湯布院や日田温泉が、同じく豊肥本線に乗り換えれば竹田温泉群などもある。

別府温泉郷…大分県別府市内には市内各地に数百もの温泉がある。江戸時代には、すでに湯治場として広く知られていた。

一宮路線と神功皇后神話

関東のJR鹿島線や中国のJR吉備線が二つの一宮を結ぶ路線でもあることは述べたが、日豊本線も豊前国一宮の宇佐神宮と豊後国一宮の柞原八幡宮、日向国一宮の都農神社を結んでいる。しかし、ここでは神功皇后神話との関わりに注目したい。

社伝によると都農神社の御祭神は神功皇后の三韓遠征に招請され、武運長久を祈念されたという。そして、それが今も行われる夏祭《なつまつり》御神幸《ごしんこう》（浜下り神事）の起源だとされる。この祭で石を奉納するのは、神功皇后が出産を遅らせるために腰にはさんだ石（鎮懐石《ちんかいせき》）に由来するともいわれている。

西日本の一宮は神功皇后信仰と関わりが深いようなのだ。

都農神社《つのじんじゃ》

大己貴命（大国主命）
宮崎県児湯郡都農町川北13294
0983-25-3256
JR日豊本線都農駅より徒歩約25分

日向国《ひむかのくに》一宮。大己貴命《おおなむちのみこと》を祀る。創建は神武天皇が東遷に赴く際、当地に立ち寄り国土平安・海上平穏・武運長久を祈念したことに始まるとされる。

宮崎神宮《みやざきじんぐう》

神日本磐余彦天皇（神武天皇）、鸕鷀草葺不合尊、玉依姫命
宮崎県宮崎市神宮2-4-1
0985-27-4004
JR日豊本線宮崎神宮駅より徒歩約10分

初代神武天皇をお祀りする。神武天皇の孫にあたる健磐龍命《たけいわたつのみこと》が筑紫の鎮守に就任した際、祖父の遺徳をたたえるために鎮祭をしたという。応神天皇の御代に日向の国造《くにのごみやつこ》が修造鎮祭された。

高千穂はどこか 高千穂町か、霧島か？

天孫・瓊瓊杵尊《ににぎのみこと》が高天原《たかまのはら》から降り立った場所について『古事記』は「竺紫《つくし》の日向の高千穂のくじふる嶺」、『日本書紀』は「日向の襲《そ》の高千穂峯《たかちほのみね》」としている。

一見具体的に書いているようだが、実際の場所と結びつけるのはなかなか難しい。

宮崎県北部には「高千穂町」という、そのものずばりの地名があり、地元ではここが天孫降臨の場所だと伝えられている。しかし、霧島とする説も有力で、霧島神宮などは霧島連山の高千穂峰とする。

余談であるが、坂本龍馬は妻おりょうとの新婚旅行で霧島の高千穂峰に登っている。鹿児島から旅しているので、日豊本線のルートを歩いたのだろう。

霧島神宮《きりしまじんぐう》

天饒石国饒石天津日高彦火瓊瓊杵尊、木花咲耶姫尊、彦火火出見尊、豊玉姫尊、鵜鷀草葺不合尊、玉依姫尊、神倭磐余彦尊
鹿児島県霧島市霧島田口2608-5
0995-57-0001
JR日豊本線霧島神宮駅よりバスで約10分「霧島神宮前」下車すぐ

瓊瓊杵尊を祀る。欽明《きんめい》天皇の御代、慶胤《けいいん》という僧が高千穂峰の脊門《せと》丘《お》に社殿を建てたが噴火により焼失。その後10世紀に性空《しょうくう》上人が高千穂河原に社殿を移し再建したとされる。

門前沿線探訪

鹿児島神宮《かごしまじんぐう》と隼人塚《はやとづか》 —JR日豊本線（鹿児島駅）

鹿児島神宮は神武天皇が祖父母である彦火火出見尊《ひこほほでみのみこと》（山幸彦）と豊玉姫命《とよたまひめのみこと》を、その宮殿があった高千穂宮跡に祀ったことが始まりといわれる古社。隼人は大和朝廷に制圧された南九州の部族で、神話は海幸彦の子孫とする。

隼人塚…石造五重塔3基と石造四天王像が立つ。
鹿児島県霧島市隼人町内山田287-1

鹿児島神宮…10月に隼人の霊を慰める浜下り神幸祭を行う。
鹿児島県霧島市隼人町内2496-1

JR日南線

NICHINAN LINE

宮崎県
鹿児島県

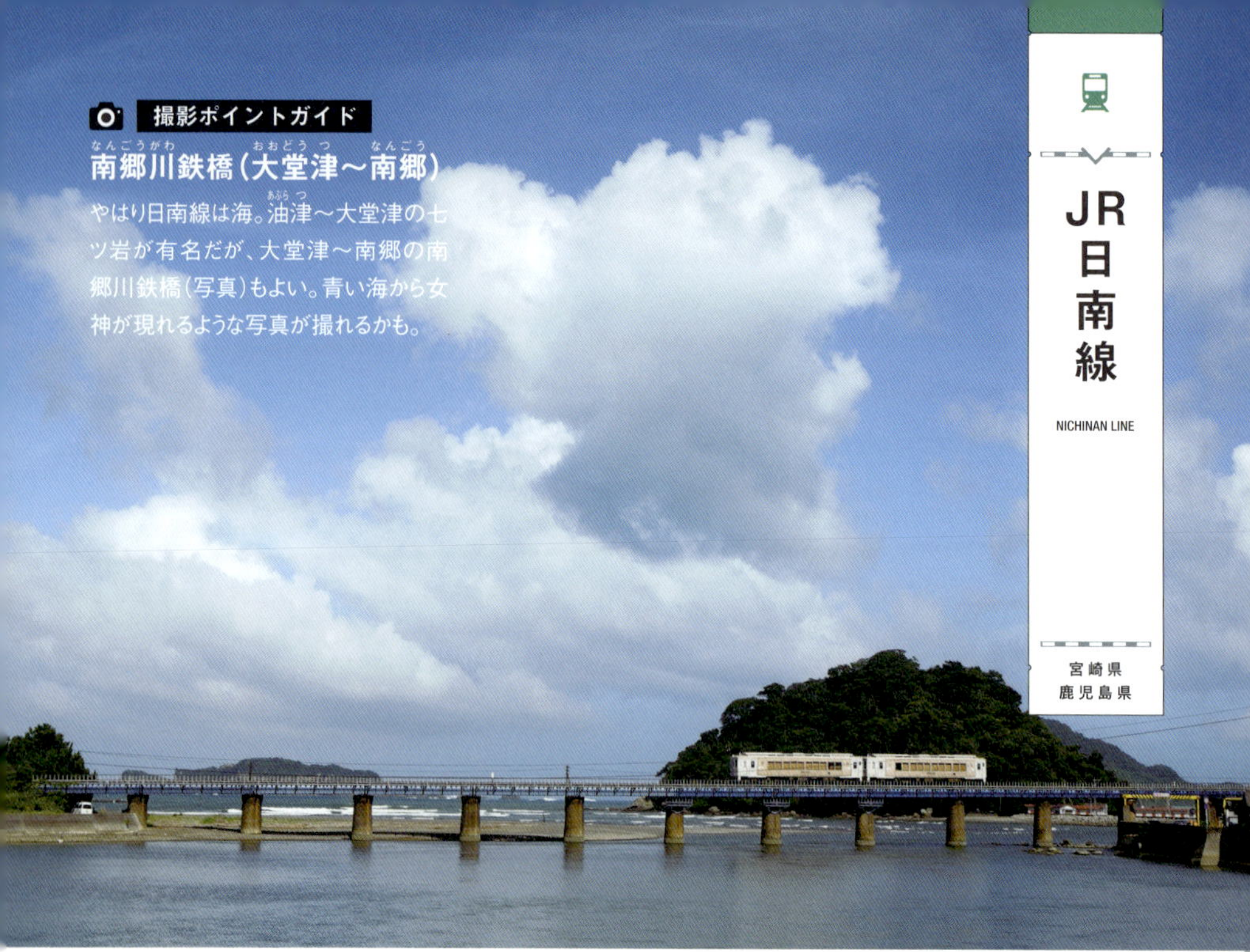

撮影ポイントガイド

南郷川《なんごうがわ》鉄橋（大堂津《おおどうつ》〜南郷《なんごう》）

やはり日南線は海。油津《あぶらつ》〜大堂津の七ツ岩が有名だが、大堂津〜南郷の南郷川鉄橋（写真）もよい。青い海から女神が現れるような写真が撮れるかも。

九州旅客鉄道（日南線）

▶Kyushu Railway Company

大正2年（1913）開業

日南線 南宮崎▶志布志 88.9km

大正2年（1913）、宮崎県営鉄道が飫肥《おび》〜油津《あぶらつ》間で開業。同年、宮崎軽便鉄道が赤江《あかえ》（現・南宮崎）〜内海《うつみ》間で開業。昭和10年（1935）、志布《しぶ》志《し》線が延伸、志布志〜榎原《よわら》間開業。同年、飫肥〜油津間国有化。同38年、南宮崎〜志布志が日南線となる。

山幸海幸《うみさちやまさち》の神話と海に帰った豊玉姫命《とよたまひめのみこと》

日南線沿線は日向三代のうち後の2代、彦火火出見尊《ひこほほでみのみこと》（山幸彦）と鸕鷀草葺不合尊《うがやふきあえずのみこと》の神話の舞台となっている。兄の釣り針をなくしてしまった彦火火出見尊は、海神《わたつみ》の宮を訪れて豊玉姫命と恋に落ちる。そこで釣り針を取り戻した彦火火出見尊は陸に戻り、兄を打ち負かす。やがて豊玉姫命も陸に上がり鸕鷀草葺不合尊を産むが、夫に鰐《わに》の姿を見られてしまい海へと帰る。

青島神社《あおしまじんじゃ》

- 彦火火出見命、豊玉姫命、塩筒大神
- 宮崎県宮崎市青島2-13-1
- 0985-65-1262
- JR日南線青島駅より徒歩約10分

亜熱帯の植物が繁茂する青島に鎮座し、彦火火出見尊・豊玉姫命・塩筒大神《しおづつのおおかみ》を祀る。彦火火出見尊が海神の宮から戻ってから構えた宮殿の跡に鎮座しているとされる。

⛩ 鵜戸神宮《うどじんぐう》

- 日子波瀲武鸕鷀草葺不合尊
- 宮崎県日南市大字宮浦3232
- 0987-29-1001
- JR日南線伊比井駅・油津駅よりバスで約20分「鵜戸神宮」下車、徒歩約10分

豊玉姫命が鸕鷀草葺不合尊を生んだと伝わる地に鎮座。崇神《すじん》天皇の御代に社殿が造られたと伝わる。かつては神仏習合の霊場で「西の高野」と呼ばれるほど繁栄した。

門前沿線探訪

飫肥《おび》の町並み
―JR日南線(飫肥駅)

飫肥は飫肥藩5万1千石の城下町。小さいが上品な町だ。城跡がまず静謐に包まれていていい。本丸は杉林になっている。土塁や石垣は江戸時代のままだ。

武家屋敷通りを散策したら、神社めぐりもしておこう。味のある古社が多いのだ。

飫肥城下町…飫肥城址（写真）まで飫肥駅から徒歩10分。飫肥城歴史資料館や小村寿太郎《こむらじゅたろう》の記念館もほど近くにある。

神から人へを物語る日向三代の神話

日向三代の神話は、神の子が神としての性質を失い、人に近づいていく過程を述べていると も見ることができる。

高天原《たかまのはら》より天降った瓊瓊杵尊《ににぎのみこと》は、木花之開耶姫命《このはなのさくやひめのみこと》を見初めた時、姉の磐長姫命《いわながひめのみこと》を醜いからという理由で帰してしまう。この行為によって天皇（人間）の岩のように長い寿命は失われ、花のようにはかないものになってしまう。

彦火火出見尊は見るなと言われていた豊玉姫命の出産を覗き見してしまい、豊玉姫命に去られてしまう。この時、豊玉姫命が海への道を閉じてしまったため、異種(他の動物や異界のもの)との交流も断たれてしまうのである。

⛩ 榎原神社《よわらじんじゃ》

- 天照大神、天忍穂耳命、彦火瓊瓊杵命、彦火火出見命、鸕鷀草葺不合命、神日本磐余彦命
- 宮崎県日南市南郷町榎原甲1134-4
- 0987-68-1028
- JR日南線榎原駅より徒歩約10分

飫肥藩第3代藩主・伊東祐久《いとうすけひさ》が万治《まんじ》元年（1658）に鵜戸神宮の神霊を藩の鎮守として勧請し創建した。鵜戸神宮とともに飫肥の御両社として、歴代藩主の崇敬を受けた。

SEICHI TETSUDO 4

廃線となった聖地鉄道

参詣者を乗客に取り込もうと全国各地で鉄路の敷設競争が起きたが、やがて華やかな時代は過ぎ、淘汰の季節が訪れた。それを乗り切ったものにも戦争の影が重くのしかかり、「不要不急路線」のレッテルが次々と貼られていった。戦後はモータリゼーションの波が容赦なく襲った。（写真：JR大社線大社駅跡）

聖地鉄道が廃線となる3つの理由とは

聖地鉄道が廃線となる主な理由は3つある。経営難、戦争の影響、事故・事件である。もっともわかりやすいのは経営難だろう。これもくわしく見ると2種類に分けられる。

一つは乗客獲得競争に敗れての破綻。乗客獲得競争は消耗戦になることが多く、経営体力のないものは退場を余儀なくされた。こうした破綻は明治・大正期に多く見られた。

戦後に多いのがモータリゼーションの影響で乗客が減り、経営難に至ったものだ。鉄道共通の悩みともいえる。

戦争の影響は大きく、これによってかなりの数の聖地鉄道が消えていった。当時の政府にしてみれば参詣のための路線など無駄の極致と思われたのだろう。多くの聖地鉄道が不要不急路線に指定され、線路などが供出させられた。

事故による廃線は、多くの場合経営難も抱えている場合が多い。高千穂《たかちほ》鉄道や京福《けいふく》電鉄永平寺《えいへいじ》線がこの例に入る。

住宅街の中に残る御陵線《ごりょうせん》の橋脚（八王子市長房町）。

聖地鉄道廃線年表

1929年	住吉村営人車軌道廃止
1930年	笠間人車軌道廃止
1939年	富士軌道廃止
1944年	一畑電車の小境灘～一畑の区間休止、のち廃線
	中国鉄道稲荷山線休止、のち廃線
	琴平急行電鉄休止、のち廃線
	愛宕山鉄道廃止
	成田鉄道（旧・成宗電気軌道）廃止
	神都交通朝熊線休止、のち廃線
1945年	京王多摩御陵線休止、のち廃線
1961年	神都交通神都線廃止
1963年	琴平参宮電鉄廃止
1985年	筑前参宮鉄道廃止
1990年	JR大社線廃止
2002年	京福電鉄永平寺線廃止
2008年	高千穂峰鉄道廃止

本書掲載

地域別

路線・社寺MAP

都心部　関東圏　関西圏　東北　甲信越　東海　中国　四国　九州

●本欄では、本書にて紹介した全国の鉄道路線（ただし、東京以外の地下鉄は省略）と社寺の位置情報を表示しています。

●本書にて紹介した路線以外は、路線名と主要ターミナル駅のみ表示しています。

都心部

①明治神宮……P.11
②大宮八幡宮……P.13
③祐天寺……P.18
④圓融寺（円融寺）……P.19
⑤九品仏浄眞寺……P.19
⑥池上本門寺……P.20
⑦御嶽神社……P.20
⑧瀧泉寺（目黒不動尊）……P.21
⑨新田神社……P.21
⑩世田谷八幡宮……P.22
⑪松陰神社……P.23
⑫（最勝寺）教学院（目青不動尊）……P.23
⑬雑司ヶ谷鬼子母神堂（法明寺）……P.25
⑭大鳥神社……P.25
⑮天祖神社……P.26
⑯巣鴨庚申塚……P.26
⑰王子神社……P.27
⑱王子稲荷神社……P.27
⑲浅草寺……P.28
⑳水天宮……P.29
㉑増上寺……P.29
㉒築地本願寺……P.30
㉓泉岳寺……P.30
㉔題経寺（柴又帝釈天）……P.31
㉕總持寺（西新井大師）……P.32
㉖亀戸天神社……P.33
㉗代々木八幡宮……P.43
㉘豪徳寺……P.43
㉙穴守稲荷神社……P.55

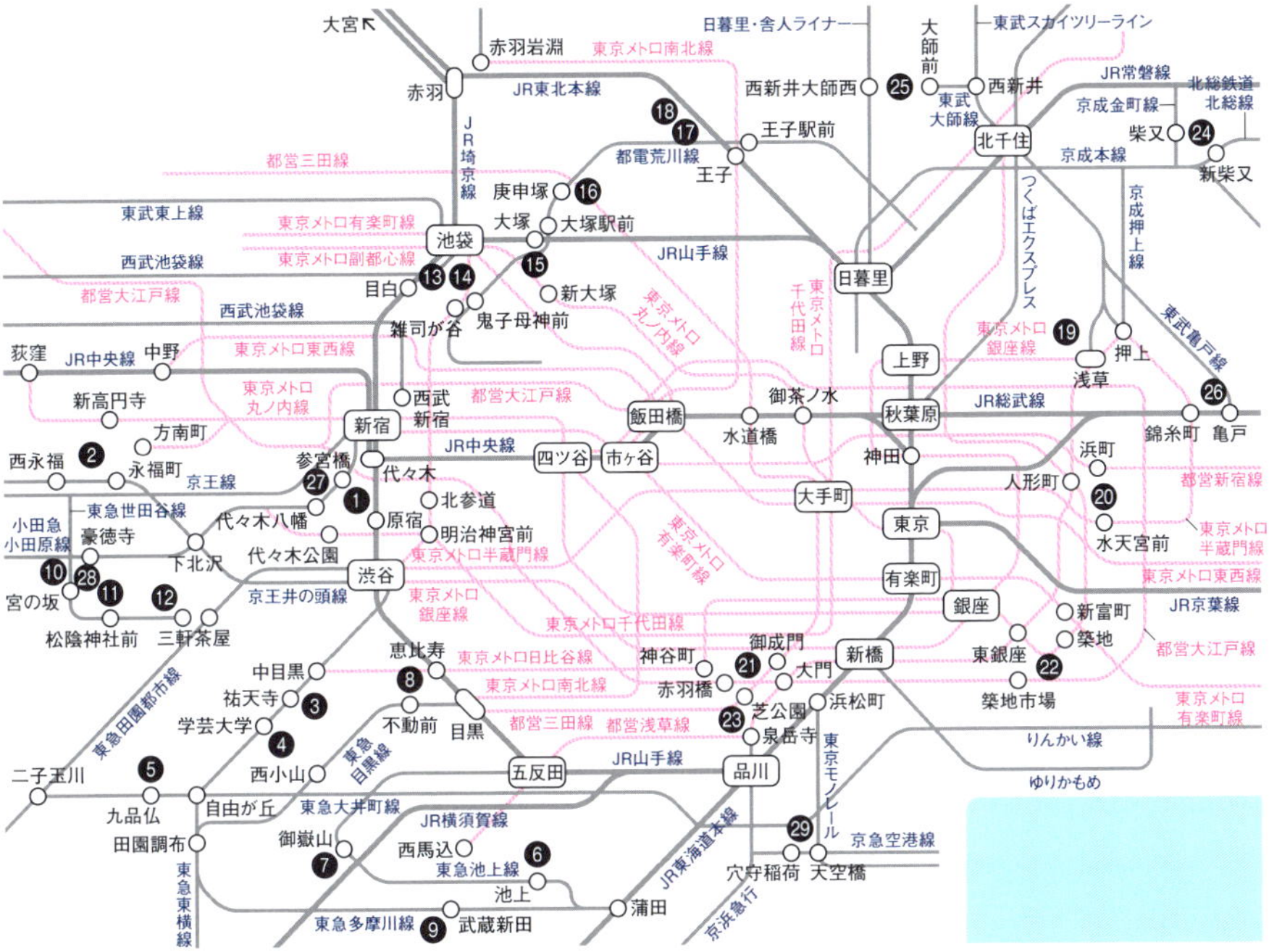

関東圏

①大國魂神社 …… P.11
②布多天神社 …… P.11
③金剛寺（高幡不動尊）…… P.12
④高尾山薬王院 …… P.12
⑤大日堂 …… P.15
⑥塩船観音寺 …… P.15
⑦金剛寺 …… P.16
⑧武蔵御嶽神社 …… P.16
⑨奥氷川神社 …… P.17
⑩長谷寺 …… P.37
⑪鎌倉大大仏殿高徳院 …… P.37
⑫御霊神社（権五郎神社）…… P.38
⑬満福寺 …… P.39
⑭小動神社 …… P.39
⑮江島神社 …… P.40
⑯龍口寺 …… P.41
⑰有鹿神社 …… P.44
⑱比々多神社 …… P.44
⑲大山阿夫利神社 …… P.45
⑳報徳二宮神社 …… P.45
㉑最乗寺 …… P.47
㉒三嶋大社 …… P.48
㉓修禅寺 …… P.48
㉔成田山新勝寺 …… P.49
㉕東勝寺（宗吾霊堂）…… P.50
㉖意富比神社（船橋大神宮）…… P.50
㉗法華経寺 …… P.51
㉘葛飾八幡宮 …… P.51
㉙手児奈霊神堂 …… P.51
㉚鑁阿寺 …… P53
㉛日光東照宮 …… P.53
㉜日光二荒山神社 …… P.53
㉝日光山 輪王寺 …… P.54
㉞平間寺（川崎大師）…… P.55
㉟寶登山神社 …… P.57
㊱秩父神社 …… P.58
㊲四萬部寺 …… P.58
㊳三峯神社 …… P.59
㊴香取神宮 …… P.60
㊵諏訪神社 …… P.61
㊶鹿島神宮 …… P.62
㊷水雲山 潮音寺 …… P.62
㊸一之宮貫前神社 …… P.64
㊹少林山達磨寺 …… P.65

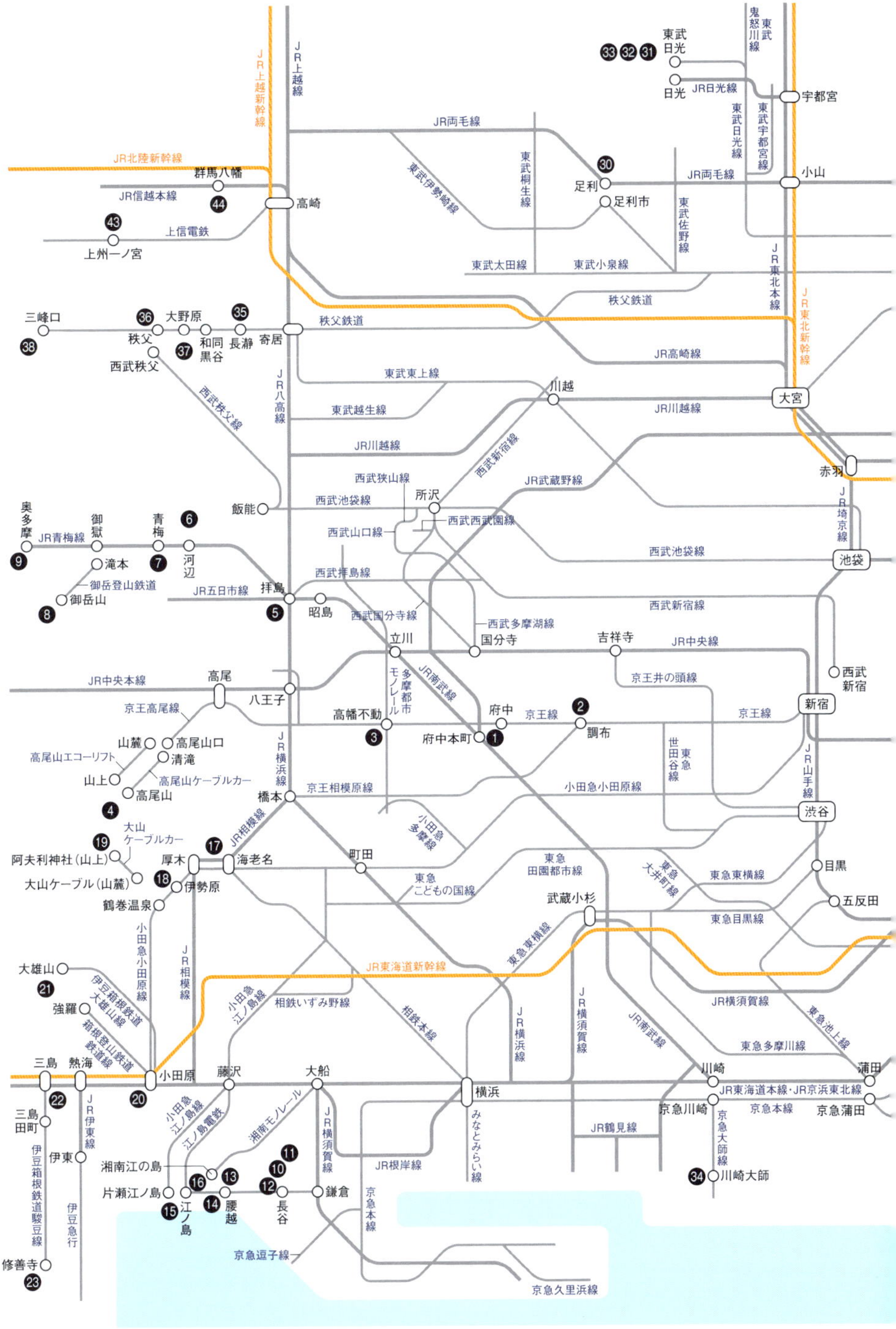
JR上越新幹線
JR上越線
鬼怒川線
東武
東武
日光
33
32
31
日光
JR日光線
宇都宮
東武日光線
東武宇都宮線
JR両毛線
東武伊勢崎線
東武桐生線
30
足利
JR両毛線
小山
足利市
東武佐野線
JR北陸新幹線
群馬八幡
JR信越本線
44
高崎
43
上信電鉄
上州一ノ宮
東武太田線
東武小泉線
JR東北本線
JR東北新幹線
秩父鉄道
三峰口
38
36
大野原
35
秩父鉄道
秩父
37
和同黒谷
長瀞
寄居
西武秩父
JR高崎線
JR八高線
東武東上線
西武秩父線
川越
大宮
東武越生線
JR川越線
JR川越線
西武新宿線
赤羽
西武狭山線
JR武蔵野線
飯能
西武池袋線
所沢
JR埼京線
奥多摩
JR青梅線
御嶽
青梅
6
西武西武園線
西武山口線
9
滝本
7
河辺
西武池袋線
池袋
御岳登山鉄道
8
御岳山
拝島
JR五日市線
5
昭島
西武拝島線
西武国分寺線
西武新宿線
西武多摩湖線
立川
国分寺
吉祥寺
JR中央線
多摩都市モノレール
JR南武線
西武新宿
JR中央本線
高尾
京王井の頭線
八王子
京王高尾線
府中
2
京王線
京王線
新宿
高幡不動
調布
3
府中本町
1
山麓
高尾山口
東急世田谷線
高尾山エコーリフト
清滝
JR山手線
山上
高尾山ケーブルカー
JR横浜線
高尾山
京王相模原線
小田急小田原線
4
橋本
渋谷
大山ケーブルカー
JR相模線
小田急多摩線
19
阿夫利神社（山上）
17
厚木
海老名
町田
東急田園都市線
目黒
東急大井町線
東急東横線
大山ケーブル（山麓）
18
伊勢原
東急こどもの国線
鶴巻温泉
武蔵小杉
五反田
東急目黒線
東急東横線
小田急小田原線
JR相模線
大雄山
JR東海道新幹線
伊豆箱根鉄道大雄山線
21
強羅
小田急江ノ島線
相鉄いずみ野線
JR横須賀線
相鉄本線
JR横浜線
JR横須賀線
JR南武線
東急池上線
箱根登山鉄道線
東急多摩川線
三島
熱海
小田原
藤沢
大船
川崎
蒲田
横浜
JR東海道本線・JR京浜東北線
22
20
京急本線
京急蒲田
京急川崎
三島田町
JR伊東線
小田急江ノ島線
江ノ島電鉄
湘南モノレール
JR横須賀線
みなとみらい線
JR鶴見線
京急大師線
伊豆箱根鉄道駿豆線
伊東
11
10
JR根岸線
湘南江の島
13
12
34
川崎大師
片瀬江ノ島
16
鎌倉
15
江ノ島
14
腰越
長谷
京急本線
伊豆急行
京急逗子線
修善寺
23
京急久里浜線

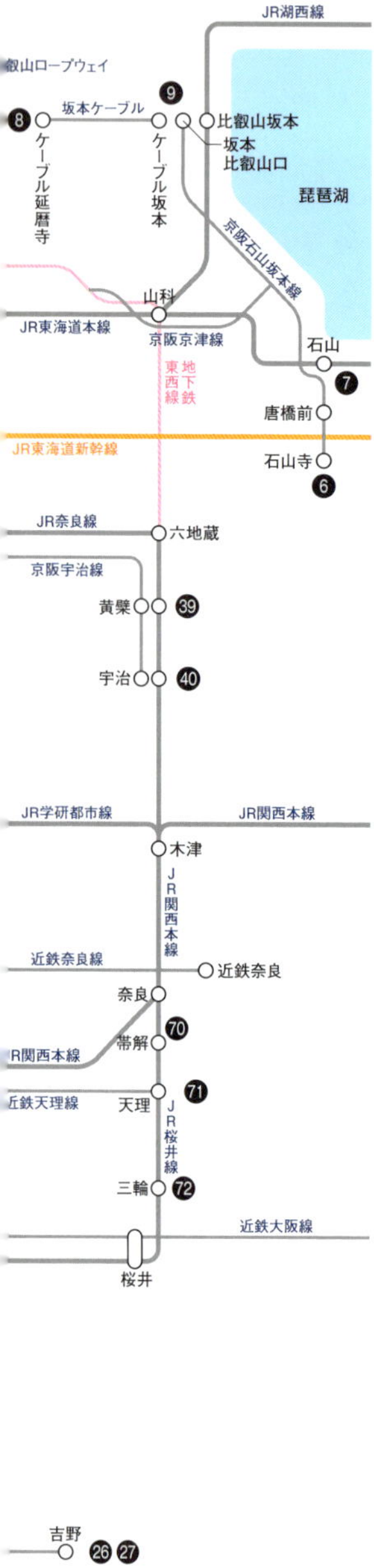

関西圏

①下鴨神社(賀茂御祖神社) …… P.69
②知恩寺 …… P.69
③詩仙堂 …… P.70
④貴船神社 …… P.70
⑤鞍馬寺 …… P.71
⑥石山寺 …… P.72
⑦建部大社 …… P.73
⑧比叡山延暦寺 …… P.73
⑨日吉大社 …… P.73
⑩伏見稲荷大社 …… P.75
⑪石清水八幡宮 …… P.75
⑫萱島神社 …… P.75
⑬生國魂神社 …… P.77
⑭瓢箪山稲荷神社 …… P.77
⑮枚岡神社 …… P.77
⑯石切劔箭神社 …… P.78
⑰生駒聖天宝山寺 …… P.78
⑱薬師寺 …… P.79
⑲御香宮神社 …… P.80
⑳道明寺 …… P.80
㉑道明寺天満宮 …… P.80
㉒葛井寺 …… P.81
㉓當麻寺 奥院 …… P.81
㉔岡寺 …… P.82
㉕飛鳥寺 …… P.82
㉖金峯山寺（蔵王堂） …… P.83
㉗吉水神社 …… P.83
㉘木嶋坐天照御魂神社 …… P.85
㉙廣隆寺 …… P.85
㉚車折神社 …… P.86
㉛鹿王院 …… P.86
㉜天龍寺 …… P.87
㉝野宮神社 …… P.87
㉞仁和寺 …… P.88
㉟龍安寺 …… P.88
㊱北野天満宮 …… P.89
㊲平野神社 …… P.89
㊳東福寺 …… P.90
㊴萬福寺 …… P.91
㊵平等院 …… P.91
㊶百舌鳥八幡宮 …… P.93
㊷萩原神社（萩原天神） …… P.93
㊸観心寺 …… P.94
㊹慈尊院 …… P.95
㊺丹生官省符神社 …… P.95
㊻高野山真言宗 総本山金剛峯寺 …… P.96
㊼日前神宮・國懸神宮 …… P.98
㊽竈山神社 …… P.98
㊾伊太祁曽神社 …… P.99
㊿たま神社 …… P.99
51大國主神社 …… P.99
52服部天神宮 …… P.101
53東光院 萩の寺 …… P.101
54大本山 中山寺（中山観音） …… P.102
55賣布神社 …… P.102
56清荒神清澄寺 …… P.103
57上新田天神社（千里天神） P.104
58多田神社 …… P.106
59満願寺 …… P.106
60吉川八幡神社 …… P.107
61能勢妙見山 …… P.107
62四天王寺 …… P.109
63阿部野神社 …… P.109
64今宮戎神社 …… P.110
65住吉大社 …… P.110
66貝塚御坊願泉寺 …… P.112
67感田神社 …… P.112
68森稲荷神社 …… P.113
69水間寺（水間観音） …… P.113
70帯解寺 …… P.115
71石上神宮 …… P.115
72大神神社 …… P.117
73粉河寺 …… P.119
74槃山寺 …… P.120
75鴨都波神社 …… P.120
76専立寺 …… P.121
77志都美神社 …… P.121

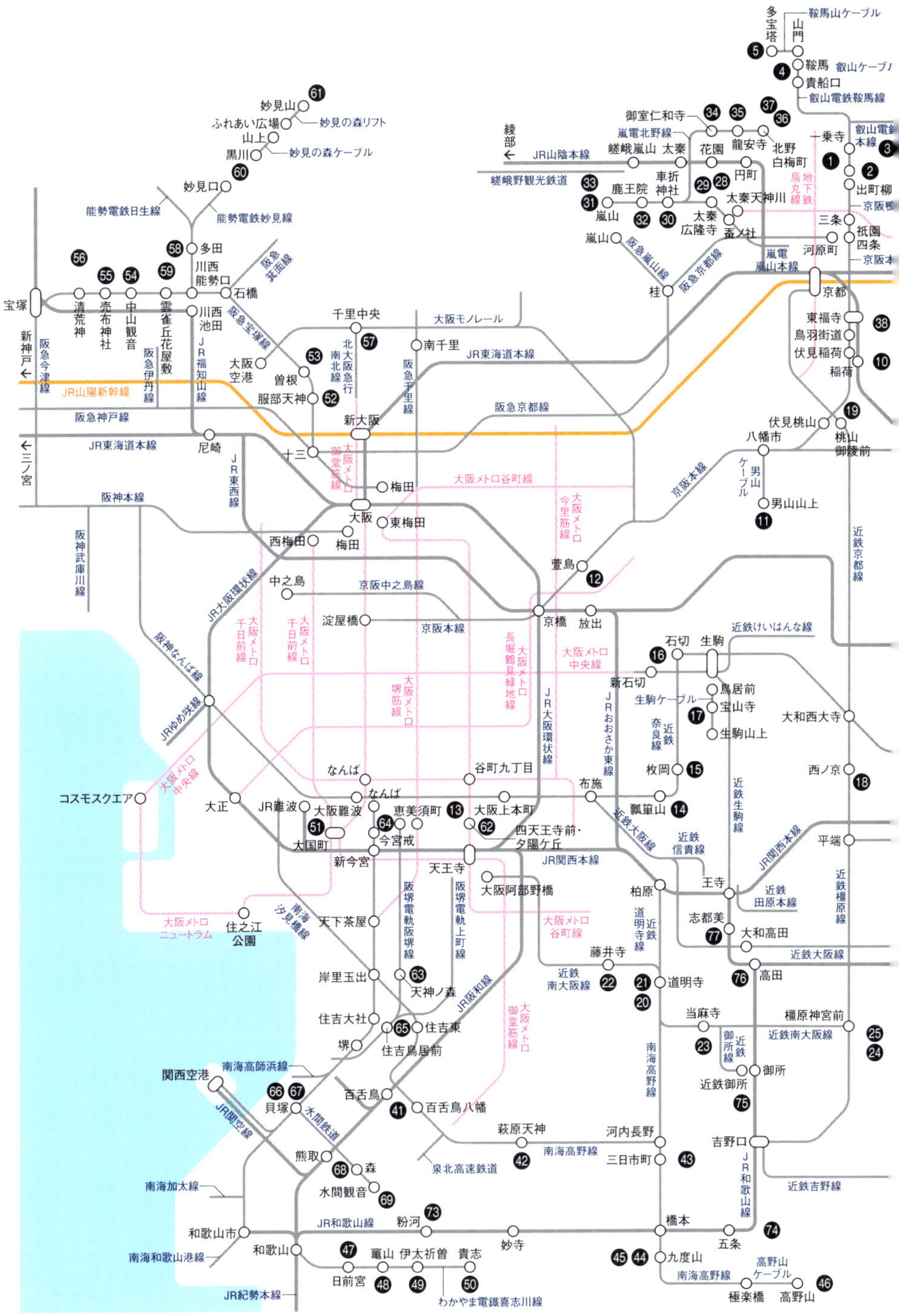

鞍馬山ケーブル
多宝塔
山門
5
4
鞍馬
叡山ケーブル
貴船口
叡山電鉄鞍馬線
61
妙見山
ふれあい広場
妙見の森リフト
山上
黒川
妙見の森ケーブル
60
妙見口
能勢電鉄日生線
能勢電鉄妙見線
御室仁和寺
34
35
37
36
嵐電北野線
綾部
JR山陰本線
嵯峨嵐山
太秦
花園
龍安寺
北野白梅町
円町
一乗寺
叡山電鉄本線
3
1
2
出町柳
京阪鴨東線
嵯峨野観光鉄道
33
鹿王院
車折神社
29
28
太秦天神川
地下鉄烏丸線
31
嵐山
32
30
太秦広隆寺
蚕ノ社
三条
祇園四条
嵐山
阪急嵐山線
阪急京都線
嵐電嵐山本線
河原町
京阪本線
56
55
54
59
58
多田
川西能勢口
阪急箕面線
宝塚
清荒神
売布神社
中山観音
雲雀丘花屋敷
石橋
川西池田
桂
京都
東福寺
38
鳥羽街道
伏見稲荷
稲荷
10
新神戸
阪急今津線
阪急伊丹線
JR福知山線
阪急宝塚線
千里中央
大阪モノレール
北大阪急行南北線
57
南千里
JR東海道本線
阪急千里線
大阪空港
53
曽根
服部天神
52
JR山陽新幹線
阪急京都線
19
伏見桃山
桃山御陵前
八幡市
阪急神戸線
新大阪
JR東海道本線
尼崎
三ノ宮
JR東西線
十三
大阪メトロ御堂筋線
梅田
大阪メトロ谷町線
京阪本線
男山ケーブル
男山山上
11
阪神本線
大阪
東梅田
大阪メトロ今里筋線
西梅田
梅田
近鉄京都線
阪神武庫川線
JR大阪環状線
蒲島
12
中之島
京阪中之島線
淀屋橋
京阪本線
京橋
放出
大阪メトロ千日前線
大阪メトロ千日前線
大阪メトロ長堀鶴見緑地線
大阪メトロ中央線
近鉄けいはんな線
石切
生駒
16
阪神なんば線
新石切
大阪メトロ堺筋線
JR大阪環状線
JRおおさか東線
生駒ケーブル
鳥居前
宝山寺
17
生駒山上
大和西大寺
JRゆめ咲線
近鉄奈良線
なんば
谷町九丁目
枚岡
15
西ノ京
18
大阪メトロ中央線
コスモスクエア
布施
大正
なんば
JR難波
大阪難波
恵美須町
13
大阪上本町
瓢箪山
14
近鉄生駒線
51
64
62
近鉄大阪線
四天王寺前・夕陽ケ丘
近鉄信貴線
平端
大国町
今宮戎
JR関西本線
新今宮
天王寺
JR関西本線
王寺
大阪阿部野橋
柏原
近鉄田原本線
近鉄橿原線
大阪メトロニュートラム
住之江公園
南海汐見橋線
阪堺電軌阪堺線
阪堺電軌上町線
近鉄道明寺線
大阪メトロ谷町線
天下茶屋
志都美
77
大和高田
藤井寺
近鉄大阪線
岸里玉出
63
天神ノ森
近鉄南大阪線
22
21
道明寺
76
高田
20
JR阪和線
大阪メトロ御堂筋線
住吉大社
65
住吉東
当麻寺
橿原神宮前
近鉄南大阪線
25
24
堺
住吉鳥居前
23
近鉄御所線
南海高師浜線
関西空港
南海高野線
御所
近鉄御所
75
百舌鳥
66
67
貝塚
41
百舌鳥八幡
JR関空線
水間鉄道
萩原天神
河内長野
42
南海高野線
三日市町
43
吉野口
熊取
泉北高速鉄道
68
森
JR和歌山線
近鉄吉野線
南海加太線
水間観音
69
73
粉河
JR和歌山線
和歌山市
妙寺
橋本
74
五条
南海和歌山港線
和歌山
47
竈山
伊太祈曽
貴志
45
44
九度山
高野山ケーブル
46
日前宮
48
49
50
南海高野線
極楽橋
高野山
JR紀勢本線
わかやま電鐵貴志川線

⑤金華山黄金山神社 ………… P.127
③志波彦神社・鹽竈神社 …… P.126
④瑞巌寺 ……………………………… P.126

東海

①榴岡天満宮 ……………………… P.125
②多賀神社 ………………………… P.125

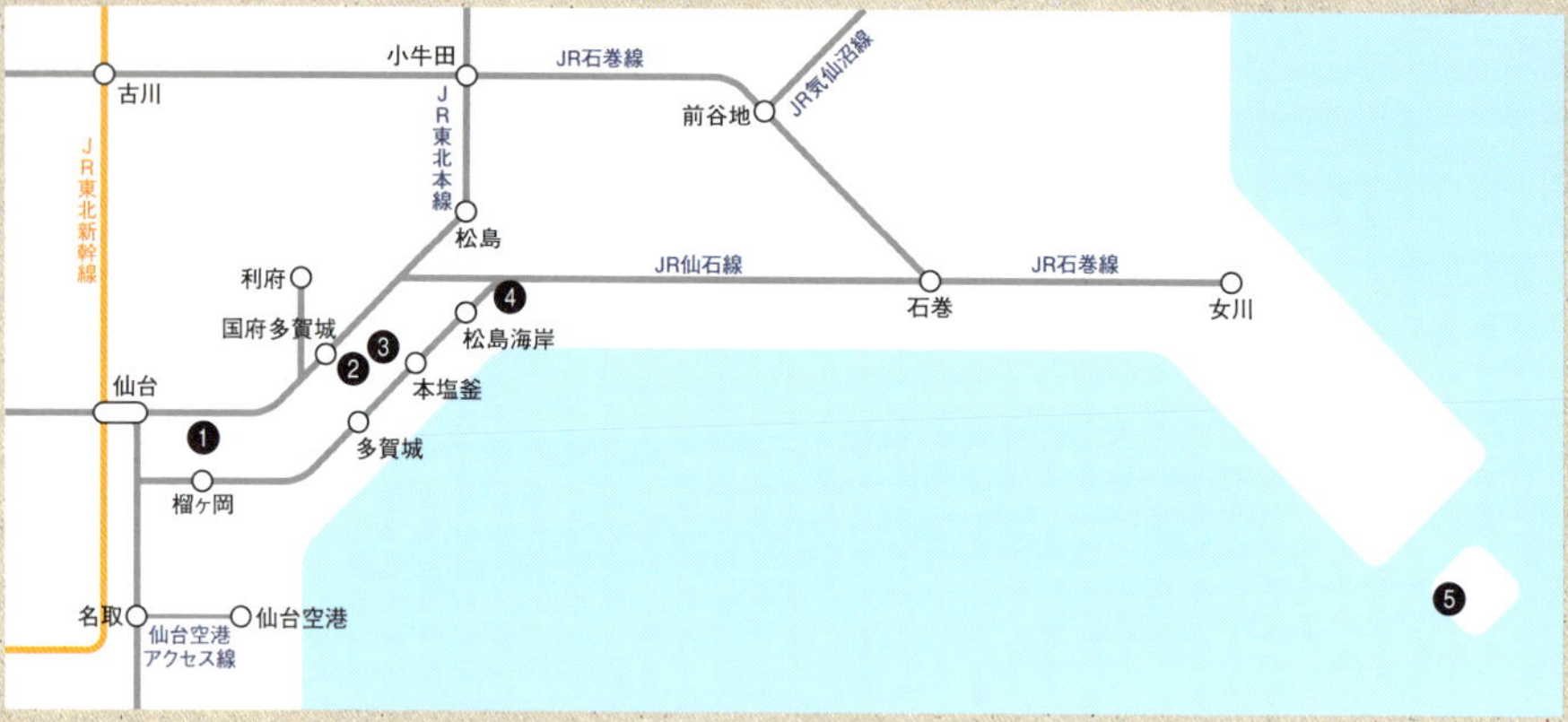

甲信越

①彌彦神社 ………………………… P.128
②雄山神社（峰本社）………… P.129
③甲斐善光寺 ……………………… P.131
④酒折宮 …………………………… P.131
⑤武田神社 ………………………… P.131
⑥身延山久遠寺 …………………… P.132
⑦富士山本宮浅間大社 ……… P.132
⑧水上山 月江寺 ………………… P.134
⑨小室浅間大社 …………………… P.134
⑩北口本宮冨士浅間神社 …… P.135

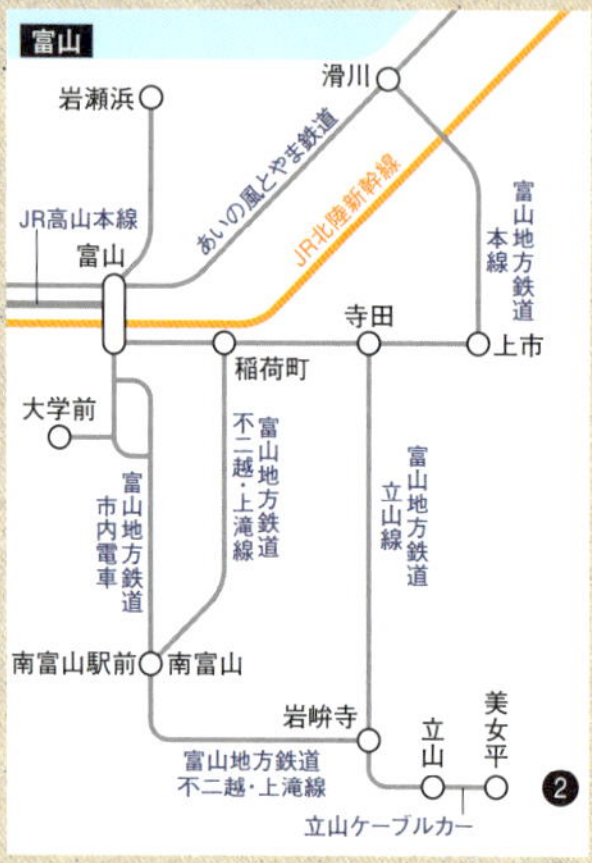

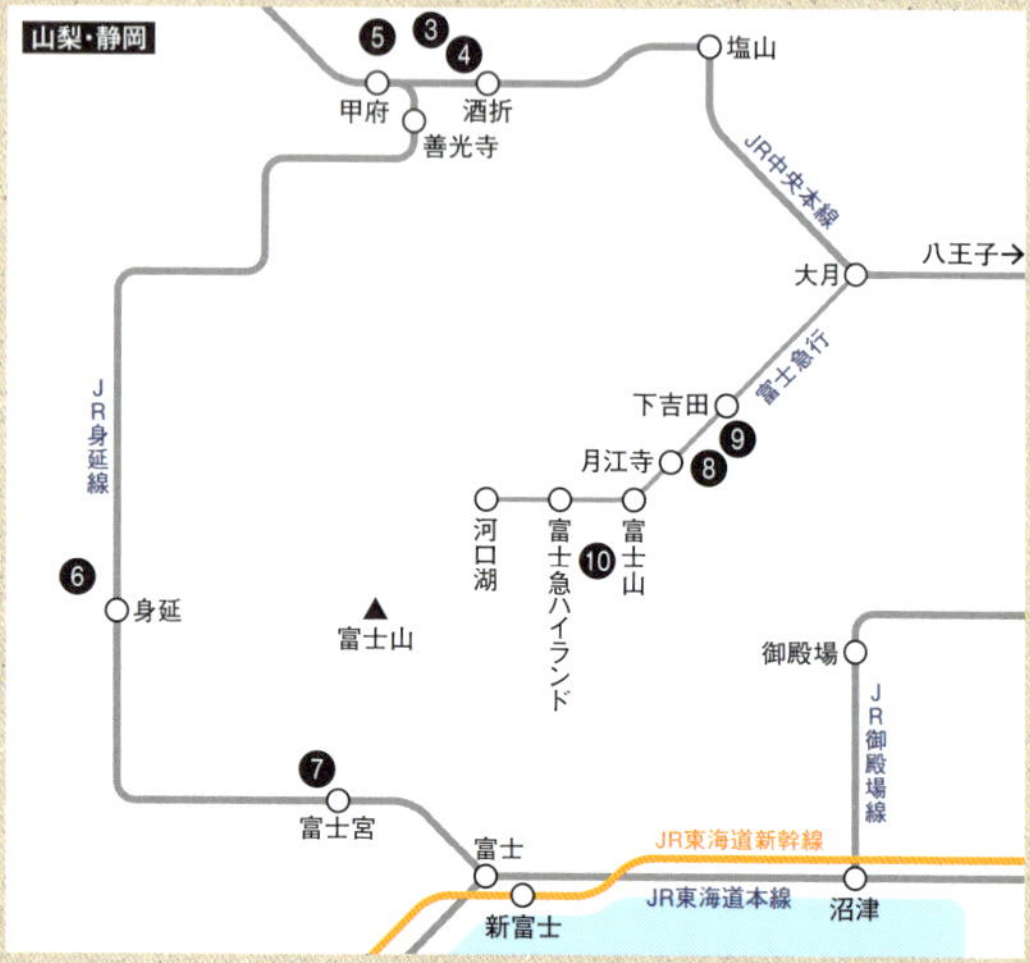

東海

①熱田神宮 …………………… P.136
②真清田神社 ………………… P.137
③妙興寺 ……………………… P.137
④笠覆寺（笠寺観音）……… P.138
⑤知立神社 …………………… P.138
⑥妙厳寺（豊川稲荷）……… P.139
⑦津島神社 …………………… P.139
⑧皇大神宮（内宮）………… P.140
⑨豊受大神宮（外宮）……… P.141
⑩二見興玉神社 ……………… P.141

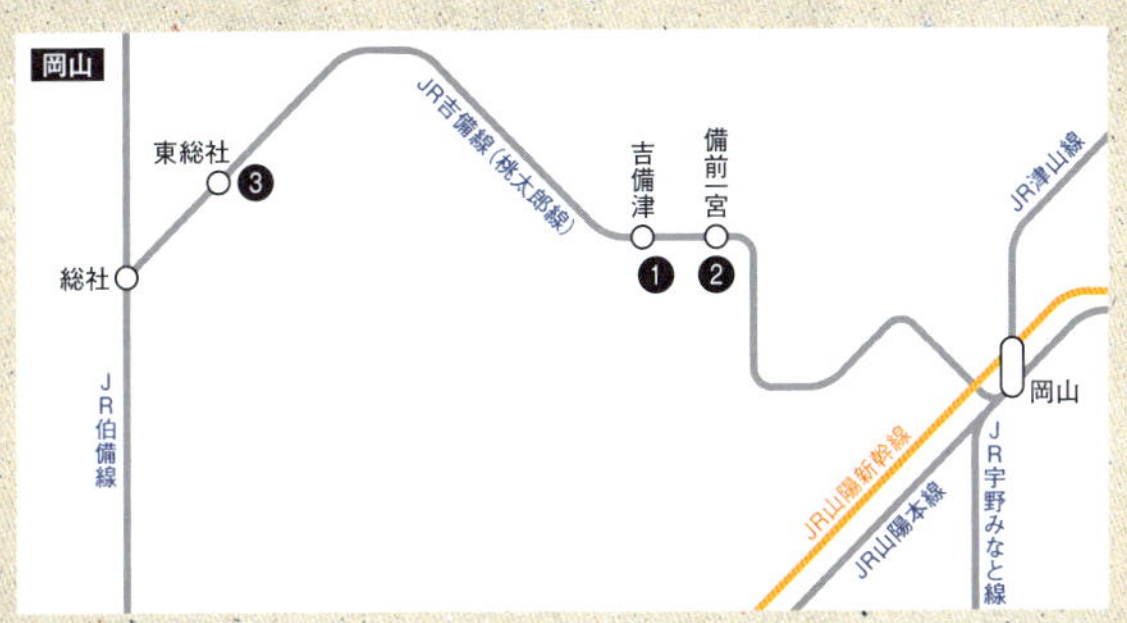

中国

①吉備津神社 ………………… P.142
②吉備津彦神社 ……………… P.143
③備中国総社宮 ……………… P.143
④出雲大社 …………………… P.145

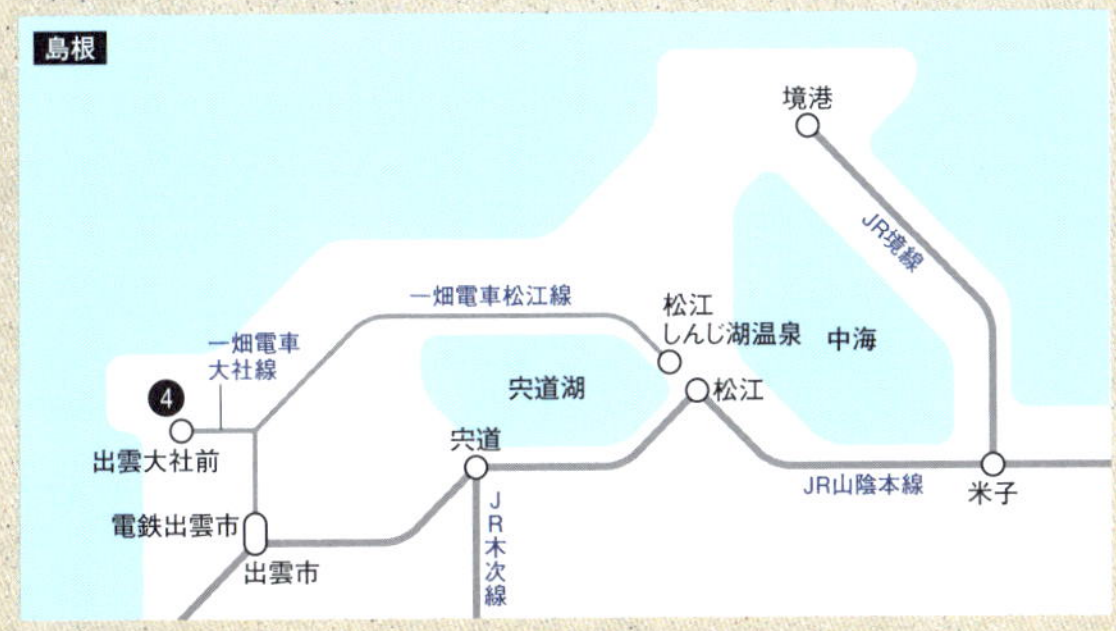

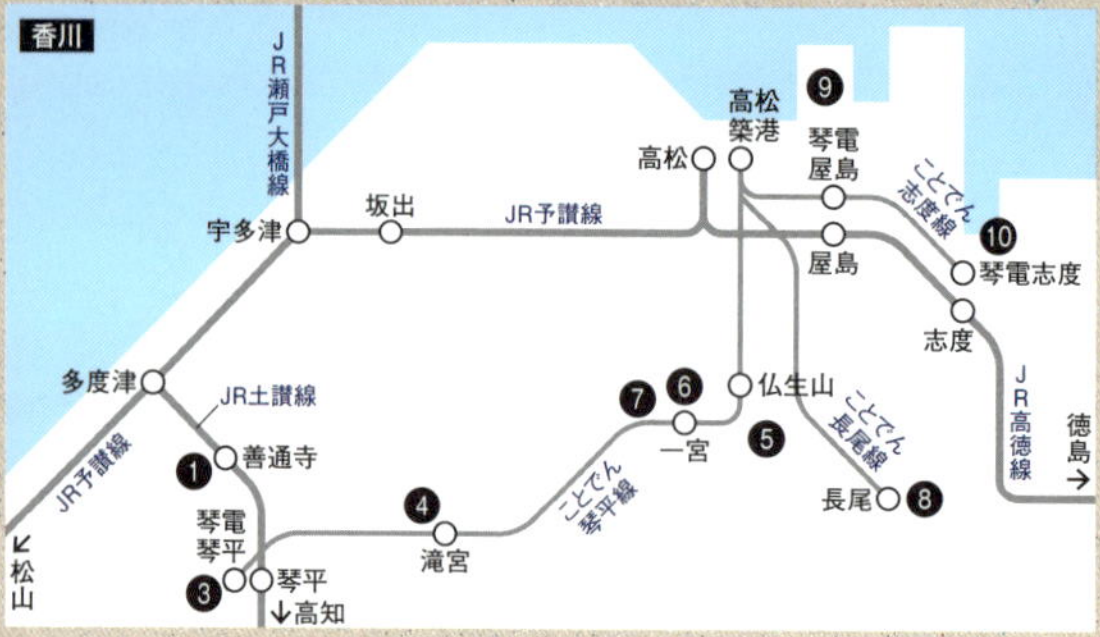

四国

①善通寺 …… P.147
②土佐神社 …… P.147
③金刀比羅宮 …… P.149
④滝宮天満宮 …… P.150
⑤法然寺 …… P.150
⑥田村神社 …… P.150
⑦一宮寺 …… P.150
⑧長尾寺 …… P.151
⑨屋島寺 …… P.151
⑩志度寺 …… P.151

九州

①警固神社 …… P.153
②櫛田神社 …… P.153
③高宮八幡宮 …… P.153
④大宰府天満宮 …… P.154
⑤観世音寺 …… P.154
⑥戒壇院 …… P.154
⑦新宮神社（下府） …… P.155
⑧大善寺玉垂宮 …… P.155
⑨宗像大社 …… P.157
⑩香椎宮 …… P.158
⑪筥崎宮 …… P.158
⑫宇美八幡宮 …… P.158
⑬志賀海神社 …… P.158
⑭大興善寺 …… P.159
⑮高良大社 …… P.159
⑯八代宮 …… P.159
⑰宇佐神宮 …… P.161
⑱柞原八幡宮 …… P.162
⑲都農神社 …… P.162
⑳宮崎神宮 …… P.163
㉑霧島神宮 …… P.163
㉒鹿児島神宮 …… P.163
㉓青島神社 …… P.164
㉔鵜戸神宮 …… P.165
㉕榎原神社 …… P.165

主要参考文献

佐藤博之・浅香勝輔『民営鉄道の歴史がある景観』I・II、古今書院、1986・1988年

今尾恵介『地形図でたどる鉄道史』東日本編・西日本編、JTB、2000年

作間芳郎『関西の鉄道史』、成山堂書店、2003年

今尾恵介監修『鉄道手張　東日本編』『鉄道手帳　西日本編』、東京書籍、2009年

今尾恵介『全國鐵道旅行繪圖』、けやき出版、2011年

足利健亮『地図から読む歴史』、講談社学術文庫、2012年

平山昇『鉄道が変えた社寺参詣——初詣は鉄道とともに生まれ育った』、交通新聞社新書、2012年

市川秀之「不動信仰の都市的性格—大阪府・瀧谷不動を中心にして」『民衆宗教的叢書　不動信仰』、雄山閣出版、1993年

永瀬節治「地域づくりの観点からみた参詣地における「社寺風駅舎」の出現文脈——大正期～昭和戦前期に竣工した15駅舎を対象として」『日本建築学会大会学術講演梗概集』（中国）、2008年9月

井戸桂子「アーネスト・サトウにとっての日光中禅寺」『駒沢女子大学研究紀要』第16号、2009年

※執筆にあたっては各鉄道会社のHPおよび各社寺の縁起書・由緒書きやHPを参照しました。
関係各位に御礼申し上げます。

STAFF

営業　峯尾良久（G.B.）

編集　小芝俊亮（G.B.）、平谷悦郎、小林音々

地図制作　マップデザイン研究室

AD　山口喜秀（Q.design）

Cover Design　別府拓（Q.design）

DTP　徳本育民（G.B.Design House）

品川神社と京急

渋谷申博　しぶや のぶひろ

1960年、東京生まれ。早稲田大学第一文学部卒。日本宗教史研究家。『0からわかる神道のすべて』（三笠書房）、『総図解 よくわかる 日本の神社』（KADOKAWA）、『諸国神社 一宮・二宮・三宮』（山川出版社）、『聖地鉄道』（洋泉社）、『歴史さんぽ 東京の神社・お寺めぐり』『神々だけに許された地 秘境神社めぐり』（ともに当社刊）ほか著書多数。

聖地鉄道めぐり

初版発行　2018 年 6 月 28 日

著　者　渋谷申博

発行人　坂尾昌昭
編集人　山田容子
発行所　株式会社 G.B.
〒102-0072　東京都千代田区飯田橋 4-1-5
TEL　03-3221-8013（営業・編集）
FAX　03-3221-8814（ご注文）
URL　http://www.gbnet.co.jp

印刷所　大日本印刷株式会社

ISBN　978-4-906993-58-1